Im Zweifel für die Weisheit

Peter Alferding
Walter Machtemes

Im Zweifel
für die Weisheit

Ausgewählte Philosophische Texte
zu Grundfragen des Menschen

Impressum:

Herausgeber:

PETER ALFERDING
Studium der kath. Theologie, Philosophie und Germanistik. Seit 1977 wiss. Leiter des Kath. Bildungswerkes Oberhausen. In Vorträgen, Seminaren und Kursen will er mit interessierten Erwachsenen über Fragen der Sinnorientierung des Daseins ins Gespräch kommen. Gerade in einer Zeit großer Umbrüche ist für ihn der kritisch-konstruktive Dialog mit der christlich-abendländischen Tradition eine Hilfe, Wege in die Zukunft zu finden.

WALTER MACHTEMES
Arzt, Geistes- und Gesellschaftswissenschaftler, hat in langen Jahren der Tätigkeit in der Erwachsenenbildung und Psychotherapie mit vielen Suchenden und Lernenden an Existenz-, Lebens- und Alltagsfragen gearbeitet. In seiner medizinischen Tätigkeit will er vor allem denjenigen Halt (zurück)geben, die infolge sozialer und emotionaler Belastungen Gesundheit und Lebenssicherheit vorübergehend verloren haben.

Grafik der Titelseite: Katja Fliss
Herstellung: Libri Books on Demand

ISBN 3-8311-1469-2

Vorwort

Wer sich mit Philosophie befaßt, sieht sich häufig in einer ähnlichen Situation, wie sie Platon von Thales von Milet, dem wohl ersten Philosophen anekdotenhaft erzählt. „Als Thales die Sterne beobachtete und nach oben blickte, und als er dabei in einen Brunnen fiel, soll eine witzige und geistreiche thrakische Magd, ihn verspottet haben: er wolle wohl wissen, was am Himmel sei, aber es bleibe ihm verborgen, was vor ihm und zu seinen Füßen liege." zitiert nach W. Weischedel, Die philosophische Hintertreppe). Die bis heute nicht verstummenden Vorwürfe lauten: Die Philosophie hat von ihrer Fragestellung mit der Wirklichkeit des Lebens nichts zu tun und die fachphilosophische Sprache, wie sie uns in den klassischen Texten begegnet, ist so abstrakt, daß sie nur von einer kleinen intellektuellen Elite nachvollzogen werden kann.

Wer dennoch davon überzeugt ist, daß Philosophie – vielleicht notwendigerweise gerade heute – Sinn hat, und daß es sich lohnt, Anderen Wege ins Philosophieren aufzuzeigen und sie gemeinsam zu gehen, muß Texte anbieten, in denen deutlich wird, daß es viele und vielfältige Ansatzpunkte im menschlichen Lebensvollzug gibt, Fragen zu stellen und Erfahrungen zu machen, die philosophischer Natur sind, die aber dann auch den Alltag überschreiten.

Wir, die beiden Herausgeber, bemühen uns seit vielen Jahren in Seminaren, Kursen und Arbeitskreisen des Katholischen Bildungswerkes Oberhausen und der Volkshochschule Oberhausen, Menschen an die Philosophie und an philosophische Texte heranzuführen. Bei der Auswahl war und ist uns wichtig, daß in ihnen das Leben, seine Grund- und Grenzerfahrungen und damit seine Fragwürdigkeit zur Sprache kommt. Dabei wurde das sprachliche Anspruchsniveau so gewählt, daß auch Anfänger nicht abgeschreckt werden, sondern diese Impulse als Einladung verstehen.

Das vorliegende kleine Bändchen ist aus den Erfahrungen solcher Veranstaltungen in der Erwachsenenbildung entstanden. Wir verstehen es als eine Handreichung, die einführende Texte der Philosophie erschließen will. In den Stichworten werden Grunderfahrungen und Grundfragen des Menschen aufgegriffen. Nach einer kurzen inhaltlichen Hinführung bzw. Einordnung folgt jeweils eine Reihe von Texten, wie sie entweder in den Kursen besprochen worden sind oder wie sie Grundlage von Seminaren sein könnten. Die Verantwortlichkeit ist im Inhaltsverzeichnis kenntlich gemacht.

Im Hinblick auf den zur Verfügung stehenden Platz sind wir um der Grenzen dieser Sammlung bewußt. Wir verzichten auf den wissenschaftlichen Apparat, nennen wohl einige einleitende oder zusammenfassende Literatur. Wir erheben in keiner Weise Anspruch auf Vollständigkeit. Auch soll und kann sie nicht das systematische Philosophiestudium ersetzen. Vielmehr verstehen wir sie als Einladung, sich auf den Weg des Denkens einzulassen und selber zum philosophischen Denken zu finden.

Peter Alferding
Walter Machtemes

Oberhausen, im April 1993

INHALT

INHALT Seite

GLÜCK
oder: die Suche nach Erfüllung der Existenz . . . . (M)   64
Marcuse, Über den menschlichen Anspruch auf Glück 68
Aristoteles, Glückseligkeit als höchstes Gut,
   und wie es zu erreichen ist 70
Seneca, Vom glückseligen Leben 71
Pascal, Das wahre Gut der Menschen 73
Freud, Relativierungen des Glücklichseins 74
Marcuse, Glück als öffentliche Angelegenheit 76

Wo geh' ich hin?
Die Frage nach SINN . . . . (A)   76
Machovec, Die Frage nach Sinn 82
Buber, Das vergebliche Suchen 83
Camus, Ein Versuch über das Absurde 84
Nietzsche, Mittags 86
Scherer, Verwiesenheit auf Sinn 88
Frankl, Zur Pathologie des Zeitgeistes:
   das „existenzielle Vakuum" 90

Das umfassende Verlangen nach Einheit über sich hinaus
Die LIEBE . . . . (M)   92
Fromm, Die Kunst des Liebens 96
Platon, Über die „platonische Liebe" 97
Augustinus, Die Gottesliebe 99
Pascal, Die Eigenliebe 100
Sartre, Liebe als Weg der Selbsterkenntnis über den Anderen . .100
Jaspers, Liebe als Chiffre des Ewigen 101
Pieper, Lieben – Hinwenden und Empfangen 102

Zwischen Entwurf und Determination –
Die FREIHEIT . . . . (A) 104
Augustinus, Über den freien Willen 107
Sartre, Der Mensch als Entwurf 109
Scherer, Die Freiheit des Menschen 110
Kierkegaard, Der Mensch als Geist 113

INHALT

INHALT   Seite

(A): Peter Alferding
(M): Walter Machtemes

10

Staunendes und zweifelndes Fragen
Die PHILOSOPHIE und das PHILOSOPHIEREN

1. Wer bestimmen will, was Philosophie ist, hat eine der schwierigsten Fragen der Philosophie angeschnitten. Sie läßt sich nicht von einem Punkt außerhalb der Philosophie beantworten, sondern setzt die Philosophie oder besser: das Philosophieren schon voraus. Ähnliches kennen wir vom Phänomen Liebe: Was Liebe ist, erfahre ich nicht, wenn ich Bücher lese, einen Film sehe, wenn ich begrifflich abkläre, was zur Liebe gehört oder mir jemand erzählt, was er in der Liebe erlebt hat, kurz wenn ich nur über die Liebe spreche oder nachdenke. So hilfreich dies im einzelnen sein kann: Liebe erfahre ich eigentlich erst dann, wenn ich liebe, d.h., wenn ich mich selbst auf das Wagnis der Begegnung mit einem Menschen einlasse. Wenn ich erfahren will, was Philosophie ist, muß ich mich auf die Philosophie einlassen, mich auf den Weg des Denkens machen.

Jede Einführung in die Philosophie muß deshalb zum Ziel haben, in das Philosophieren einzuführen. Immanuel Kant hat dies im Hinblick auf den Philosophieunterricht so formuliert: *„Der Schüler soll nicht Gedanken lernen, sondern denken lernen."* Hier werden einige (vorläufige) Merkmale der Philosophie deutlich:

2. Philosophie ist ein Prozeß, eine Bewegung, ein Weg. Wer philosophiert, ist auf dem Wege, er ist nie am Ziel. Die Philosophie ist eine nie zu Ende kommende Bewegung des Fragens und Denkens. Karl Jaspers: *„Philosophie heißt: Auf dem Wege sein - ihre Fragen sind wesentlicher als ihre Antworten, und jede Antwort wird zur neuen Frage."* Philosophie ist eine Herausforderung an die Selbständigkeit, an die Mündigkeit und an die Freiheit des Menschen. Das Philosophieren beginnt da, wo ich selber denke, wo ich mich nicht nur dem ausliefere, was „man" denkt und was die herrschende Meinung ist. Indem ich philosophiere, bin ich selbst - mit meiner ganzen Person - engagiert. Ich kann nicht außen vor bleiben. Wer als Physiker die Lichtbrechungsgesetze erforscht, bleibt als Mensch draußen, denn es geht ihm ja um die exakten, objektiven und d. h. unabhängig von ihm geltenden Gesetze. In der Philosophie geht es darum, daß ich meinen Verstand selbst gebrauche und beginne, selbst zu urteilen. Kants berühmte Definition der „Aufklärung" kann so ein Programm der Philosophie insgesamt werden. „Aufklärung ist der Ausgang des Menschen aus seiner selbstverschuldeten Unmündigkeit". Er fügt den Appell an: „Sapere aude! Habe Mut, dich deines eigenen Verstandes zu bedienen! ist also der Wahlspruch der Aufklärung." (vgl. FREIHEIT)

Selber denken ist immer kritisches Denken. Kritisch sein wiederum heißt nicht, alles zu verwerfen oder gar zu zerstören, sondern meint, alles sorgfältig zu prüfen und nichts ungeprüft zu übernehmen. Philosophieren ist deshalb immer kritisches und selbstkritisches Hinterfragen. Diese Haltung ist gerade in unseren Tagen angesichts der ungeheuren Fülle philosophischer Entwürfe wichtig, die allzuoft ein verwirrendes Bild ergibt und den Einstieg erschwert.

3. Ein (vertiefender) Einstieg geht von der Wortbedeutung aus. Das Wort Philosophie kommt von den griechischen Wörtern philos bzw. philein und sophos. Philein heißt lieben, streben nach, sich bemühen um. Philos ist dann der Liebende oder auch der Freund. Sophos ist der Weise, sophia die Weisheit. Ein Philosoph ist der, der nach Weisheit strebt, der sich um sie bemüht, nach ihr sucht und sie liebt. Dieses Verständnis von Philosophie hat Sokrates entwickelt. Er hat sich zuerst als Philosophen in diesem Sinne bezeichnet. Er wollte sich gegen die Sophisten seiner Zeit abgrenzen, für die klar und selbstverständlich war, was weise war. Sie waren auf ihr Wissen stolz und bezeichneten sich als die Weisen, die sophistoi. Sokrates dagegen war vorsichtiger. Ihm war nicht selbstverständlich, was weise sei. Für ihn war es schon ein bedeutender Gewinn, wenn ein Mensch sich nicht den Täuschungen, dem Scheinwissen und den Selbstverständlichkeiten der allgemeinen Meinungen auslieferte und sich eingestand, daß er die Weisheit (noch) nicht besaß. In der Apologie, der berühmten Verteidigungsrede sagt er an die Adresse der Sophisten: „Ich wenigstens weiß, daß ich nichts weiß" und ist genau wegen dieses Wissens um das Nicht-Wissen weiser als alle anderen. Es ist nicht als skeptisches Urteil gemeint, er wisse überhaupt nichts: gemeint ist vielmehr das Bewußtsein von den Grenzen des Wissens. Von hier her fühlt er sich aufgerufen, nach der Weisheit zu streben und das Scheinwissen seiner Gesprächspartner zu entlarven.

4. Wie komme ich nun in die Philosophie hinein?
Womit kann ich anfangen? Was ist ihr Gegenstand?
Die Antwort ist einfach und doch auch wieder schwierig: Ich kann mit allem anfangen, denn die Philosophie beschäftigt sich mit allem. Sie ist eine Universalwissenschaft. Ansetzen kann ich bei der Frage nach der Natur, der Geschichte, dem Menschen, dem Leid in der Welt, nach Gott, nach den Wissenschaften usw. Die Einzelwissenschaften lösen die Welt in einzelne Teilbereiche auf und befassen sich nur mit einem Ausschnitt der Wirklichkeit. Die Philosophie fragt nach allem, sie fragt im Hinblick auf das Ganze, das Allumfassende und Umgreifende, sie fragt hinter die Oberfläche in die oft verborgenen oder verschütteten Ursprünge zurück, sie fragt nach dem, wodurch alles seinen Sinn und sein Ziel erhält, nach dem Wesen der Dinge, nach dem Sein selbst. Karl Jaspers faßt dies in dem Satz zusammen: „Philosophie will den Ursprung wachhalten". (Einführung in die Philosophie, S. 117)
Gerade die genannten Fragen erinnern an den oft geäußerten Vorwurf,

die Philosophie sei etwas für eine kleine intellektuelle Elite, sie habe aber mit dem Leben des Menschen nichts zu tun. Gewiß ist zuzugeben, daß einige fachphilosophische Einzeluntersuchungen sowohl begrifflich als auch thematisch in Distanz zum normalen Lebensvollzug stehen. Dies ist übrigens bei jeder Wissenschaft der Fall. Aber jeder Mensch ist von seinem Wesen her weltoffen und als solcher ein Fragender. Dieses Fragen, das anbricht, wenn der Mensch aus seiner Selbstvergessenheit erwacht und zu sich selbst kommt, hört nie auf, jede Antwort entläßt neue Fragen. Sie haben ihren Ursprung im Leben des Menschen. Einige Ursprünge zur Philosophie sind (nach Jaspers):

– das Staunen
z. B. vor der Vielfalt der Wirklichkeit und ihrer Ordnung, vor der Schönheit der Dinge im Hinblick darauf, daß überhaupt etwas ist und nicht nichts. Im Staunen verlieren die Dinge und auch die Menschen ihre Selbstverständlichkeit und werden frag-würdig.

– das Zweifeln oder kritische Fragen
z. B. Stimmt denn alles, was ich erkenne?
Werde ich vielleicht getäuscht oder täusche ich mich selbst? Wo ist Gewißheit?
Im kritischen Fragen geht es um Zusammenhänge und Gründe. Im Zweifeln versuche ich, das Scheinwissen, die bloße Meinung des „Man" zu durchbrechen.

– menschliche Grenzsituationen
z. B. bei Leid, Angst, Schuld oder Tod.
In diesen Grenzsituationen brechen Fragen nach Sinn und Ziel des menschlichen Daseins und des Seins im Ganzen auf. In ihnen wird der Mensch sich seiner selbst und seiner Situation bewußt.
So gibt es viele und vielfältige Ansatzpunkte im menschlichen Lebensvollzug, Fragen zu stellen und auch Erfahrungen zu machen, die philosophischer Natur sind, die aber darin auch den Alltag überschreiten.

5. Wer sich auf den hier nur angedeuteten Weg in die Philosophie macht, beginnt nicht am Nullpunkt, sondern ist immer schon in mehrfacher Hinsicht auf die Geschichte des Menschen bezogen: im Hinblick auf Gedanken, Aussagen und Fragestellungen der Vergangenheit, in der Auseinandersetzung mit der geistigen Situation einer (gegenwärtigen) Zeit, dessen Zeitgeist die Philosophie reflektiert. (Hegel: „Die Philosophie ist eine Zeit auf den Begriff gebracht"). Gesellschaftliche Verhältnisse, die Entwicklungen in Wissenschaft und Technik und die mit ihnen verbundenen Probleme und ethischen Fragen, das Lebensgefühl des Menschen, dies und vieles mehr zeigt, daß die Philosophie nicht im luftleeren Raum existiert, sondern eingebettet ist in die Geschichte *des Menschen, seines Verständnisses von sich selbst, der Welt im ganzen und den Beziehungen der Menschen untereinander.*

Jeder, der zu philosophieren beginnt, tritt in dieses große Gespräch ein. Deshalb sind auch die Texte der Tradition als Einstieg in das eigene Denken wichtige, ja unerläßliche Wegmarken.

Platon:
Die Philosophie als Wissen um das eigene Nicht-Wissen

Überlegt nun, weshalb ich euch das sage; ich möchte euch erklären, woher die schlechte Meinung über mich entstanden ist. Als ich den Orakelspruch gehört hatte, überlegte ich folgendermaßen hin und her: „Was meint wohl der Gott, und was ist der Sinn seines rätselhaften Auspuchs? Denn ich bin mir doch weder im Großen noch im Kleinen einer besonderen Weisheit bewußt. Was meint er denn, wenn er behauptet, ich sei der Weiseste? Er lügt doch nicht; denn das ist ihm nicht erlaubt". Und lange Zeit war ich im unklaren, was er meine. Dann aber stellte ich, wenn auch sehr ungern, folgende Untersuchung an: Ich ging zu einem der Männer, die als weise gelten, in der Meinung, daß ich, wenn überhaupt irgendwo, dort die Weissagungen widerlegen und dann zum Orakel sagen könne: „Dieser da ist weiser als ich; du aber hast mich als den Weisesten bezeichnet." Diesen Mann prüfte ich nun genau, seinen Namen brauche ich nicht zu nennen, es war einer unserer Staatsmänner. Ich machte dabei diese Erfahrung: in meiner Unterredung mit ihm bekam ich den Eindruck, er werde wohl von vielen Menschen und am meisten von sich selbst für weise gehalten, daß er es aber nicht ist; und ich suchte ihm dann klarzumachen, daß er zwar glaube, weise zu sein, daß er es aber nicht sei; damit machte ich mich bei ihm und bei vielen Anwesenden verhaßt. Beim Weggehen aber sagte ich zu mir: „Verglichen mit diesem Menschen, bin ich doch weiser. Wahrscheinlich weiß ja keiner von uns beiden etwas Rechtes; aber der glaubt, etwas zu wissen, obwohl er es nicht weiß; ich dagegen weiß zwar auch nichts, glaube aber auch nicht, etwas zu wissen. Um diesen kleinen Unterschied bin ich also offenbar weiser, daß ich eben das, was ich nicht weiß, auch nicht zu wissen vermeine." Von da an ging ich dann noch zu einem andern, den man auch zu den Weiseren zählt. Ich bekam dort genau denselben Eindruck und machte mich auch bei diesem und dann noch bei vielen anderen unbeliebt. ...

Infolge dieser Prüfungen, ihr Athener sind mir zahlreiche Feindschaften entstanden, und zwar sehr schlimme und heftige, denen viel Verleumdungen entsprangen und auch dieser falsche Ruf, ich sei ein Weiser; denn jedesmal meinen alle Zuhörer, daß ich in den Dingen, worin ich die anderen widerlege, selbst weise sei. In der Tat scheint aber der Gott weise zu sein, und mit seinem Orakelspruch will er sagen, daß die menschliche Weisheit nur wenig oder gar nichts wert ist. Offenbar nennt er Sokrates nur und bedient sich meines Namens, um ein Beispiel zu geben, als wolle es sagen: „Der ist der weiseste von euch, ihr Menschen, der wie Sokrates erkannt hat, daß er, was die Weisheit betrifft, tatsächlich nichts wert sei." So gehe ich auch jetzt noch umher und prüfe und forsche im Sinne des Gottes, wen ich unter den Bürgern oder den Fremden der Stadt für weise halte; und wenn ich dann den Eindruck bekomme, daß er es doch nicht sei, dann helfe ich dem Gott und überführe ihn, daß er nicht weise ist. Und infolge dieser Tätigkeit blieb mir keine Zeit mehr, um in der Öffentlichkeit oder zu Hause etwas Rechtes zu leisten, sondern ich lebe wegen dieses Dienstes, den ich dem Gott erweise, in unendlicher Armut. ...

Und wenn ihr mir dann sagtet: „Sokrates, wir folgen dem Anytos nicht, sondern sprechen dich frei, unter der Bedingung aber, daß du dich nicht mehr mit dem Suchen nach Wahrheit abgibst und nicht mehr philosophierst. Wenn du aber noch einmal darüber betroffen wirst, mußt du sterben" – wenn ihr mich, wie gesagt, unter diesen Bedingungen frei liesset, dann würde ich zu euch sagen: „Ich verehre und liebe euch sehr, ihr Athener. Aber ich will lieber dem Gotte als euch gehorchen, und solange ich atme und die Kraft dazu habe, nicht ablassen, zu philosophieren, euch zu mahnen und jeden von euch, den ich antreffe, zu überprüfen, indem ich in meiner gewohnten Art zu ihm sage: „Mein Bester, du bist doch ein Athener, ein Bürger der größten und an Bildung und Macht berühmtesten Stadt. Schämst du dich nicht, daß du dich wohl darum bemühst, wie du zu möglichst viel Geld, zu Ruhm und Ehre kommst, um die Einsicht aber und um die Wahrheit darum, daß deine Seele möglichst gut werde, dich weder sorgst noch kümmerst?" Und wenn einer von euch widerspricht und behauptet, er bemühe sich darum, dann lasse ich ihn nicht gleich frei und gehe nicht einfach weiter, sondern ich frage und prüfe und forsche ihn aus. Und wenn ich dann den Eindruck bekomme, daß er keine Tugend besitzt, trotzdem er das behauptet, so tadle ich ihn, daß er das Wertvollste am geringsten, das Minderwertige aber höher schätze. So will ich es mit jedem halten, dem ich begegne, mit jung und alt, mit Fremden und Bürgern, vor allem aber mit euch Bürgern, die ihr mir von Natur ja näher steht. Denn da, wisset es wohl, befiehlt mir der Gott, und ich glaube, daß euch in der Stadt noch keine größere Wohltat widerfahren ist als dieser Dienst, den ich dem Gotte leiste. Denn, wenn ich umhergehe, tue ich nichts anderes, als euch, jung und alt, zu überreden, nicht mehr so sehr für den Leib zu sorgen noch für das Geld, sondern mehr um die Seele und darum, daß sie möglichst gut werde. Dabei sage ich dann, daß nicht aus dem Reichtum Tugend kommt, sondern aus der Tugend Reichtum und alle anderen Güter, für die einzelnen Menschen wie für die Allgemeinheit. Wenn ich durch diese Reden die Jugend verführe, dann müssen sie ja allerdings schädlich sein. Wer aber behauptet, daß ich etwas anderes sage als das, der lügt. „Unter diesen Umständen , ihr Athener", würde ich sagen, „ob ihr dem Anytos gehorcht oder nicht, und ob ihr mich freisprecht oder nicht: ich werde auf keinen Fall anders handeln, und wenn ich den Tod noch so oft erleiden müßte."

aus: Apologie (Die Verteidigungsrede des Sokrates),
21 b–e, 23 a–c, 29 c–30 b.

René Descartes,
Der Zweifel und die Selbstgewißheit im Denken

Erste Meditation
Woran man zweifeln kann

1. Schon vor einer Reihe von Jahren habe ich bemerkt, wieviel Falsches ich in meiner Jugend habe gelten lassen und wie zweifelhaft alles ist, was ich hernach darauf aufgebaut, daß ich daher einmal im Leben alles von Grund aus umstoßen und von den ersten Grundlagen an neu beginnen müsse, wenn ich jemals für etwas Unerschütterliches und Bleibendes in den Wissenschaften festen Halt schaffen wollte. Indessen schien mir dies ein gewaltiges Unternehmen zu sein, und ich wartete daher dasjenige reifere Alter ab, dem keines mehr folgen würde, das geeigneter wäre, sich der Wissenschaften gründlich anzunehmen. Daher habe ich so lange gezögert, daß ich mich fernerhin schuldig machte, wenn ich die zur Ausführung noch übrige Zeit mit weiteren Bedenken vergeuden wollte. So habe ich denn heute zur rechten Zeit meine Gedanken aller Sorgen entledigt, mir ungestörte Muße in einsamer Zurückgezogenheit verschafft und werde endlich ernsthaft und unbeschwert zu diesem allgemeinen Umsturz meiner Meinungen schreiten.

2. Dazu wird es indessen nicht nötig sein zu zeigen, daß sie alle falsch sind, denn das würde ich wohl niemals erreichen können; da es jedoch nur vernünftig ist, bei dem nicht ganz Gewissen und Unzweifelhaften ebenso sorgsam seine Zustimmung zurückzuhalten wie bei offenbar Falschem, so wird es, sie alle zurückzuweisen, genügen, wenn ich in einer jeden irgendeinen Grund zu zweifeln antreffe. Auch brauche ich sie deswegen nicht alle einzeln durchzugehen, was eine endlose Arbeit wäre; ich werde vielmehr, da bei untergrabenen Fundamenten alles darauf Gebaute von selbst zusammenstürzt, den Angriff sogleich auf eben die Prinzipien richten, auf die sich alle meine früheren Meinungen stützten. ...

Zweite Meditation
Über die Natur des menschlichen Geistes; daß seine Erkenntnis ursprünglicher ist als die des Körpers

1. Die gestrige Betrachtung hat mich in so gewaltige Zweifel gestürzt, daß ich sie nicht mehr vergessen kann, und doch sehe ich nicht, wie sie zu lösen sind; sondern ich bin wie bei einem unvorhergesehen Sturz in einen tiefen Strudel so verwirrt, daß ich weder auf dem Grunde festen Fuß fassen, noch zur Oberfläche emporschwimmen kann. Dennoch will ich mich herausarbeiten und von neuem eben den Weg versuchen, den ich gestern eingeschlagen hatte: nämlich alles von mir fernhalten, was auch nur den geringsten Zweifel zuläßt, genau so, als hätte ich sicher in Erfahrung gebracht, daß es durchaus falsch sei. Und ich will so lange weiter vordringen, bis ich irgend etwas Gewisses, oder, wenn nichts anderes, so doch wenigstens das für gewiß erkenne, daß es nichts gewisses gibt. Nichts als einen festen und unbeweglichen Punkt verlangte Archimedes, um die ganze Erde von ihrer Stelle zu bewegen, und so darf auch ich Großes hoffen, wenn ich nur das geringste finde, das sicher und unerschütterlich ist.

2. Ich setze also voraus, daß alles, was ich sehe, falsch ist, ich glaube, daß nichts jemals existiert hat, was das trügerische Gedächtnis mir darstellt: ich habe überhaupt keine Sinne; Körper, Gestalt, Ausdehnung, Bewegung und Ort sind nichts als Chimären. Was also bleibt Wahres übrig? Vielleicht nur dies eine, daß nichts gewiß ist.

3. Aber woher weiß ich denn, daß es nichts anderes als alles bereits Aufgezählte gibt, an dem zu zweifeln auch nicht der geringste Anlaß vorliegt? Gibt es etwa einen Gott, oder wie ich den sonst nennen mag, der mir diese Vorstellungen einflößt? – Weshalb aber sollte ich das annehmen, da ich doch am Ende selbst ihr Urheber sein könnte? Also wäre doch wenigstens ich irgend etwas? Aber – ich habe bereits geleugnet, daß ich irgendeinen Sinn, irgendeinen Körper habe. Doch hier stutze ich: was soll daraus folgen? Bin ich etwa so an den Körper und die Sinne gefesselt, daß ich ohne sie nicht sein kann? Indessen, ich habe mir eingeredet, daß es schlechterdings nichts in der Welt gibt: keinen Himmel, keine Erde, keine denkenden Wesen, keine Körper, also doch auch wohl mich selbst nicht? Keineswegs; sicherlich war ich, wenn ich mir etwas eingeredet habe. – Aber es gibt einen, ich weiß nicht, welchen, allmächtigen und höchst verschlagenen Betrüger, der mich geflissentlich stets täuscht. – Nun, wenn er mich täuscht, so ist es also unzweifelhaft, daß ich bin. Er täusche mich, soviel er kann, niemals wird er doch fertigbringen, daß ich nichts bin, solange ich denke, daß ich etwas sei. Und so komme ich, nachdem ich nun alles mehr als genug hin und her erwogen habe, schließlich zu der Feststellung, daß dieser

Satz: „Ich bin, ich existiere", sooft ich ihn ausspreche oder in Gedanken fasse, notwendig wahr ist.

aus: Meditationen über eine erste Philosophie,
1. Meditation 1,2; 2. Meditation 1,2,3.

Karl Jaspers, Philosophische Lebensführung

Soll unser Leben nicht in Zerstreuung verlorengehen, so muß es in einer Ordnung sich finden. Es muß im Alltag von einem Umgreifenden getragen sein, Zusammenhang gewinnen im Aufbau von Arbeit, Erfüllung und hohen Augenblicken, sich vertiefen in der Wiederholung. Dann wird das Leben noch in der Arbeit eines immer gleichen Tuns durchdrungen von einer Stimmung, die sich bezogen weiß auf einen Sinn. Dann sind wir wie geborgen in einem Welt- und Selbstbewußtsein, haben unseren Boden in der Geschichte, der wir angehören, und in dem eigenen Leben durch Erinnerung und Treue. ...
Der Wille zur philosophischen Lebensführung geht aus von dem Dunkel, in dem der Einzelne sich findet, von der Verlorenheit, wenn er ohne Liebe gleichsam ins Leere starrt, von der Selbstvergessenheit im Verzehrtsein durch den Betrieb, wenn er plötzlich erwacht, erschrickt und sich fragt: was bin ich, was versäume ich, was soll ich tun?
Jene Selbstvergessenheit wird gefördert durch die technische Welt. Geordnet durch die Uhr, abgeteilt in absorbierende oder leerlaufende Arbeiten, die immer weniger den Menschen als Menschen erfüllen, bringt sie zu dem Extrem, daß der Mensch sich als Maschinenteil fühlt, das wechselnd hier und dort eingesetzt wird, und, wenn freigelassen, nichts ist und mit sich nichts anfangen kann. Und wenn er gerade beginnt, zu sich zu kommen, will der Koloß dieser Welt ihn doch wieder hineinzuziehen in die alles verzehrende Maschinerie von leerer Arbeit und leerem Vergnügen der Freizeit.
Aber die Neigung zur Selbstvergessenheit liegt schon im Menschen als solchem. Es bedarf eines Sichherausreißens, um sich nicht zu verlieren an die Welt, an Gewohnheiten, an gedankenlose Selbstverständlichkeiten, an die festen Geleise.
Philosophieren ist der Entschluß, den Ursprung wach werden zu lassen, zurückzufinden zu sich und im inneren Handeln nach Kräften sich selbst zu helfen.
Zwar ist im Dasein das greifbar Erste: den sachlichen Aufgaben, der Forderung des Tages zu folgen. Aber darin nicht schon Genüge zu finden, vielmehr das bloße Arbeiten, das Aufgehen in den Zwecken schon als Weg zur Selbstvergessenheit und damit als Versäumnis und Schuld zu erfahren, das ist der Wille zur philosophischen Lebensführung.

Und dann das Ernstnehmen der Erfahrung mit Menschen, des Glücks und der Kränkung, des Gelingens und Versagens, des Dunkeln und Verworrenen. Nicht vergessen, sondern innerlich aneignen, nicht sich ablenken, sondern innerlich durcharbeiten, nicht erledigt sein lassen, sondern durchhellen, das ist philosophische Lebensführung.

Sie geht zwei Wege: in der Einsamkeit die Meditation durch jede Weise der Besinnung – und mit Menschen die Kommunikation durch jede Weise des gegenseitigen Sichverstehens im Miteinanderhandeln, Miteinanderreden, Miteinanderschweigen.

**aus: Einführung in die Philosophie
München 1966, S. 116 ff.**

Bernhard Welte,
Über den Sinn von philosophischem Denken überhaupt

1. Selber-Denken

Zuerst muß gesagt werden, daß Philosophie nur sich selber erhellen und bestimmen kann. Und dies wiederum nur so, daß philosophierend ein Mensch selber denkt. Philosophie ist Philosophieren, und Philosophieren ist, wie es sich auch des näheren weiterbestimmen mag, auf jeden Fall Denken. Genauer: Philosophie geschieht dort, wo ein Mensch selber denkt, aus seinem eigenen Vermögen, aus seiner eigenen Denkkraft, aus seinem eigenen Ursprung. Philosophieren ist eine ausgezeichnete Form der Entfaltung von ursprünglichem menschlichem Denken.

Philosophie liegt darum nicht schon dort vor, wo philosophische Thesen als irgenwie vorhandene vorgestellt oder gewußt werden. Ein solches Wissen wäre nur Wissen über sonstwo vorhandende Philosophie, aber nicht selbst Philosophie. Denn Philosophie geschieht nur als Geschehen des Denkens selbst. Solches Geschehen kann und wird sich bisweilen in Thesen fassen. Entscheidend aber ist, daß diese Thesen oder was sonst immer an faßbaren Elementen des Philosophierens zutage treten mag, Elemente wirklichen und lebendigen Denkens seien und bleiben und im Nachvollzug immer wieder werden. Nur insoweit können solche Elemente beanspruchen, Elemente von so etwas wie Philosophie zu sein.

Wer diesen grundlegenden Umstand bedenkt, der wird merken, daß Philosophie damit zugleich als ein eminent menschliches Geschäft gekennzeichnet ist. Im philosophischen Denken erhebt sich der Mensch aus einer eigenen ihm eingegebenen Kraft des Denkens frei und unabhängig in die Entfaltung dieser seiner Kraft. Er erhebt sich dazu, selber zu sehen oder doch sehen zu wollen, wie die Dinge eigentlich sind, von denen gesprochen wird, und wie und als was die Wahrheit der Welt ihm leuchtet. Der Philosophierende wird allen ihm zunächst von außen vorgelegten Meinungen und Thesen gegenüber sagen: Laßt mich selber zusehen, laßt mich selber denken darüber, was es mit solchen Thesen auf sich habe. Das Philosophieren geschieht in der Kraft des dem Menschen gewährten freien Selbstseins und damit des Selber-Denkens und des Selber-Sehens allem gegenüber. Im Philosophieren wird also der Mensch frei von bloßen äußerlichen Thesen und Meinungen. Er wird frei durch Selber-Denken. Das philosophische Denken ist eine ausgezeichnete Form der menschlichen Freiheit.

2. Die Sache des Denkens

Denken darf dabei freilich nicht als ein immanenter Prozeß verstanden werden, als etwas, von dem man meinen dürfte, es spiele sich nur in einer Art Innenraum der menschlichen Subjektivität ab. Denken ist vielmehr eine lebendige Offenheit über den Menschen hinaus, eine Begegnung von Mensch und Welt, von Denkendem und dem, was ihm im lichten Raum seines Denkens aufgeht und begegnet, eine Auseinandersetzung zwischen dem menschlichen Leben auf der einen Seite und den Zeichen und Winken und Fragen und Wundern auf der anderen Seite, die diesem denkenden Leben begegnen im Raume der Welt.

Von daher muß das Denken der Philosophie ausgezeichnet sein dadurch, daß es streng an seine Sache gebunden bleibt. Seine Sache ist das, was ihm an Wahrheit oder an Sein aus den Gestalten der Welt entgegenkommt. Diesem ihm begegnenden Zuspruch von Wahrheit und Sein muß das Denken ent-sprechen, ihm muß es ver-antwortlich Antwort geben. Als Verantwortlichkeit ist die Freiheit des Denkens gebunden an seine Sache.

Die Sachgebundenheit im allgemeinen hat das philosophische Denken freilich mit jedem ernsten Denken, z.B. dem wissenschaftlichen, gemein. Aber sie muß in vollem Umfang und eher gerade auch für das philosophische Denken in Anspruch genommen werden.

Denken ist Denken über eine zu denkende Sache im Zuge des Zuspruchs von Wahrheit und Sein. Wo es also entschiedenes Denken wird, schwebt es nicht im Innenraum bloßer selbstentworfener Gestalten. Es ist Denken der Sache, um die es jedem Denken geht. So frei das philosophische Denken also gegenüber überkommenen Thesen und Meinungen ist, so gebunden ist es gegenüber der Sache und dem für sie Wesentlichen, was ihm aus der Sache entgegenkommt.

Dies heißt zugleich, daß das philosophische Denken alle seine Schritte von seiner Sache her ausweisen muß. Es muß in diesem Sinne begründetes und begründendes Denken sein. Der begründende Charakter des philosophischen Denkens besteht zuerst darin, daß dieses genau auf seine Sache blickt und genau auf ihren Zuspruch hört. Es muß, was es sieht und hört, aus dessen Grund, von dem her es sich offenbart, also von dem sich selber Anzeigenden, erheben. Und es muß zweitens das so aus seinem Grund Erhobene sorgsam in Begriffe und in Worte fassen, und dies wiederum so, daß diese Begriffe und Worte den Grund sehen lassen können, nämlich das sich selber Zeigende, so wie es sich von ihm selber her zeigt.

Erst und nur in der Strenge eines solchen Begründungsverfahrens erhebt sich das philosophische Denken über den Vorwurf grund- und wirklichkeitsloser Spekulation, den Vorwurf, der ihm gegenüber immer wieder nicht aus Zufall gerade von den exakten Wissenschaften erhoben wird. Der Entwurf von gedanklichen Konstruktionen und gedanklichen Modellen, die in der Wirklichkeit oder dem Sein oder der Wahrheit der Sache nicht ausgewiesen sind, kann zwar geistreich sein, er ist aber nicht Philosophie im eigentlichen Sinn.

So frei also das Denken ist und von jedem Denkenden selbst zu verantworten, so streng ist es gebunden an seine Sache.

Das Denken, das, vom Sein und Wesen und damit auch von der Wahrheit seiner Sache angesprochen, diese auf den Begriff zu bringen sucht, kann als eine Entfaltung des ursprünglichen Selbst- und Seinsverständnisses des Menschen verstanden werden. Indem der Mensch da ist, versteht er immer schon sich selbst in seinem Da oder in seiner Welt. Er versteht zugleich sich und seine Welt vom Sein her als etwas, was ist. So ist der Mensch da als Selbst- und Seinsverständnis, indem er z.B. fragt: Was ist dies? Oder was bin ich? Oder was ist dieses, daß ich da bin in meiner Welt? Er denkt und befragt sich und seine Welt im Licht des Seins als etwas, was ist. Nur deswegen ist es möglich, daß der Mensch, vom Sein der Momente seines Daseins angesprochen, sich auf dieses einläßt. Und indem dem Menschen also alles unter dem Gesichtspunkt des Seins einleuchtet und er sich darauf einlassen kann, leuchtet ihm auch das Wesen ein, und er kann sich auf den Unterschied von Wesen und Unwesen einlassen. Alles fragende Denken, alles Philosophieren ist also Entfaltung des Selbst- und Seinsverständnisses des Menschen als eines solchen.

Dies dem Menschen gegebene Selbst- und Seinsverständnis, in dem der Mensch sich entfalten, sich bewegen kann, wird auch Vernunft genannt. Der Mensch, wenn er philosophierend von seiner eigenen Vernunft Gebrauch macht, bewegt sich also aus seinem eigenen Ursprung und mit Bindung an seine Sache in dem ihm gegebenen Selbst- und Seinsverständnis. Und wo diese Bewegung als eine solche entfaltet ist, da sprechen wir von Philosophie.

aus: Religionsphilosophie
Freiburg, 1978, S. 11–15

Wilhelm Weischedel,
Philosophieren als radikales Fragen

Philosophieren als Fragen

Philosophieren vollzieht sich als Fragen und Infragestellen. Das ist seine ursprüngliche Wesensbestimmung. Damit hängt ein Zweites zusammen. Fragen bedeutet, etwas nicht so stehen zu lassen, wie es sich zunächst zeigt; als Fragen und Infragestellen richtet sich das Philosophieren also auf das, was sich unmittelbar als fraglos und selbstverständlich gibt. Eben dies wird im Philosophieren infrage gestellt. Dieses fragt ausdrücklich, wie es denn mit jenem als fraglos und selbstverständlich Erscheinenden in Wahrheit steht.

Als ein solches Fragen ist das Philosophieren von alters her verstanden worden. Platon und Aristoteles erblicken seinen Ursprung im thaumazein dem „Staunen", und sie sehen darin nicht etwa nur den historischen Beginn der Philosophie, sondern deren in jedem Philosophieren sich wiederholenden, das philosophische Denken ständig hervorbringenden Ursprung. In diesem Sinne nennt Platon im „Theaitetos" das „Staunen" das Pathos, die in einem eher passiven Sinne verstandene Leidenschaft des Philosophen (155d). Aristoteles sagt es noch deutlicher: „durch das Staunen haben die Menschen sowohl jetzt wie zu Anfang philosophiert (M 982b 11 f.)."

Staunen ist nun, wie Aristoteles weiter ausführt, „In-Verlegenheit-Sein" und „Unwissenheit" (M 982 b 17 f.), im Hinblick darauf nämlich, „ob es sich so verhält" (M 983 a 13), ob es also mit dem Seienden, angefangen vom einzelnen Staunenerregenden bis zum Erstaunlichen des Seienden im Ganzen (vgl. M 982 b 13 ff.), so steht, wie es dem nächsten Anblick erscheint. In diesem, dem Staunen eigentümlichen „ob" steckt der Keim des Fragens.

Nun sind freilich Staunen, In-Verlegenheit-Sein und Unwissenheit nicht schon selber Philosophieren, sondern lediglich dessen Ursprung, arché philosophias, wie Platon an der oben angegebenen Stelle sagt. Philosophieren selber dagegen vollzieht sich als Wille zur Gewißheit, als Wegdrängen von der Verlegenheit, als, wie es Aristoteles formuliert, „Fliehen vor der Unwissenheit" (M 982 b 15). Doch eben darin zeigt sich: Das Philosophieren läßt das Staunen nicht einfach hinter sich; dieses bleibt, entsprechend der zweiten Grundbedeutung des Wortes arché, das Herrschende, es ist im ganzen Vollzug des Philosophierens als die im Wegdrängen und im Fliehen forttreibende Unruhe wirksam; hörte diese auf, so hörte auch das Philosophieren auf.

Indem das Philosophieren jedoch aus seinem bleibenden Ursprung anhebt, ist es selber nicht bloßes Staunen, In-Verlegenheit-Sein und bloße Unwissenheit, nicht bloßes betroffenes Erblicken des Fragwürdigen. In der Radikalisierung des schon dem Staunen eigentümlichen „ob" kommt es zum Vollzug des Fragens. ... Als diese Suche ist das Philosophieren ausdrückliches Fragen.

Philosophieren als radikales Fragen

Wird so das Philosophieren von seinem Ursprung her auf den Weg des Fragens verwiesen, ..., dann ist damit auch gegeben, daß es die Grenze seines Fragens nicht aus sich selber heraus setzen kann. Dieses geht seiner innersten Natur nach immer weiter; hielte es inne, so hörte es auf, Fragen zu sein, und verlöre sein Wesen.

Philosophieren ist also, konsequent gedacht, unendliches Fragen. Denn worin könnte es sein Ende finden? Offenbar nur in etwas, das sich ihm als fraglos gewiß, als allem weiteren Fragen enthoben darböte, das also dem Ansturm des Fragens mit Erfolg standhielte. Als standhaltend vor einem Fragen aber kann sich etwas nur dann erweisen, wenn es zuvor infragegestellt ist. Eine Antwort kann nur dann Antwort auf die philosophische Frage sein, wenn sie von dieser vorgängig fragwürdig gemacht worden ist: sie ist nur stichhaltig, wenn der Stich des Fragens zuvor auf sie gezielt hat. Das Philosophieren muß also, und zwar eben sofern es das fraglos Gewisse als seine Grenze finden will, alles in den Wirbel des Fraglichmachens hineinreißen; es kann nichts in unbefragter Fraglosigkeit stehen lassen; es muß alles Sichere und Feste zum Einsturz bringen. Philosophieren ist von seinem zuende gedachten Wesen her radikales Fragen.

aus: Der Gott der Philosophen
Darmstadt 1975, Band 1, S. 26 f.

Bertrand Russel, Die Ungewißheiten der Philosophie

Das Ziel der Philosophie – wie das aller anderen eigentlich geistigen Tätigkeiten, des „Studiums" im ursprünglichen Sinne des Wortes – ist Erkenntnis. Die Erkenntnis, um die es ihr geht, ist die Art von Erkenntnis, die Einheit und System in die angesammelten Wissenschaften bringt, und die Art, die sich aus einer kritischen Überprüfung der Gründe für unsere Überzeugungen, Vorurteile und Meinungen ergibt. Man kann allerdings nicht behaupten, daß die Philosophie bei dem Versuch, definitive Antworten auf ihre Fragen zu finden, sehr erfolgreich gewesen wäre. Wenn man einen Mathematiker, einen Mineralogen oder einen anderen Gelehrten fragt, zu welchem Bestand an Wahrheiten es seine Wissenschaft gebracht habe, wird seine Antwort mit Leichtigkeit so lange dauern, wie wir ihm zuhören wollen. Aber wenn man dieselbe Frage   einem

Frage einem Philosophen stellt, wird er – wenn er offen und ehrlich ist – zugeben müssen, daß man hier zu keinen positiven Resultaten, die mit denen anderer Wissenschaften vergleichbar wären, gekommen ist. Zum Teil erklärt sich das aus dem Umstand, daß man einen Gegenstand nicht mehr zur Philosophie zählt, sobald definitive Erkenntnisse über ihn möglich werden; es bildet sich dann in der Regel eine neue und selbständige wissenschaftliche Disziplin. Das ganze Studium der Himmelserscheinungen, das jetzt zur Astronomie gehört, war einmal Teil der Philosophie; Newtons großes Werk hieß „Die mathematischen Prinzipien der Naturphilosophie". Die Erforschung der menschlichen Seele, die zur Philosophie gehörte, hat sich jetzt von ihr gelöst und ist zur wissenschaftlichen Psychologie geworden. So sind die Ungewißheiten der Philosophie weitgehend doch mehr eine Sache des Anscheins als real: die Fragen, die man eindeutig beantworten kann, werden den Wissenschaften zugeordnet, und nur diejenigen, auf die man im Augenblick noch keine eindeutige Antwort finden kann, bleiben übrig als ein Rest, den man als Philosophie bezeichnet.

Nun ist dies allerdings wohl nur die halbe Wahrheit über die Ungewißheiten der Philosophie. Es gibt viele Fragen – und unter ihnen solche, die für unser geistiges Leben von profundestem Interesse sind – die, soweit wir sehen können, für den menschlichen Intellekt unlösbar bleiben müssen, wenn seine Fähigkeiten sich nicht zu einer Größenordnung entwickeln, die uns bis jetzt unbekannt geblieben ist. Hat die Welt einen einheitlichen Plan oder Zweck, oder besteht sie aus einem zufälligen Zusammenspiel der Atome? Ist das Bewußtsein ein beständiger Teil der Welt, so daß wir noch auf ein unbeschränktes Wachstum an Weisheit hoffen dürfen, oder ist das Bewußtsein ein transitorisches Phänomen auf einem kleinen Planeten, auf dem das Leben nach einiger Zeit unmöglich werden wird? Haben Gut und Böse eine Bedeutung für die ganze Welt oder nur für die Menschen? – Das sind Fragen, die die Philosophie stellt, und die von verschiedenen Philosophen verschieden beantwortet worden sind. Ob man die Antworten nun noch auf andere Weise entdecken kann oder nicht, es scheint jedenfalls so, als ob die Antworten der Philosophie samt und sonders nicht als wahr ausweisbar sind. Und doch, so gering die Hoffnung, Antworten zu finden, auch sein mag: es bleibt Sache der Philosophie, weiter an diesen Fragen zu arbeiten, uns ihre Bedeutung bewußt zu machen, alle möglichen Zugänge zu erproben und jenes spekulative Interesse an der Welt wachzuhalten, das wahrscheinlich abgetötet würde, wenn wir uns ausschließlich auf abgesicherte Erkenntnisse beschränkten. ...

Die Philosophie kann uns zwar nicht mit Sicherheit sagen, wie die richtigen Antworten auf die gestellten Fragen heißen, aber sie kann uns viele Möglichkeiten zu bedenken geben, die unser Blickfeld erweitern und uns von der Tyrannei des Gewohnten befreien. Sie vermindert unsere Gewißheiten darüber, was die Dinge sind, aber sie vermehrt unser

Wissen darüber, was die Dinge sein könnten. Sie schlägt die etwas arrogante Gewißheit jener nieder, die sich niemals im Bereich des befreienden Zweifels aufgehalten haben, und sie hält unsere Fähigkeit zu erstaunen wach, indem sie uns vertraute Dinge von uns nicht vertrauten Seiten zeigt. ...

Fassen wir unsere Betrachtungen über den Wert der Philosophie zusammen: man soll sich mit der Philosophie nicht so sehr wegen irgendwelcher bestimmter Antworten auf ihre Fragen beschäftigen – denn in der Regel kann man diese bestimmten Antworten nicht als wahr erkennen. Man soll sich um der Fragen selber willen mit ihr beschäftigen, weil sie unsere Vorstellung von dem, was möglich ist, verbessern, unsere intellektuelle Phantasie, bereichern und die dogmatische Sicherheit vermindern, die den Geist gegen alle Spekulation verschließt. Vor allem aber werden wir durch die Größe der Welt, die die Philosophie betrachtet, selber zu etwas Größerem gemacht und zu jener Einheit mit der Welt fähig, die das größte Gut ist, das man in ihr finden kann. ...

aus: **Probleme der Philosophie**
     Frankfurt 1970, S. 136 ff.

LEBEN,
Lebendigkeit, Seins- und Bewußtseinsdrang

1. „Hast du heute schon gelebt?" Diese provozierende Frage wurde in den letzten Jahren an viele Wände gesprüht oder gekritzelt. Die Schreiber machen ihr Leben im besonderen und das Leben im allgemeinen zum Gegenstand ihres kritischen Bewußtseins. Damit stehen sie jedoch vor einem Paradoxon: läßt sich Leben in Verstandesgrößen überhaupt begreifen? Kann man über Leben nachdenken, oder muß es in der Tat gelebt werden, damit es in seiner Fülle und wahren Bedeutung ergriffen werden kann?

2. Der Lebensbegriff wurzelt tief im Irrationalen. Dieses haben Denker wie Schopenhauer und Nietzsche, Klages und Schweitzer, aber auch die christlichen und fernöstlichen Mystiker immer wieder deutlich zu machen versucht. Die Erkenntnisgrundhaltung, die dem Leben entgegengebracht werden müsse, sei der des Geistes diametral entgegengesetzt, behauptete Ludwig Klages. Leben müsse vielmehr aufgespürt, in seiner Unmittelbarkeit erfahren, erahnt und 'geahmt' werden (L. Ziegler). Der Verstandeslogik müßte dann eine umfassend waltende Lebenslogik entsprechen, aus der das Denken – soll es sich der Wahrheit annähern – abgebildet werden muß. Wenn wir vor der Unmittelbarkeit des Lebens innehalten wollten, ließe sich jene erste und letzte Einheit von Begriff und Wirklichkeit wiedergewinnen, die René Descartes und nach ihm Generationen neuzeitlicher und moderner Rationalisten mit dem Bekenntnis „ich denke, also bin ich" aufgegeben haben. Dies stellen die Kulturkritiker unter den Lebensphilosophen fest.

3. In den vorgefundenen Dingen selbst ruhe ihr Zweck, hatte schon Aristoteles behauptet. Nicht der Mensch habe die Aufgabe, der Welt und sich selbst Sinn zu verleihen. Die natürliche Geordnetheit öffne sich dem in die Betrachtung (Kontemplation) versunkenen Menschen. Unendliche Variationen des Lebendigen und der Lebensprozesse verweisen auf dahinterliegende natürliche Gesetzmäßigkeiten. Begrenzungen der Entfaltung, wie Konkurrenz, Knappheit des Raumes und der Lebenszeit fordern auf zur individuellen Ausprägung einer je persönlichen Lebendigkeit.
Damit unterscheidet sich Lebendiges fundamental von allem rein dinghaften Materiellen. Es ist vorhanden und zuhanden als Möglichkeit, als in sich selbst begründete Zweckmäßigkeit sowie als Kraftquelle seiner selbst. Lebenskraft läßt sich letztlich nur individuell als endliche Größe erfahren. Sobald diese Grenzen als künstliche Setzungen des Menschen gesehen und aufgegeben werden können, steht der Mensch überwältigt vor der Unerschöpfbarkeit der Lebensfülle und -energien. Die be-

gründende Antriebskraft und die differenzierend Werke setzende, schöpferische Kraft des Lebens stellen, wie Schopenhauer behauptete, den eigentlichen Willen zum/des Dasein(s) dar. Was bliebe dem sich in großartigen Gedanken und Wissenschaftsgebäuden selbst- und welt-deutenden Menschen ohne diese grundlegende Kraft des Lebens („vis vitalis"), von der er zehrt?

Die von Darwin beschriebene Entfaltung ('Evolution') der Arten beruht auf jener ursprünglichen Potenz. Diese findet immer wieder neue Nischen, Darstellungen und Einrichtungen im fruchtbaren (Über)Lebens-streit. Herausforderungen der ungeordneten Welt und die machtvolle natürliche Kreativität, in einem ewigen Kampf miteinander verpflichtet, schaffen die vorgefundene Wirklichkeit. Die planende Vernunft bewirke demgegenüber mit ihrem Leistungsvermögen verschwindend wenig, höhnte Leopold Ziegler.

4. *Auch der einzelne findet sich in sein Leben geworfen (J. P. Sartre). Er konnte es weder selbst wollen – denn es wollte ihn –, noch in seiner räumlichen und zeitlichen Verankerung wählen. Nur die zweifelhafte Freiheit, den Zeitpunkt des Endes vorwegnehmend zu bestimmen, bleibt dem Menschen als selbständiger Akt der Wahl. Mit der zur Verfügung gestellten Lebensenergie jeder einzelnen Körperzelle richten wir uns ein, in der Welt. Die Entfaltung der Person stellt einen Prozeß dar, in dem zu gestaltende Möglichkeit zu individueller Realität ausgeformt wird. Leben wird jedem Lebewesen zu dem ihm überlassenen Anteil an der kosmischen Darstellungskraft, damit als Auftrag aufgegeben. Es ist zu finden in der eigentümlichen Aufspannung zwischen Selbstbesitz und nicht auszuschließender Offenheit für die Gestaltung durch die Ande-ren, zwischen Freiheit und Verantwortung, zwischen zugeteilter und zeit-weiligem bzw. endgültigem Entzug der absoluten Verfügungsgewalt (Krankheit, Leiden, Tod).*

5. *In den letzten Jahren hat in dieser Hinsicht der Begriff der 'Lebensqua-lität' eine große Bedeutung gewonnen. Der reinen quantitativen Steige-rung der Lebensmöglichkeiten (Verlängerung bzw. Vervielfachung des Lebens) werden Forderungen nach ansprechender Gestaltung gegen-übergestellt. Die Garantie für das Überleben des einzelnen oder gar nur der Art – wie Darwin postulierte – bedeutet nur das physische Funda-ment für das metaphysische, ethische und ästhetische Erfassen des Daseins.*

6. *Als fundamentale moralische Grundeinstellung allem Lebendigen gegenüber hatte Albert Schweitzer die 'Ethik der Ehrfurcht vor dem Leben' gefordert. Die Einstellungen der Menschen sollen begründet werden – dies im engsten Sinne des Wortes – durch eine unbedingte Welt- und Lebensbejahung. Schweitzers trotziges, jedem verständliches Plädoyer lautet:*

„Ich bin Leben, das Leben will, inmitten von Leben das Leben will." Als gut gilt, Leben erhalten, fördern, auf seinen höchsten Wert bringen; als böse, Leben vernichten, schädigen, entwickelbares Leben niederhalten.

Bei vorliegender grundlegender Bereitschaft, eine dementsprechende Selbstverpflichtung einzugehen, bliebe letztlich eine Voraussetzung zu erfüllen. Die Wahrnehmungsfähigkeit für die feinen Strukturen und Strömungen des Lebendigen müßte wiederhergestellt werden, da sie in den begeistert gefeierten Höhenflügen von Wissenschaft, Technik und Zivilisation größtenteils verlorengegangen ist (L. Klages).

'Ästhetik des Lebendigen' ließe sich dann doppelsinnig verstehen, als Inhalt und Akt der Empfindung (Empfundenes und Empfindsamkeit).

„Die Sprache des Lebens, seine Angebote, Forderungen und Hilferufe erfaßt jeder rote Mann", soll ein nordamerikanischer Indianerhäuptling einmal gesagt haben; „nur der weiße Mann hat verlernt, sie zu sprechen und zu verstehen."

In der europäischen Philosophie spricht und versteht vor allem Friedrich Nietzsche die Sprache des Lebens. Vielleicht gehört er deshalb zu den bis heute unverstandenen Denkern, da seine Interpreten dieser Empfindung nicht mächtig sind.

7. Lebensräume präsentieren sich als Wahrnehmungsräume, Denkräume, Handlungsräume und Vollzugsräume. Sie können entsprechend im Begreifen (Theorie), im Wirken (Praxis) und im gestaltenden Werk (Poiesis) erschlossen werden. Leben kann in der Vereinzelung (Individualität), als Prinzip der Gemeinschaft (Kollektiv) in seinen Grundmaßen (Essenz) und im Verweis über sich hinaus erfahren werden.

Jede Einseitigkeit der Betrachtung, des Empfindens und der Handhabung bedeutet den unnötigen, endlich fatalen Verzicht auf 'Leben'. In der Erfahrung des Lebens stößt der Mensch auf die Grenzen seiner Vernünftigkeit. Das, was als Lebendigkeit begriffen werden soll, präsentiert sich als integraler Bestandteil des Erkennenden. Vom eigenen Leben kann sich der Mensch nicht kraft seines Verstandes abheben. Verstehen wird vielmehr erst möglich infolge lebendiger (Schalt)Vorgänge. Der lebende Körper ist nicht identisch mit dem erkannten. Sartre kam daher zu der Schlußfolgerung, daß der Mensch, sobald er sich selbst in seiner Lebendigkeit erkennen will, mit den Augen des Anderen nur Äußeres sehen kann – Sichtweise des Anatomen oder Chirurgen. Er scheitert notwendig in der verstandesmäßigen Erfahrung des eigenen Lebens.

8. Es gibt keine Grenze zwischen menschlichem und übrigem Leben. Auf dieser Ebene wird die Bedeutung des Einzelnen (principium individuationis) grundsätzlich infragegestellt.

Die Unmöglichkeit der Grenzziehung bedeutet jedoch die Chance, sich umfassend wiederzuentdecken als Teil einer Gesamtschöpfung und *eines grandiosen Entwicklungsprozesses. Selbst wenn das einzelne, nur scheinbar abgetrennte Wesen zugrundegeht, lebt Leben weiter. Es präsentiert sich selbst als Prinzip der Unerschöpflichkeit, der unendlichen Aufschließbarkeit des Grundes und der bewegenden Kraft. Der Mensch, der Regeln und Grenzen setzend in den Lebensprozeß eingreift, läuft ständig Gefahr, sich selbst nicht zu gewinnen sondern zu verlieren.*

Er mißachtet die ihm ähnlichen „Figuren, die zu einer großen Chiffrenschrift zu gehören scheinen, die man überall, auf Flügeln, Eierschalen, in Wolken, im Schnee und in Kristallen und Steinbildungen erblickt."
(Novalis: Die Lehrlinge zu Sais). Der abwesende (= seinem Wesen nicht entsprechend lebende) Mensch der Gegenwart, insbesondere des 20. Jahrhunderts, stellt Leopold Ziegler fest, hat den „rätselhaften Drang, die Welt in ihrer prangenden Erscheinungsfülle geringer zu veranschlagen als vordem."

Friedrich Nietzsche: Zarathustras Lebensfragen

Das andere Tanzlied

„In dein Auge schaute ich jüngst, o Leben: Gold sah ich in deinem Nacht-Auge blinken, – mein Herz stand still vor dieser Wollust: – einen goldenen Kahn sah ich blinken auf nächtigen Gewässern, einen sinkenden, trinkenden, wieder winkenden goldenen Schaukel-Kahn!

Nach meinem Fuße, dem tanzwütigen, warfst du einen Blick, einen lachenden, fragenden schmelzenden Schaukel-Blick:

Zweimal nur regtest du deine Klapper mit kleinen Händen – da schaukelte schon mein Fuß vor Tanzwut. –

Meine Fersen bäumten sich, meine Zehen horchten, dich zu verstehen: trägt doch der Tänzer sein Ohr – in seinen Zehen!

Zu dir hin sprang ich: da flohst du zurück vor meinem Sprunge; und gegen mich züngelte deines fliehenden fliegenden Haars Zunge!

Von dir weg sprang ich und von deinen Schlangen: da standst du schon, halbgewandt, das Auge voll Verlangen.

Mit krummen Blicken – lehrst du mich krumme Bahnen; auf krummen Bahnen lernt mein Fuß – Tücken!

Ich fürchte dich Nahe, ich liebe dich Ferne; deine Flucht lockt mich, dein Suchen stockt mich: – ich leide, aber was litt ich um dich nicht gerne!

Deren Kälte zündet, deren Haß verführt, deren Flucht bindet, deren Spott – rührt:

– wer haßte dich nicht, dich große Binderin, Umwinderin, Versucherin, Sucherin, Finderin! Wer liebte dich nicht, dich unschuldige, ungeduldige, windseilige, kindsäugige Sünderin!

Wohin ziehst du mich jetzt, du Ausbund und Unband? Und jetzt fliehst du mich wieder, du süßer Wildfang und Undank!

Ich tanzte dir nach, ich folge dir auch auf geringer Spur. Wo bist du? Gib mir die Hand! Oder einen Finger nur!

Hier sind Höhlen und Dickichte: wir werden uns verirren! – Halt! Steh still! Siehst du nicht Eulen und Fledermäuse schwirren?

Du Eule! Du Fledermaus! Du willst mich äffen? Wo sind wir? Von den Hunden lerntest du dies Heulen und Kläffen.

Du fletschest mich lieblich an mit weißen Zähnlein, deine bösen Augen springen gegen mich aus lockichtem Mähnlein!

Das ist ein Tanz über Stock und Stein; ich bin der Jäger, – willst du mein Hund oder meine Gemse sein?

Jetzt neben mir! Und geschwind, du boshafte Springerin! Jetzt hinauf! Und hinüber! – Wehe! Da fiel ich selber im Springen hin!

O sieh mich liegen, du Übermut, und um Gnade flehn! Gerne möchte ich mit dir – lieblichere Pfade gehn!

– der Liebe Pfade durch stille bunte Büsche! Oder dort den See entlang: da schwimmen und tanzen Goldfische!

Du bist jetzt müde? Da drüben sind Schafe und Abendröten: ist es nicht schön, zu schlafen, wenn Schäfer flöten?

Du bist so arg müde? Ich trage dich hin, laß nur die Arme sinken! Und hast du Durst, – ich hätte wohl etwas aber dein Mund will es nicht trinken!

– O, diese verfluchte, flinke gelenke Schlange und Schlupf-Hexe! Wo bist du hin? Aber im Gesicht fühle ich von deiner Hand zwei Tupfen und rote Klexe!

Ich bin es wahrlich müde, immer dein schafichter Schäfer zu sein! Du Hexe, habe ich dir bisher gesungen, nun sollst du mir – schrein!

Nach dem Takt meiner Peitsche sollst du mir tanzen und schrein! Ich vergaß doch die Peitsche nicht? – Nein!" –

aus: Also sprach Zarathustra; Nietzsche Studienausgabe Bd. 4, Frankfurt/M 1968

Ludwig Klages: Bewußtsein, Geist und Leben

Überlegen wir uns doch einmal, was uns an der kartesischen Formel weit mehr überraschen sollte als die Vormachtstellung, die sie dem Selbst vor der Sache einräumt. Der Philosoph spricht vom Bewußtsein, als dächte er dabei an den Inbegriff alles Erlebens, aber er meint das darauf gerichtete Erfassen. Das Urteilsvermögen, an die Stelle des Erlebens setzend, opfert er unsre ganze Innerlichkeit dem bloßen Erkennen! Mit der hervorragenden Folgerichtigkeit, die ihn auszeichnet, scheut

Descartes nicht davor zurück, die Konsequenzen namhaft zu machen: die ganze Welt ein rechenbarer Kräftezusammenhang – die Tiere seelenlose Maschinen – die Gemütsbewegungen, welche doch auch wir Menschen teilen, eine Art Geisteskrankheit, perturbationes animi! ...

Der Geist erkennt, das Sein ist, aber nur das Leben lebt! Jene beiden sind außerzeitlich und allgemein, nur dieses ist zeitlich und individuell, und ohne es wüßten wir als zeitliche Geschöpfe, die wir sind, weder vom Geist noch von der Materie. ...

Die Bauelemente des Lebens sind in Pflanze wie Tier bekanntlich gleichermaßen die Zellen. Stets haftet das Leben am Zellenkörper; aber als solches ist es dem Bewußtsein völlig und für immer verschlossen. Greift doch in einem jeden von uns durch Millionen Tode und Geburten vergänglicher Einzelwesen das Zellenleben ohne die allerkleinste Unterbrechung zurück bis zum ersten Protoplasmaklümpchen des planetarischen Urmeers, wohingegen unser bewußtes Erinnern nicht einmal mehr das Embryonalleben des Körpers im Mutterleibe, geschweige die Erlebnisse unsrer Voreltern aufbewahrt. Während das Leben in uns nur die jeweils augenblickliche Stirnseite eines unaufhaltsam weiterdringenden Stromes ist, der lückenlos zurückreicht bis in das Bildungszeitalter der kristallinen Schiefergesteine, so sieht das Bewußtsein sich eingeschränkt auf die im Vergleich damit buchstäblich verschwindende Spanne der Daseinsdauer des Einzelmenschen. Möchte man es für möglich halten, daß dennoch Leben und Bewußtsein verwechselt wurden? ...

An erster Stelle sollte nämlich die Einsicht stehen, daß es zur Natur des denkenden Bewußtseins gehört, einem rhythmischen Wechsel unterworfen zu sein von Aufleuchten und Wiederverlöschen, Ergreifen und Ergriffenheit, Wachsein und Schlaf. In ununterbrochener Stetigkeit fließt ja auch das Einzelleben, wennschon nur die kurze Zeitstrecke lang zwischen Geburt und Tod; dahingegen sein Begleiter in uns, das Bewußtsein, sinkt für ein Drittel des Tages gewissermaßen entkräftet zusammen, so zwar, daß wir im nächtlichen Schlaf weder vom eigenen Ich noch von der Welt da draußen wissen. Kein mehr beweisendes Zeugnis könnte ersonnen werden für die Wesensverschiedenheit von Bewußtsein und Leben. ..

Selbst Menschen von immer rechenbereiter Nüchternheit werden sich wenigstens aus ihrer Jugend erinnern, daß es ein Erwachen gibt, wo die Seele sich wie aus schützenden Mutterarmen an das unerbittliche Licht gerissen glaubt und im Gefühl eines rätselhaften Heimwehs der verborgenen Schätze ihres nächtlichen Lebens ahnungsvoll inne wird. Der Offenbarungsgehalt solcher Stimmungen ist es, den die Märchen vom verlorenen Paradies und jenem goldenen und silbernen Zeitalter deuten, wo nach dem Ausdruck des Hesiod die Menschen ewigen Kindern glichen oder auch der im Boden haftenden Pflanze. Inzwischen gleich Herakles vor die Wahl zwischen Leben und Geist gestellt, hat die

Menschheit wie er den Weg des Denkens und Wollens bevorzugt und fand gleich ihm auf diesem Wege Leiden, Mühsal und furchtbare Abenteuer.

aus: **Mensch und Erde**
Stuttgart 1956, S. 28 ff.

Gérard de Nerval: Alles ist fühlend

Mensch! Freies Denken, wähnst du, eigne dir allein
In einer Welt, wo Leben ausbricht aus den Dingen allen?
Kräfte, die du beherrschest, sind dir zugefallen;
Doch was du planst, dem All wird es gleichgültig sein.

Im Tier ehr einen Geist der Tat. Schau in dem Schein
Der Blumen Seelen, die sanft der Natur entwallen.
Liebesgeheimnis schlummert in Metallen.
„Alles ist fühlend.“ Alles wirkt mit Macht herein.

Fürchte den Blick, der dich aus blinder Wand erspäht.
Sogar dem rohen Stoffe, bleibt ein Wort gesellt.
Gebrauch ihn für ein Werk, das nicht der Herr verschmäht.

Oft ist's das Dunkle, das den Gott verborgen hält.
Und wie ein Aug' aus Schlafeslidern aufgeht, sieh erscheinen
Der reinen Geister einen aus den Steinen.

aus: **Goldene Verse, Salzburg 1972**

José Ortega y Gasset: Leben ist Macht

Alles Leben findet sich innerhalb des Umstehenden oder der Welt vor. Denn dies ist der ursprüngliche Sinn des Wortes „Welt“. Die Welt ist der Inbegriff unserer Lebensmöglichkeiten. Sie ist also nichts von unserem Leben Abgesondertes, ihm Fremdes, sondern der prinzipielle Umfang seiner Reichweite. Sie stellt dar, was wir sein können, das heißt unser Leben seiner Potenz nach. Diese muß sich näher bestimmen, um wirklich zu werden; oder anders gewendet: wir werden immer nur zum geringsten Teil das, was wir sein könnten. Darum erscheint uns die Welt so ungeheuer und wir uns in ihr so winzig. Die Welt oder unser mögliches

Leben ist immer mehr als das Schicksal oder unser tatsächliches Leben. Jetzt kam es mir jedoch nur darauf an, zu zeigen, wie das Leben des Menschen nach der Dimension seiner Potentialität hin gewachsen ist. Es rechnet mit einem gegen früher phantastisch vergrößerten Feld von Möglichkeiten. Auf geistigem Gebiet findet es mehr Wege zur Ideenbildung, mehr Probleme, mehr Material, mehr Wissenschaften, mehr Gesichtspunkte vor. Wenn die Ämter oder Laufbahnen in primitiven Zuständen sich fast an den Fingern einer Hand herzählen lassen – Hirt, Jäger, Krieger, Zauberer –, ist die Reihe möglicher Beschäftigungen heute unabsehbar. Ähnlich steht es um die Vergnügungen, wenn hier das Repertoire – und die Erscheinung ist ernster als man meint – auch nicht so reichhaltig ist wie in den anderen Ordnungen des Lebens. Doch für den durchschnittlichen Menschen, der in der Großstadt wohnt – und die Großstädter sind die Repräsentanten des gegenwärtigen Daseins –, haben sich auch die Genußmöglichkeiten im Laufe von kaum einem Jahrhundert ungeahnt vermehrt.

Aber die Steigerung des Lebens beschränkt sich nicht auf das bisher Erwähnte. Es ist in einem noch unmittelbareren und geheimnisvolleren Sinn gewachsen. Auf physischem und sportlichem Gebiet werden heute bekanntlich Leistungen erzielt, die alles aus der Vergangenheit Bekannte in den Schatten stellen. Es genügt nicht, jede einzeln zu bewundern und den Rekord, den sie aufstellt, zu buchen; man muß den Eindruck beachten, den ihre Häufigkeit in uns hinterläßt: sie bringt uns die Überzeugung bei, daß der menschliche Organismus heute über Fähigkeiten und Kräfte verfügt wie nie zuvor.

Mit dem Gesagten soll nicht behauptet werden, daß das menschliche Leben heute besser ist als zu anderen Zeiten. Ich habe nicht von seiner Wertbeschaffenheit gesprochen, sondern von seiner Steigerung, seiner quantitativen und intensiven Zunahme. Ich glaube hiermit das Bewußtsein des augenblicklichen Menschen genau geschildert zu haben, seine Lebensstimmung, für die es wesentlich ist, daß er sich mit mehr Möglichkeiten ausgerüstet fühlt als je und daß ihm die ganze Vergangenheit an Zwergwuchs zu kranken scheint.

aus: Aufstand der Massen,
Reinbeck 1979, S. 28 ff.

Albert Schweitzer: Ethik der Ehrfurcht

Als einzige Fahrgelegenheit fand ich einen ... kleinen Dampfer, der einen überladenen Schleppkahn mit sich führte. Außer mir waren nur Schwarze, unter ihnen Emil Ogouma, mein Freund aus Lambarene, an

Bord. Da ich mich in der Eile nicht hatte genügend verproviantieren können, ließen sie mich aus ihrem Kochtopf mitessen.

Langsam krochen wir den Strom hinauf, uns mühsam zwischen den Sandbänken – es war trockene Jahreszeit – hindurchtastend. Geistesabwesend saß ich auf dem Deck des Schleppkahns, um den elementaren und universellen Begriff des Ethischen ringend, den ich in keiner Philosophie gefunden hatte. Blatt um Blatt beschrieb ich mit unzusammenhängenden Sätzen, nur um auf das Problem konzentriert zu bleiben. Am Abend des dritten Tages, als wir bei Sonnenuntergang gerade durch eine Herde Nilpferde hindurchfuhren, stand urplötzlich, von mir nicht geahnt und nicht gesucht, das Wort „Ehrfurcht vor dem Leben" vor mir. Das eiserne Tor hatte nachgegeben; der Pfad im Dickicht war sichtbar geworden. Nun war ich zu der Idee vorgedrungen, in der Welt- und Lebensbejahung und Ethik miteinander enthalten sind! Nun wußte ich, daß die Weltanschauung ethischer Welt- und Lebensbejahung samt ihren Kulturidealen im Denken begründet ist.

Die fundamentale Tatsache des Bewußtseins des Menschen lautet: „Ich bin Leben, das leben will, inmitten von Leben, das leben will." Der denkend gewordene Mensch erlebt die Nötigung, allem Willen zum Leben die gleiche Ehrfurcht vor dem Leben entgegenzubringen wie dem seinen. Er erlebt das andere Leben in dem seinen. Als gut gilt ihm, Leben erhalten, Leben fördern, entwickelbares Leben auf seinen höchsten Wert bringen. Als böse: Leben vernichten, Leben schädigen, entwickelbares Leben niederhalten. Dies ist das denknotwendige, universelle, absolute Grundprinzip des Ethischen.

Die bisherige Ethik ist unvollkommen, weil sie es nur mit dem Verhalten der Menschen zum Menschen zu tun haben glaubte. In Wirklichkeit aber handelt es sich darum, wie der Mensch sich zu allem Leben, in seinem Bereich befindlichen Leben, verhält. Ethisch ist er nur, wenn ihm das Leben als solches heilig ist, das der Menschen und das aller Kreatur. Nur die Ethik des Erlebens der ins Grenzenlose erweiterten Verantwortung gegen alles, was lebt, läßt sich im Denken begründen. Die Ethik des Verhaltens von Mensch zu Mensch ist nicht etwas für sich, sondern etwas, das sich aus jenem Allgemeinen ergibt. Die Ehrfurcht vor dem Leben, zu der wir Menschen gelangen müssen, begreift also alles in sich, was als Liebe, Hingebung, Mitleiden, Mitfreude, Mitstreben in Betracht kommen kann. Wir müssen uns von dem gedankenlosen Dahinleben frei machen.

Nun aber sind wir alle dem rätselhaften und grausigen Schicksal unterworfen, in die Lage zu kommen, unser Leben nur auf Kosten andern Lebens erhalten zu können und durch Schädigen, ja auch durch Vernichtung von Leben, fort und fort schuldig, dieser Notwendigkeit, soweit es uns möglich ist, zu entrinnen. Wir dürsten danach, Humanität bewahren zu dürfen und Erlösung von Leiden bringen zu können.

34

Wo irgendwie das Tier zum Dienst des Menschen gezwungen wird, muß jeder von uns mit den Leiden beschäftiugt sein, die es um dessentwillen zu tragen hat. Keiner von uns darf ein Vieh, für das die Verantwortung nicht zu tragen ist, geschehen lassen, soweit er es nur hindern kann. Keiner darf sich dabei beruhigen, daß er sich damit in Sachen mischen würde, die ihn nichts angehen. Keiner darf die Augen schließen und das Leiden, dessen Anblick er sich erspart, als nicht geschehen ansehen. Keiner mache sich die Last seiner Verantwortung leicht. Wenn so viel Mißhandlung der Kreatur vorkommt, wenn in unseren Schlachthäusern so viel Rohheit waltet, wenn in unseren Küchen Tiere von ungeübten Händen qualvollen Tod empfangen, wenn Tiere durch unbarmherzige Menschen Unmögliches erdulden oder dem grausamen Spiele von Kindern ausgeliefert sind, tragen wir alle Schuld daran.

aus: H. Steffahn: Albert Schweitzer, rororo Bildmonographien, Hamburg 1979

Athur Schopenhauer: Aphorismen zur Lebensweisheit

Unser praktisches, reales Leben nämlich ist, wenn nicht die Leidenschaften es bewegen, langweilig und fade; wenn sie aber es bewegen, wird es bald schmerzlich: darum sind Die allein beglückt, denen irgend ein Überschuß des Intellekts, über das zum Dienst ihres Willens erforderte Maaß, zu Theil geworden. Denn damit führen sie, neben ihrem wirklichen, noch ein intellektuelles Leben, welches sie fortwährend auf eine schmerzlose Weise und doch lebhaft beschäftigt und unterhält. Bloße Muße, d. h. durch den Dienst des Willens unbeschäftigter Intellekt, reicht dazu nicht aus; sondern ein wirklicher Überschuß der Kraft ist erfordert: denn nur dieser befähigt zu einer dem Willen nicht dienenden, rein geistigen Beschäftigung. ...

Der normale Mensch hingegen ist, hinsichtlich des Genusses seines Lebens, auf Dinge außer ihm gewiesen, auf den Besitz, den Rang, auf Weib und Kinder, Freunde, Gesellschaft u. s. w., auf diese stützt sich sein Lebensglück: darum fällt es dahin, wenn er sie verliert oder er sich in ihnen getäuscht sah. Dies Verhältniß auszudrücken, können wir sagen, daß sein Schwerpunkt außer ihm fällt. Eben deshalb hat er auch stets wechselnde Wünsche und Grillen: er wird, wenn seine Mittel es erlauben, bald Landhäuser, bald Pferde kaufen, bald Feste geben, bald Reisen machen, überhaupt aber großen Luxus treiben; weil er eben in Dingen aller Art ein Genüge von außen sucht; wie der Entkräftete aus Consommé's und Apothekerdrogen die Gesundheit und Stärke zu erlangen hofft, deren wahre Quelle die eigene Lebenskraft ist. Stellen wir nun, um nicht gleich zum andern Extrem überzugehen, neben ihn einen Mann von gerade eminenten, aber doch das gewöhnliche knappe Maaß überschreitenden Geisteskräften; so sehn wir diesen etwa irgend eine schöne Kunst als Dilettant üben, oder aber eine Realwissenschaft, wie Botanik, Mineralogie, Physik, Astronomie, Geschichte, u. dgl. betreiben und alsbald einen großen Theil seines Genusses darin finden, sich daran erholend, wenn jene äußern Quellen stocken, oder ihn nicht mehr befriedigen. ...

Im weiteren Sinne kann man auch sagen: die ersten vierzig Jahre unsers Lebens liefern den Text, die folgenden dreißig den Kommentar dazu, der uns den wahren Sinn und Zusammenhang des Textes, nebst der Moral und allen Feinheiten desselben, erst recht verstehn lehrt.

Gegen das Ende des Lebens nun gar geht es wie gegen das Ende eines Maskenballs, wenn die Larven abgenommen werden. Man sieht jetzt, wer diejenigen, mit denen man, während seines Lebenslaufes, in Berührung gekommen war, eigentlich gewesen sind. Denn die Charaktere haben sich an den Tag gelegt, die Thaten haben ihre Früchte getragen, die Leistungen ihre gerechte Würdigung erhalten und alle Trugbilder sind zerfallen. Zu diesem Allen nämlich war Zeit erfordert. – Das Seltsame aber ist, daß man sogar sich selbst, sein eigenes Ziel und Zwecke, erst gegen das Ende des Lebens eigentlich erkennt und versteht, zumal in seinem Verhältnis zur Welt, zu den Andern. Zwar oft, aber nicht immer, wird man dabei sich eine niedrigere Stelle anzuweisen haben, als man früher vermeint hatte; bisweilen auch eine höhere; welches dann daher kommt, daß man von der Niedrigkeit der Welt keine ausreichende Vorstellung gehabt hatte und demnach sein Ziel höher steckte, als sie. Man erfährt beiläufig, was an Einem ist. –

aus: Aphorismen zur Lebensweisheit, Stuttgart 1978, S. 248 f.

Wer bin ich?
Der MENSCH fragt nach sich selbst

1. Immanuel Kant sagte, es gebe für ihn drei wesentliche Fragen der Philosophie: Was können wir wissen? Was sollen wir tun? Was dürfen wir hoffen? Sie kämen zusammen in der entscheidenden Frage: Was ist der Mensch? Für ihn ist dies die entscheidende Frage der Philosophie, die ausgesprochen oder unausgesprochen hinter allen Problemen stehe oder sie mindestens begleite. Alle Philosophie ist deshalb immer auch Anthropologe (= Lehre vom Menschen). Sie geht vom Menschen aus und führt auf den Menschen zurück. Diesen „Gegenstand" Mensch hat die Anthropologie mit vielen anderen Wissenschaften gemeinsam: mit der Humanmedizin, den Gesellschafts- und Erziehungswissenschaften, der Psychologie, Geschichte, der biologischen Abstammungslehre, der Ethnologie, der Verhaltensforschung bis hin zur Humangenetik. Durch die Vielfalt dieser Fragestellungen und -richtungen ist unser Wissen über den Menschen ungeheuer erweitert worden. Erkenntnisse dieser einzelnen Wissenschaften richten sich auf bestimmte Einzelfakten, die zusammen ein je verschiedenes Menschenbild der jeweiligen Einzelwissenschaft ergibt. Die Anthropolgie als Lehre oder Wissenschaft vom Menschen kann im engeren Sinne die biologische Forschung am Menschen (neben der Botanik und der Zoologie), dann aber auch alle Sonderwissenschaften umfassen, die sich mit dem Menschen beschäftigen (z.B. Ethnologie, Volkskunde, Linguistik, Geschichte usw.)
Die Vielfalt der Ansätze läßt Max Scheler, einen der bedeutendsten Anthropologen des 20. Jahrhunderts, fast resigniert feststellen: „Eine einheitliche Idee vom Menschen aber besitzen wir nicht. Die immer wachsende Vielfalt der Spezialwissenschaften, die sich mit dem Menschen beschäftigen, verdecken, so wertvoll sie sein mögen, überdies mehr das Wesen des Menschen, als daß sie es erleuchten". Von hier her meint Scheler, „daß zu keiner Zeit der Geschichte der Mensch sich so problematisch geworden ist, wie in der Gegenwart". (M. Scheler, Die Stellung des Menschen im Kosmos S. 9 f). Diese moderne Erkenntnis trifft sich mit der von Augustinus vor über 1500 Jahren geäußerten: „Ich bin mir selbst zur großen Frage geworden." Mit dieser Frage des Menschen nach sich selbst sind die Einzelwissenschaften überstiegen und die philosophische Ebene erreicht. Die philosophische Anthropologie übersteigt diese Einzelphänomene und stellt die grundsätzliche Frage: Wodurch wird der Mensch erst zum Menschen? Was macht sein Menschsein aus? Oder anders: Was ist der Mensch? Es ist die Frage nach dem, was die philosophische Tradition das Wesen genannt hat. Gibt es etwas, was allem menschlichen Vollzügen, allen Fähigkeiten und verschiedenen Erfahrungen zugrundeliegt.

2. Die Frage nach einem allgemein verbindlichen Wesen des Menschen und erst recht die Antworten auf diese Frage sind umstritten. Es gibt Theorien, die ein solches Wesen ablehnen. Einige Gründe sind:
- Der Mensch ist historischen Bedingungen unterworfen. (Der Typus Mensch zerschmilzt in dem Prozeß der Geschichte" -Dilthey)
- Der Mensch ist das Produkt sozio-kultureller Systeme oder, wie Marx es formulierte, das Ensemble gesellschaftlicher und ökonomischer Verhältnisse.
- Der Mensch findet sich erst in einem freien Entwurf („Der Mensch ist nichts anderes als was er aus sich macht" -Sartre).
Doch auch diese Kritik setzt ein bestimmtes Bild vom Menschen und somit eine metaphysische Grundposition voraus. Andere Auffassungen greifen Einzelphänomene im menschlichen Dasein heraus und formulieren von hier her ein bestimmtes Menschenbild: z.B. im Positivismus, Materialismus, Biologismus, den verschiedensten Ausprägungen einer Geistphilosophie oder im Humanismus. Wenn wir nach dem Wesen des Menschen fragen, so heißt das noch nicht, daß ein inhaltlich festgelegtes Menschenbild vorausgesetzt würde. Vielmehr sind damit erst bestimmte Strukturen gemeint, die dem Menschen als Menschen zukommen und ihn von anderen Menschen unterscheiden. Einige dieser Grundstrukturen des Menschen sind:
– Das Ich-Bewußtsein, d.h. die Fähigkeit des Menschen, zu sich selbst ins Verhältnis zu treten.
– Die Verwiesenheit und Offenheit des Menschen auf Welt hin.
– Die Interpersonalität, d.h. der Bezug des Menschen zum Du, z.B. in der Liebe oder zur Gemeinschaft.
– Die Freiheit
– Die Leiblichkeit
– Der Bezug zur Transzendenz
– Die Fähigkeit zur Sprache, Technik und Kultur - und vieles mehr.
Es ist hier nicht der Ort, diese „Strukturen des Menschen" (G.Scherer) im einzelnen zu entfalten. (Vgl. die anderen Stichworte dieser kleinen Sammlung.)

3. Der Mensch ist ein Wesen der Spannung. Er ist einerseits Teil der Natur oder der Erde, (vgl. Hebr. adam = Mensch von adama = von der Erde genommen oder lat. homo = Mensch von humus = Erdgeborener). Sein Körper besteht aus den verschiedensten Stoffen des anorganischen Bereichs. Er hat als lebender Organismus Anteil an der Entwicklungsgeschichte der Arten. Andererseits ist er geistig - personales Wesen, wird deshalb nicht ganz von den Naturgesetzlichkeiten umgriffen, sondern kann sich zu ihnen noch einmal verhalten und so ein Bewußtsein seiner selbst entwickeln (vgl. FREIHEIT). Dies hebt den Menschen bei allen biologischen Beziehungen unter den sonstigen Lebewesen heraus und begründet seine besondere Würde als Person.

4. *Das Selbstbewußtsein im philosophischen Sinn ist das unterscheiden-de Merkmal des Menschen. Es meint: Ich bin mir meiner selbst bewußt. Ich weiß um mich. Ich weiß, daß ich dieser bin und kein anderer, d.h. ich kann mich von anderen unterscheiden. Dieses Wissen um mich selber begleitet alle anderen Vollzüge des Menschen. Es ist gleichsam die Bedingung der Möglichkeit jedes Wissens, auch wenn es nicht immer ausdrücklich reflektiert wird. Georg Scherer sagt: „Ich kann ja nur um etwas wissen, wenn ich weiß, daß ich weiß. Ich weiß aber nur, daß ich weiß, wenn ich um mich selber weiß. " (Strukturen des Menschen S. 41) Hierdurch erlangt der Mensch erst seine Identität. Neben der gegen-ständlichen Erkenntnis (Subjekt-Objekt) und der personalen Erkenntnis (Subjekt-Subjekt) ist diese Selbst-Erkenntnis die wichtigste Vorausset-zung, daß der Mensch mit sich identisch wird. Dies ist natürlich ein Vollzug, der sich durch die ganze Lebensgeschichte des Menschen hindurch je neu ereignet. Jedes Bei-Sich-Sein ist immer auch ein Zu-Sich-Finden, (Identitätsbalance). Menschsein realisiert sich je neu.*

Der Mensch ist nun nicht nur bezogen auf seine bloße Existenz. Er will nicht nur sein, sondern sein Streben gilt einer sinnvollen Gestaltung seines Daseins. Jeder Mensch will, daß sein Leben sich lohnen soll, daß es in sich gerechtfertigt ist, weil in ihm ein Gehalt verwirklicht wird, von dem gesagt werden kann: Es ist gut! Ich kann es - bei aller Vorläufigkeit - annehmen. Menschliches Leben ist auf Sinn verwiesen, auch noch in der leidvollen Erfahrung eines absurden Schicksals, meldet sich die For-derung: Eigentlich müßte es aber anders sein. Wir können sogar so weit gehen, daß wir sagen: Es gibt kein Leben ohne die zumindest unaus-drückliche Forderung, das Leben solle sinnvoll sein. Auch wenn hiermit keine inhaltliche Sinnthese verbunden ist, d.h. nicht gesagt ist, was denn nun der Sinn des Lebens ist, liegt in dieser Sinnverwiesenheit eine der stärksten Impulse für philosophisches Fragen überhaupt. Sie zeigt, daß Philosophie keine wirklichkeitsfremde Spekulation sein muß, sondern daß sie wurzelt in den Grundfragen des Menschen, die gerade in beson-deren Grenzsituationen und an den Knotenpunkten des Lebens aufbre-chen. (vgl. zum letzteren Gesichtspunkt „SINN, SINNFRAGE")

Max Scheler,
Keine einheitliche Idee vom Menschen

Fragt man einen gebildeten Europäer, was er sich bei dem Worte „Mensch" denke, so beginnen fast immer drei unter sich ganz unverein-bare Ideenkreise in seinem Kopfe miteinander in Spannung zu treten. Es ist einmal der Gedankenkreis der jüdisch-christlichen Tradition von

Adam und Eva, von Schöpfung, Paradies und Fall. Es ist zweitens der griechisch-antike Gedankenkreis, in dem sich zum erstenmal in der Welt das Selbstbewußtsein des Menschen zu einem Begriff seiner Sonderstellung erhob in der These, der Mensch sei Mensch durch Besitz der „Vernunft", logos, phronesis, ratio, mens-logos bedeutet hier ebensowohl Rede wie Fähigkeit, das „Was" aller Dinge zu erfassen. Eng verbindet sich mit dieser Anschauung die Lehre, es liege eine übermenschliche Vernunft auch dem ganzen All zugrunde, an der der Mensch, und von allen Wesen er allein, teilhabe. Der dritte Gedankenkreis ist der auch längst traditional gewordene Kreis der modernen Naturwissenschaften und der auf die Entwicklung bezogenen Psychologie, es sei der Mensch ein sehr spätes Endergebnis der Entwicklung des Erdplaneten, ein Wesen, das sich von seinen Vorformen in der Tierwelt nur in dem Komplikationsgrade der Mischungen von Energien und Fähigkeiten unterscheide, die an sich bereits in der untermenschlichen Natur vorkommen. Diesen drei Ideenkreisen fehlt jede Einheit untereinander. So besitzen wir denn eine naturwissenschaftliche, eine philosophische und ein theologische Anthropologie, die sich nicht umeinander kümmern – eine einheitliche Idee vom Menschen aber besitzen wir nicht. Die immer wachsende Vielheit der Spezialwissenschaften, die sich mit dem Menschen beschäftigen, verdecken, so wertvoll sie sein mögen, überdies weit mehr das Wesen des Menschen, als daß sie es erleuchten. Bedenkt man ferner, daß die genannten drei Ideenkreise der Tradition heute weithin erschüttert sind, völlig erschüttert ganz besonders die darwinistische Lösung des Problems vom Ursprung des Menschen, so kann man sagen, daß zu keiner Zeit der Geschichte der Mensch sich so problematisch geworden ist wie in der Gegenwart.

aus: Die Stellung des Menschen im Kosmos, Bern, München 1966, S. 9 f.

Karl Jaspers, Der Mensch

Das Wesen des Menschen wurde bestimmt als das Lebewesen, das Sprache hat und denkt (zoon logon echon) – als das Lebewesen, das durch Handeln seine Gemeinschaft als Stadt – polis – unter Gesetzen aufbaut (zoon politikon) – als das Wesen, das Werkzeuge hervorbringt (homo faber), mit Werkzeugen arbeitet (homo laborans), seine Daseinsversorgung durch gemeinsame Wirtschaft beschafft (homo oeconomicus).

Jede dieser Bestimmungen trifft etwas Kennzeichnendes. Aber das Entscheidende fehlt: Der Mensch ist nicht als ein Sosein zu fassen, das in diesen Typen seines Seins immer wiederkehrt. Vielmehr ist das Wesen des Menschen in Bewegung: der Mensch kann nicht bleiben, wie er ist. Er befindet sich in ständigem Wandel seines gemeinschaftlichen Zustandes. Er ist nicht wie die Tiere ein in seiner Wohlgeratenheit sich von Generation zu Generation wiederholendes Wesen. Er drängt über das, wie er sich gegeben ist, hinaus. Er wird jeweils unter neuen Bedingungen geboren. Jeder Geborene ist nicht nur gefesselt in vorgezeichneten Bahnen, sondern auch ein neuer Anfang. Der Mensch ist, nach Nietzsche, das „nicht festgestellte Tier". Das Tier wiederholt nur, was schon war, und kann nicht weiter. Der Mensch kann umgekehrt seinem Wesen nach nicht so sein, wie er nun einmal ist. Er kann in Sackgassen, Entartungen, Verkehrungen, Selbstentfremdungen geraten. Er bedarf der Rettung, der Heilung, der Befreiung, des Zu-sich-selbst-Kommens. Das aber geschieht nicht in einer allgemeingültig gewußten oder geglaubten Richtung eines allein wahren Menschseins. ...

Wir sagten: Der Mensch begreift sich nicht aus der Welt, nicht aus der Geschichte, nicht aus sich selbst.

Der Mensch, gebannt in sein Dasein, will über sich hinaus. Er findet kein Genüge, wenn er in sich abgeschlossen, in Ruhe, nichts weiter sein soll als die tägliche Wiederkehr des Daseins. Er weiß sich nicht mehr eigentlich als Mensch, wenn er nur so Mensch sein wollte, wie er nun einmal ist.

Über sich hinaus gelangt der Mensch noch nicht im bloßen Gefühl, noch nicht im Genuß mythischer Bilder, noch nicht im Schwärmen, noch nicht in erhebenden Worten, als ob darin schon Wirklichkeit wäre. Erst in seinem inneren und äußeren Handeln, in seinem Verwirklichen wird er sich als er selbst bewußt, dem Leben überlegen – und drängt über sich hinaus. Das geschieht in zwei Richtungen: durch unbegrenztes Fortschreiten in der Welt und durch die ihm gegenwärtige Unendlichkeit in Bezug auf Transzendenz.

Wir sahen: Auf die Frage, wer der Mensch sei, kann die Antwort nie genügen. Denn was der Mensch sein könne, bleibt immer noch in seiner Freiheit verborgen, solange er Mensch ist. Es wird nicht aufhören, offenbar zu werden durch die Folgen seiner Freiheit. Solange Menschen leben, werden es Wesen sein, die sich selbst immer noch zu erringen haben.

Wer nach dem Menschen fragt, möchte das eine wahre, gültige Bild des Menschen, ihn selbst sehen, und kann es doch nicht. Vertretung für das Unbestimmbare ist die Würde des Menschen. Der Mensch ist Mensch, weil er die Würde in sich und in jedem anderen anerkennt. In herrlicher Einfachheit hat es Kant gesagt: Kein Mensch darf vom Menschen nur als Mittel gebraucht werden. Jeder ist selbst Zweck.

aus: Kleine Schule des philosophischen Denkens, München 1967,
     S. 51, 54 f., 59

Emerich Coreth, Die Frage nach dem Menschen

1. Was ist der Mensch? Das ist eine Frage, wie es unzählige Fragen gibt, die sich uns aufdrängen, sowohl im alltäglichen Leben als auch im wissenschaftlichen Forschen. Wir fragen nach der Welt und nach den Dingen, nach der Materie und dem Leben, nach ihrem Wissen und ihren Gesetzen. Was ist das alles und was ist sein Sinn? Und – was ist der Mensch? Das ist eine Frage wie viele andere Fragen und doch von ganz eigener Art, weil sie den fragenden Mensch selbst betrifft, ihn selbst in Frage stellt. Der Mensch fragt nach dem eigenen Wesen. Er muß danach fragen, weil er sich selbst fragwürdig ist. Aber er wird sich umso fragwürdiger, je mehr der Zeitgeist und das Zeitgeschehen ihn in Frage stellen, ihn mit Verwirrung und Auflösung aller menschlichen Ordnungen bedrohen, ihn vor das Rätsel, sogar die scheinbare Sinnlosigkeit seines Daseins stellen. So erhebt sich mit neuem Ernst und neuer Dringlichkeit die Frage nach dem Wesen des Menschen, nach seiner Stellung in der Welt und nach dem Sinn seines Daseins. Wenn wir aber diese Frage stellen, so gibt sie uns – weil sie uns selbst betrifft – schon eine erste Antwort: Der Mensch ist der Fragende. Er ist derjenige, der fragen kann und fragen muß.

Fragen kann nur der Mensch. Das kann nicht der Stein, nicht die Pflanze und nicht das Tier. Sie gehen unter in der dumpfen Fraglosigkeit ihres Daseins. Auch das Tier, obwohl es seine Umwelt wahrnimmt, kann nicht fragen. Es bleibt gebunden an die jeweilige Gegebenheit der Erscheinung, ohne sie übersteigen und nach verborgenen Hintergründen befragen zu können. Was sich ihm zeigt, bleibt ihm fraglos. Es steht unter der Möglichkeit zu fragen. Nur der Mensch ist in die Möglichkeit und Notwendigkeit des Fragens gestellt. Das ist die seltsame Auszeichnung seines Wesens. Was ist das aber für ein Wesen, das durch ein Fragen-Können und Fragen-Müssen von allem anderen abgehoben ist? Was ist das für ein Wesen, das in seinem Fragen sich selbst fragwürdig wird und nach dem eigenenWesen fragen muß: Was ist der Mensch?

Nach dem eigenen Wesen fragen kann nur der Mensch. Hier gilt erst recht: Das kann kein anderes Ding, kein anderes Lebewesen in der Welt. Sie stehen in bewußtloser, darum fragloser Vorhandenheit. Sie können sich nicht nach dem eigenen Wesen befragen. Nur der Mensch ist der Fragende, der alles, sogar sich selbst, nach seinem Wesen befragt und damit die Unmittelbarkeit des Gegebenen auf seinen Grund hin übersteigt.

Jede Frage hat aber Bedingungen ihrer Möglichkeit. Fragen kann ich nur, wenn ich das, wonach ich frage, noch nicht weiß; sonst ist das Fragen durch das Wissen überholt und nicht mehr möglich. Fragen kann ich jedoch nur, wenn ich das, wonach ich frage, doch schon weiß; sonst hat die Frage noch keine Richtung und kein Ziel, sie ist als Frage noch nicht möglich. Sie setzt ein Vorwissen um das Erfragte voraus. Es ist noch leer, noch unbestimmt. Es ist ein Wissen, worin „ich weiß, daß ich nicht weiß", wie schon Sokrates sagte, d. h. ein Wissen darum, daß ich nicht alles weiß und nichts vollkommen weiß, also ein Wissen um die Grenzen des Wissens, wissendes Nichtwissen – „docta ignorantia", wie es bei Augustinus und Nicolaus Cusanus heißt. Aber wissen um die Grenzen des Wissens bedeutet schon ausgreifen über die Grenzen des unmittelbar Gegebenen und zuvor Gewußten hinaus – im Vorgriff nach Weiterem, was ich noch nicht weiß, aber wissen will und deshalb erfrage. Fragen ist nur möglich in einem zuvor erschlossenen Horizont, der das bisherige Einzelwissen übersteigt und die Bewegung des Fragens erweckt.

Der Mensch fragt nach dem eigenen Wesen. Dies ist nur möglich, weil er immer schon um sich selbst weiß, weil er durch Selbstbewußtsein und Selbstverständnis ausgezeichnet ist. Dadurch erhebt er sich über die blinde Naturgebundenheit des untermenschlich Seienden. Nur weil der Mensch um sich selbst weiß und sich selbst – selbstverständlich – versteht, kann er sich selbst befragen. Doch ist es ein Wissen, das die Frage nicht aufhebt, sondern ermöglicht. Nur weil der Mensch sich selbst nicht voll begreift, weil er sich selbst rätselhaft und geheimnisvoll bleibt, weil sein Sich-Wissen zugleich ein Nicht-Wissen, sein Selbstverständnis zugleich ein Unverständnis – wissendes Nicht-Wissen: „docta ignorantia" – ist, kann und muß er fragen nach seinem eigenen und eigentlichen Wesen. So ist der Mensch in ein seltsames Zwielicht gestellt. Er weiß um sich als geistig sich selbst besitzendes, sich selbst verstehenden Wesen. Aber er ist hineingebunden in die Dunkelheit des stofflichen Seins und Geschehens, das ihm ein volles Selbstbegreifen verwehrt. Diese Zweiheit bestimmt das Wesen des Menschen. Ihr entspringen Möglichkeit und Notwendigkeit seines Fragens.

aus: „Was ist der Mensch?" Grundzüge einer philosophischen Anthropologie. Innsbruck 1976, S. 9 f.

Georg Scherer,
Der Mensch als „wissendes Bei-sich-Sein"

Wir gehen vom menschlichen Selbstbewußtsein aus. Damit meinen wir allerdings nicht jenes Selbstbewußtsein, von dem wir in der Umgangssprache, aber auch in der Psychologie reden. Dort meint es den selbstsicheren Menschen, der von keinen Minderwertigkeitskomplexen geplagt wird, sich seines Wertes und seiner Fähigkeiten bewußt ist und dementsprechend aufzutreten vermag, mögen nun diese Werte und Fähigkeiten wirkliche oder nur eingebildete sein. Selbstbewußtsein, wie es hier verstanden wird, meint: Der Mensch weiß um sich selber. Er weiß, daß er dieser ist und kein anderer, daß er allem übrigen sich von ihm unterscheidend gegenübersteht. So ist das Selbstbewußtsein zugleich ein Sichunterscheiden.

... Ich setze mich in meinem Wissen um mich selbst allem übrigen entgegen. Ich bin ein Ich nur im Vollzug dieses Wissens. Von welch fundamentaler Bedeutung dieses Wissen um uns selbst ist, wird uns klar, wenn wir bedenken, daß es die Bedingung der Möglichkeit jedes Wissens um anderes, das nicht ich selbst bin, darstellt. Ich kann ja nur um etwas wissen, wenn ich weiß, daß ich weiß. Ich weiß aber nur, daß ich weiß, wenn ich um mich selbst weiß. Dieses alles übrige Wissen tragende und in ihm anwesende Wissen um mich selbst muß zwar nicht immer ausdrücklich und thematisch im Vordergrund meines Bewußtseins stehen. Denn der Mensch kann sich selbstvergessen einem anderen Menschen, einem Ereignis oder einer Sache so zuwenden, daß er darin ekstatisch gleichsam aufgeht. Aber auch in Akten solcher „Selbstentäußerung" bleibt er doch auch der um sich selbst Wissende und in diesem Wissen sich Unterscheidende. Es ist sein Akt der Selbstentäußerung, sein Zugehen auf etwas, sein Fasziniertsein, seine Erfahrung, sein Engagement usw. Daher ist er auch in der Lage, über solche Vollzüge zu reflektieren, über sie zu sprechen, als seine Erfahrungen andern mitzuteilen ...

Im Ich schließt sich der Mensch zur Identität mit sich selbst zusammen. „Identität" verstehen wir in diesem Zusammenhang allerdings nicht im Sinne von gelungener Selbstfindung und sinnhafter Selbstverwirklichung. Dieser „Sinn-Identität" liegt die Selbigkeit des Ich als eine ontologisch frühere Identität zugrunde. Ohne sie gibt es weder Sinn-Erfüllung noch Verlust. Ohne diese ursprüngliche Identität wäre nämlich niemand vorhanden, welcher dergleichen erfahren könnte. Die Sinnidentität bzw. -nichtidentität setzen das Ich voraus, welches sie als die seine erfahren kann.

Nun sagen wir Identität auch von Sachen aus, z. B. von einem Tisch, der dem Wechsel der Beleuchtung im Ablauf des Tages ausgesetzt ist oder den wir einmal grün und dann wieder rot anstreichen. Wir sagen: Das ist derselbe Tisch, obwohl sich auf ihm die Reflexe des Lichtes geändert haben und er seine Farbe gewechselt hat. Identität heißt dann soviel wie sich durchhaltender Bestand eines Dinges im Wechsel seiner Zustände und Eigenschaften. Wir können hier nicht entscheiden, in welchem Sinn es ontologisch berechtigt ist, von einer solchen Identität von Dingen zu sprechen. Wir führen das Beispiel des Tisches nur an, um darauf zu verweisen, daß die gängige Auffassung von Identität, wie sie an diesem Beispiel demonstriert werden kann, auf keinen Fall auf die Identiät des Ich übertragen werden darf. Denn hier handelt es sich um keinen ruhenden, statischen Bestand, welcher als derselbe anwesend bleibt, während seine Eigenschaften oder Zustände wechseln. Das Ich hat seine Identität mit sich selbst nur dadurch, daß es sie wissend vollzieht. Es ist nur mit sich selbst identisch, indem es um sich weiß. Der Vollzug des wissenden Sich-Identifizierens ist nichts anderes als das Ich selbst, sein Für-sich-Sein. . . .

Es ist Tätigkeit, Akt, Vollzug, aber dieser Vollzug erwirkt gerade ein Bei-sich-Sein, ein In-sich-Gründen. Indem wir uns wissen, also ein Ich sind, fassen wir in uns selbst Stand, gehören wir uns als eine unverwechselbare, in sich gelichtete Identität. Diese steht freilich nicht jenseits der Tätigkeit des Sich-Wissens (und Wollens). Das Ich ist vielmehr reine Dynamik, aber eine solche, die als Tätigkeit zugleich In-sich-Stand ist als Ineinanderfall von Bewegung und Ruhe, als ein bewegtes und sich bewegendes In-sich-Beruhen. Das Ich ist sich tätigendes Selbstandwesen (Subsistenz).

Dieses um sich wissende In-sich-Stehen als Vollzug des Bei-sich-selber-Seins läßt Subjekt und Objekt auseinandertreten. Indem das Ich sich in sich selbst gründet, setzt es sich von allem anderen ab, unterscheidet es sich im oben bezeichneten Sinne, hat es Gegenstände sich gegenüber. Das Bei-sich-selber-Sein ist Bedingung der Möglichkeit und zugleich Vollzug von „Welthabe". Durch das wissende Bei-sich-Sein tritt das Ich aber nicht nur den Gegenständen in der Welt gegenüber, sondern sich selbst. Indem es um sich weiß, wird es sein eigenes Objekt, wird es zum Subjekt-Objekt (Schelling). Das besagt Distanz gegenüber dem eigenen Leben und Erleben. Der Mensch „lebt und erlebt nicht nur, sondern er erlebt sein Erleben."

aus: Strukturen des Menschen, Essen (o. Jahrgang) S. 38–43 pass

Werner Heisenberg,
Der Mensch steht nur noch sich selbst gegenüber

Man wird der Wahrheit vielleicht näherkommen, wenn man die plötzliche und – gemessen an früheren Veränderungen – ungewöhnlich schnelle Ausbreitung der Technik in den letzten 50 Jahren für viele Schwierigkeiten verantwortlich macht, da diese Schnelligkeit der Veränderung im Gegensatz zu früheren Jahrhunderten der Menschheit einfach nicht die Zeit gelassen hat, sich auf die neuen Lebensbedingungen umzustellen. Aber auch damit ist wohl noch nicht richtig oder noch nicht vollständig erklärt, warum unsere Zeit offensichtlich vor einer ganz neuen Situation zu stehen scheint, zu der es in der Geschichte kaum ein Analogon gibt.

Schon am Anfang war davon die Rede, daß die Wandlungen in den Grundlagen der modernen Naturwischenschaft vielleicht als Symptom angesehen werden können für Verschiebungen in den Fundamenten unseres Daseins, die sich dann an vielen Stellen gleichzeitig äußern, sei es in Veränderungen unserer Lebensweise und unserer Denkgewohnheiten, sei es in äußeren Katastrophen, Kriegen oder Revolutionen. Wenn man versucht, von der Situation in der modernen Naturwissenschaft ausgehend sich zu den in Bewegung geratenen Fundamenten vorzutasten, so hat man den Eindruck, daß man die Verhältnisse vielleicht nicht allzu grob vereinfacht, wenn man sagt, daß zum erstenmal im Laufe der Geschichte der Mensch auf dieser Erde nur noch sich selbst gegenüber steht, daß er keine anderen Partner oder Gegner mehr findet. Das gilt zunächst in einer ganz banalen Weise im Kampf des Menschen mit äußeren Gefahren. Früher war der Mensch durch wilde Tiere, durch Krankheiten, Hunger, Kälte und andere Naturgewalten bedroht, und in diesem Streit bedeutete jede Ausweitung der Technik eine Stärkung der Stellung des Menschen, also einen Fortschritt. In unserer Zeit, in der die Erde immer dichter besiedelt wird, kommt die Einschränkung der Lebensmöglichkeit und damit die Bedrohung in erster Linie von den anderen Menschen, die auch ihr Recht auf die Güter der Erde geltend machen. In dieser Auseinandersetzung braucht die Erweiterung der Technik aber kein Fortschritt mehr zu sein. Der Satz, daß der Mensch nur noch sich selbst gegenüberstehe, gilt aber im Zeitalter der Technik noch in einem viel weiteren Sinne. In früheren Epochen sah sich der Mensch der Natur gegenüber; die von Lebewesen aller Art bewohnte Natur war ein Reich, das nach seinen eigenen Gesetzen lebte und in das er sich mit seinem Leben irgendwie einzuordnen hatte. In unserer Zeit aber leben wir in einer vom Menschen so völlig verwandelten Welt, daß wir überall, ob wir nun mit den Apparaten des täglichen Lebens umgehen, ob wir eine mit Maschinen zubereitete Nahrung zu uns nehmen oder die vom Menschen verwandelte Landschaft durchschreiten, immer wieder auf die vom Menschen hervorgerufenen Strukturen stoßen, daß wir gewissermaßen immer nur uns selbst begegnen. Sicher gibt es Teile der Erde, wo dieser Prozeß noch lange nicht zum Abschluß gekommen ist, aber früher oder später dürfte in dieser Hinsicht die Herrschaft des Menschen vollständig sein.

aus: Das Naturbild der heutigen Physik, Hamburg 1955, S. 15 f.

Blaise Pascal,
Die Stellung des Menschen im Universum

Also bedenke der Mensch die ganze Welt in ihrer hohen und weiten Herrlichkeit, er banne aus seinem Blick das Niedrige, das ihn umgibt. Er schaue das blendende Licht, das, um das All zu erhellen, wie eine ewige Leuchte gegeben ist, und die Erde werde ihm im Vergleich zu der weiten Bahn, die dieses Gestirn beschreibt, wie ein Punkt, und er erschaudere, daß diese weite Bahn selbst nur ein unmerklicher Punkt ist jenen Bahnen gegenüber, die die Sterne durch das Firmament ziehen, das sie alle umhüllt. Aber wenn unser Schauen dort stockt, die Einbildungskraft gehe weiter: sie wird eher im Erfasssen als die Natur im Zeigen ermatten. Die ganze sichtbare Welt ist nur ein unmerklicher Zug in der weiten Höhlung des Alls. Keinerlei Begreifen kommt ihr nahe. Wir können unsere Vorstellungen von ihr aufblähen über die letzt denkbaren Räume hinaus, was wir zeugen, sind, verglichen mit der Wirklichkeit der Dinge, Winzigkeiten. Es ist eine unendliche Kugel, deren Mittelpunkt überall und deren Oberfläche nirgends ist. Das ist am Ende die mächtigste, den Sinnen noch faßbare Eigenschaft der Allmacht Gottes. Unsere Einbildungskraft verliere sich in diesem (unfaßbaren) Gedanken.

Zurückgekehrt zu sich selbst, bedenke der Mensch, was er ist, demgegenüber, was ist, er betrachte sich als verirrt in diesem versprengten Winkel der Welt und von diesem engen Verließ aus, wo er sich befindet – ich meine damit das Universum – lerne er die Erde, die Königreiche, die Städte und sich selbst nach seinem wahren Wert einzuschätzen. Was ist ein Mensch in der Unendlichkeit? ...

Wer sich derart sehen wird, wird vor sich selbst erschaudern und wenn er sich so sich vorstellt, geprägt in den Stoff, den die Natur ihm zuteilte, zwischen den beiden Abgründen des Unendlichen und des Nichts, wird er erbeben vor der Schau dieser Wunder, und ich glaube, daß, wenn sich seine Neugierde in Bewunderung verwandelt hat, er eher bereit sein wird, in Stille darüber nachzusinnen als sie anmaßend erforschen zu wollen.

Denn, was ist zum Schluß der Mensch in der Natur? Ein Nichts vor dem Unendlichen, ein All gegenüber dem Nichts, eine Mitte zwischen Nichts und All. Unendlich entfernt von dem Begreifen der äußersten Grenzen, sind ihm das Ende aller Dinge und ihre Gründe undurchdringlich verborgen, unlösbares Geheimnis; er ist gleich unfähig, das Nichts zu fassen, aus dem er gehoben, wie das Unendliche, das ihn verschlingt.

Das ist unsere wirkliche Lage. Sie ist es, die uns unfähig macht, etwas gewiß zu wissen und restlos ohne Wissen zu sein. Auf einer unermeßlichen Mitte treiben wir dahin, immer im Ungewissen und treibend und von einem Ende gegen das andere gestoßen. An welchen Grenzpfahl immer wir uns binden und halten möchten, jeder schwankt und entschwindet, und wenn wir ihm folgen, entschlüpft er unserm Griff und entgleitet uns und flieht in einer Flucht ohne Ende. Nichts hält uns zuliebe an. Das ist die Lage, die uns natürlich ist und in jedem Fall die gegensätzlichste zu unsern Wünschen; wir brennen vor Gier, einen festen Grund zu finden und eine letzte beständige Basis, um darauf einen Turm zu bauen, der bis in das Unendliche ragt; aber all unsere Fundamente zerbrachen, und die Erde öffnet sich bis zu den Abgründen.

Also suche man keine Sicherheit und Beständigkeit. Immer täuscht die

Vergänglichkeit der Erscheinungen unsere Vernunft, nichts kann das Endliche zwischen den beiden Unendlichen bannen, die es einschließen und es fliehen. Hat man das recht begriffen, so wird man sich, glaube ich, ruhig verhalten und jeder in der Lage, wohin ihn die Natur gestellt hat.

aus: **Über die Religion (Pensés), Nr. 72**

Arnold Gehlen, Das Mängelwesen „Mensch"

Der Mensch ist das handelnde Wesen. Er ist in einem noch näher zu bestimmenden Sinne nicht „festgestellt", d.h. er ist sich selbst noch Aufgabe – er ist, kann man auch sagen: das stellungnehmende Wesen. Die Akte seines Stellungnehmens nach außen nennen wir Handlungen, und gerade insofern er sich selbst noch Aufgabe ist, nimmt er auch zu sich selbst Stellung und „macht sich zu etwas". Es ist dies nicht Luxus, der auch unterbleiben könnte, sondern das „Unfertigsein" gehört zu seinen physischen Bedingungen, zu seiner Natur, und in dieser Hinsicht ist er ein Wesen der Zucht: Selbstzucht, Erziehung, Züchtung als In-Form-Kommen und In-Form-Bleiben gehört zu den Existenzbedingungen eines nicht festgestellten Wesens. Sofern der Mensch auf sich selbst gestellt eine solche lebensnotwendige Aufgabe auch verpassen kann, ist er das gefährdete oder „riskierte" Wesen mit einer konstitutionellen Chance, zu verunglücken. Der Mensch ist schließlich vorsehend. Er ist – ein Prometheus – angewiesen auf das Entfernte, auf das Nichtgegenwärtige in Raum und Zeit, er lebt – im Gegensatz zum Tier – für die Zukunft und nicht in der Gegenwart. Es gehört diese Bestimmung zu den Umständen einer handelnden Existenz, und was am Menschen im eigentlichen Sinne menschliches Bewußtsein ist, muß von hier aus verstanden werden. Überhaupt sind diese jetzt gegebenen Bestimmungen, die für alles folgende genau festgehalten werden müssen, nur Entfaltungen der Grundbestimmung: der Handlung. Hält man daran fest, so gewinnt man eine Vielzahl von Einzelaussagen über den Menschen, als Entwicklungen der Grundanschauung: des Naturentwurfs eines handelnden Wesens ...

Es ist nun vor allem diese hier in ersten Zügen beschriebene Wesensbestimmung, welche es erlaubt, die physisch-morphologische Sonderstellung des Menschen mit zu umfassen. Das ist von außerordentlicher Wichtigkeit. Nur von dem Gedanken eines handelnden, nicht festgestellten Wesens her bekommt man die Physis des Menschen überhaupt in den Blick, und niemals läßt die Definition als „Geistwesen" allein einen Zusammenhang gerade dieser Leibesbeschaffenheit mit dem, was man unter Vernunft oder Geist zu verstehen pflegt, sichtbar werden. Morphologisch ist nämlich der Mensch im Gegensatz zu allen höheren Säugern hauptsächlich durch Mängel bestimmt, die jeweils im exakt biologischen Sinne als Unangepaßtheiten, Unspezialisiertheiten, Primitivismen, d. h. als Unentwickeltes zu bezeichnen sind; also wesentlich negativ. Es fehlt das Haarkleid und damit der natürliche Witterungsschutz; es fehlen natürliche Angriffsorgane, aber auch eine zur Flucht geeignete Körperbildung; der Mensch wird von den meisten Tieren an Schärfe der Sinne übertroffen, er hat einen geradezu lebensgefährlichen Mangel an echten Instinkten, und er unterliegt während der ganzen Säuglings- und Kinderzeit einer ganz unvergleichlich langfristigen Schutzbedürftigkeit. Mit anderen Worten: innerhalb natürlicher, urwüchsiger Bedingungen würde er als bodenlebend inmitten der gewandtesten Fluchttiere und der gefährlichsten Raubtiere schon längst ausgerottet sein ...

Der Mensch ist, um existenzfähig zu sein, auf Umschaffung und Bewältigung der Natur hin gebaut, und deswegen auch auf die Möglichkeit der Erfahrung der Welt hin: er ist handelndes Wesen, weil er unspezialisiert ist, und also der natürlich angepaßten Umwelt entbehrt. Der Inbegriff der von ihm ins Lebensdienliche umgearbeiteten Natur heißt Kultur, und die Kulturwelt ist die menschliche Welt. Es gibt für ihn keine Existenzmöglichkeit in der unveränderten, in der nicht „entgifteten" Natur, und es gibt keinen „Naturmenschen" im strengen Sinne: d. h. keine menschliche Gesellschaft ohne Waffen, ohne Feuer, ohne präparierte und künstliche Nahrung, ohne Obdach und ohne Formen der hergestellten Kooperation. Die Kultur ist, also die „zweite Natur" – will sagen: die menschliche, die selbsttätig bearbeitete, innerhalb deren er allein leben kann – und die „unnatürliche" Kultur ist die Auswirkung eines einmaligen, selbst „unnatürlichen", d. h. im Gegensatz zum Tier konstruierten Wesens in der Welt. An genau der Stelle, wo beim Tier die „Umwelt" steht, steht daher beim Menschen die Kulturwelt, d. h. der Ausschnitt der von ihm bewältigten und zu Lebenshilfen umgeschaffenen Natur. Schon deswegen ist es grundfalsch, von einer Umwelt des Menschen – im biologisch definierten – Sinne zu reden. Beim Menschen entspricht der Unspezialisiertheit seines Baues die Weltoffenheit, und der Mittellosigkeit seiner Physis die von ihm selbst geschaffene „zweite Natur". Hierin liegt übrigens der Grund, warum der Mensch im Gegensatz zu fast allen Tierarten nicht geographisch natürliche und unüberschreitbare Daseinsbereiche hat. Fast jede Tierart ist eingepaßt in ihr klimatisch, ökologisch usw. konstantes „Milieu", der Mensch allein überall auf der Erde lebensfähig, unter dem Pol und dem Äquator, auf dem Wasser und dem Lande, in Wald, Sumpf, Gebirge und Steppe. Er ist dann lebensfähig, wenn er dort Möglichkeiten erzeugen kann, sich eine zweite Natur zurechtzumachen, in der er dann statt in der „Natur" existiert. .. Der Unterschied von Kultur- und Naturmenschen ist mißverständlich. Keine menschliche Bevölkerung lebt in der Wildnis von der Wildnis, jede hat Jagdtechniken, Waffen, Feuer, Geräte. Ebenso treten wir der bekannten Unterscheidung von Kultur und Zivilisation nicht bei, die außerdem in den wenigsten Kultursprachen formulierbar wäre. Kultur soll uns sein: der Inbegriff der vom Menschen tätig, arbeitend bewältigten, veränderten und verwerteten Naturbedingungen, einschließlich der bedingteren, entlasteten Fertigkeiten und Künste, die auf jener Basis erst möglich werden.

aus: Der Mensch, seine Natur und seine Stellung in der Welt
Frankfurt 1971, S. 32 ff.

Zwischen Gesetzesnorm und Freiheit
Das GEWISSEN

1. Als Sokrates sich in der Apologie, der berühmten Verteidigungsrede vor den Athener Richtern, rechtfertigt, erwähnt er immer wieder eine innere Stimme (er nennt sie das „daimonion"), die warnt und rät. Durch sie erfährt er Zeit seines Lebens die Handlungsorientierung in den Grundentscheidungen seines Lebens. Diese Sollensforderungen sind für ihn so bindend, daß er selbst das Todesurteil auf sich nimmt, als gegen diese innere Stimme zu handeln und etwa das Philosophieren aufzugeben, denn: „gehorchen aber werde ich mehr dem „daimonion" als euch, und solange ich atme und Kraft habe, werde ich nicht ablassen zu philosophieren.. Wisset, daß ich nichts anderes tun werde und wenn ich auch noch so oft sterben soll." (Platon, Apologie, 29d, 30b)
Was Sokrates hier mit dem Wort „daimonion" bezeichnet, ist eines der Grundphänomene des menschlichen Daseins, welches tief im Personsein verwurzelt ist und in der europäischen Tradition „Gewissen" genannt wird, wobei die Sache älter als der Begriff ist. In vielen alten religiösen Traditionen, so auch im Alten Testament, werden die Erfahrungen der moralischen Wertung von gut und böse und der Verantwortung für das Tun sehr plastisch mit den inneren Organen des Menschen - Herz und Nieren - beschrieben. Im Gewissen wird der Mensch sich zugleich seiner Freiheit und seiner Verantwortung im Hinblick auf eine konkrete persönliche Entscheidung gewiß. So ist das Gewissen ein Zentralbegriff der Ethik. Der „Ruf des Gewissens" als Sollensforderung zieht zunächst auf künftiges Handeln, ist aber immer auch mit einem Urteil über vergangenes Handeln verbunden und meldet sich als gutes oder schlechtes Gewissen.
Je nach Wertung der Sittlichkeit insgesamt ist die inhaltliche Bestimmung des Gewissens sehr differenziert. Es wird und wurde bestimmt als Wertebewußtsein, das von einer Instanz der Vernunft aus vor aller Erfahrung (a priori) unserem Tun eine moralische Qualität und Richtung gibt und uns zu einem bestimmten Handeln verpflichtet; als Ergebnis von Erziehung oder sozialer Entwicklung oder einfach als Anlage der Natur, die uns dazu bringt, gewisse Handlungen zu billigen oder zu verwerfen. Kant nennt das Gewissen das „Bewußtsein eines inneren Gerichtshofes im Menschen". Friedrich Nietzsche betrachtet das schlechte Gewissen als ein Erzeugnis der unendlichen Zivilisation. Bei Sigmund Freud liegt das Gewissen in der Spannung zu Ich und Über-Ich, wobei er es meist in der Kategorie des Über-Ich versteht. Die Existenzphilosophie bzw. die Existenzialontologie M. Heideggers versteht das Gewissen als den entscheidenden Impuls, die Existenz in ihrer Eigentlichkeit zu verwirklichen. In der Tradition einer christlichen Methaphysik wird das Gewissen als „Stimme Gottes im Menschen" verstanden und ist Ausdruck der Ver-

wiesenheit des Menschen auf Transzendenz (d.h. letztlich auf Gott) und der daraus folgenden Verantwortung gegenüber Gott (=Theonomie).- Für Karl Jaspers dagegen ist das Gewissen die "Stimme in mir, die ich selbst bin" (Autonomie). Über diese Fragen der Begründung von Normen und der Grundlegung des Gewissens (also über die Frage nach Autonomie und Theonomie) wird heute intensiv diskutiert.

2. Das Gewissen ist der "Quellgrund personaler Entscheidung" (G. Fuchs). Es gehört so zum Personkern und Wesen des Menschen. Ein Ausfall des Gewissens als Ganzes müßte daher als Perversion der Personalität gelten. Besonders das abendländische Denken und hier vor allem die christliche Tradition haben den Gewissensbegriff geprägt und entfaltet. Und so gibt es heute bis in den politisch-rechtlichen Bereich der säkularisierten Gesellschaft eine starke Reklamation des Gewissens. Auf der anderen Seite fragt D. Mieth skeptisch, in welcher Form es die Diskussion der Gegenwart bestimmt. „Als Verschleierung von Interessen, als Manipulationsgeschehen, als Organ der Anpassung, als Spiegel des Trends, als Mode der öffentlichen Meinung, als Funktion des Sozialisationsgeschehens ... Ist das Gewissen im traditionellen Sinne nur eine Illusion, ein religiöses Opium, ein internalisiertes Herrschaftsprinzip?" (Artikel „Gewissen" in: Christlicher Glaube in moderner Gesellschaft, Bd. 12 S. 140)
Voraussetzung für das Gewissen ist einmal die Freiheit des Menschen, aus eigenem Willen sein Tun zu entscheiden und auch dafür verantwortlich zu sein. Ohne die These, daß der Mensch (bei allen Bedingungen) letztlich frei ist (vgl. Stichwort FREIHEIT), hat die Rede vom Gewissen, von sittlichen Forderungen, von gut und böse und von Schuld keinen Sinn. Zum anderen setzt die Rede vom Gewissen auch das sittliche Bewußtsein voraus, das erst die konkrete Entscheidung über gut und böse oder das richtige oder falsche Handeln ermöglicht.

3. Hier deutet sich eine wichtige Unterscheidung an: Da ist zunächst die ursprüngliche Anlage des Gewissens als die grundlegende Empfänglichkeit für sittliche Werte und die Hinordnung auf das Gute (Urgewissen). Thomas von Aquin versteht darunter ein Urbewußtsein des Sittengesetzes, eine angeborene Moralfähigkeit oder die Möglichkeit eines sittlich richtigen Erkennens. Doch mit dieser Anlage ist noch nicht die inhaltliche Füllung mitgegeben. Hier drängt sich ein Vergleich mit der Sprache auf. Als Fähigkeit zu sprechen ist sie bei jedem angelegt. Welche Worte der Mensch aber konkret spricht, hängt davon ab, in welche Sprachgemeinschaft er hineingeboren ist und welche Sprache er sich im Austausch mit welchen Menschen konkret aneignet.
Ähnlich verhält es sich beim Ruf des Gewissens. Das Gewissen als Grundanlage sagt: „Du sollst das Gute tun und das Böse meiden." Was allerdings in einer bestimmten Situation das Gute oder Böse ist, bleibt inhalt-

*lich zunächst noch offen. M. Seckler nennt dies „eine universale Weite",
in der die konkreten Werte, die er sucht, noch nicht gegeben sind, wohl
aber das Koordinatensystem, in dem das Wahre wahr und das Gute
gut sein kann.
Hiervon muß das konkrete sittliche Bewußtsein unterschieden werden,
das ein sittliches Urteil fällt. Gerade in der Anwendung der Gewissensentscheidung gewinnt der Mensch seine unverwechselbare Identität.
„Der Mensch kann keinem anderen Menschen ....sein Gewissen abtre-
ten, er kann diese Wesensaufgabe ...... niemandem deligieren." (J.
Blank)
Dieses sittliche Bewußtsein aufzubauen ist einer der entscheidenden
Reifungsprozesse in der Entwicklung des Menschen, wobei diese Gewissensbildung (ein sicherlich nicht ganz korrekter Begriff) von vielfältigen
gesellschaftlichen, historischen, religiösen u.a. Umständen abhängig ist
und so zu unterschiedlichen Ausformungen führen kann. Oftmals ergibt
sich sogar die scheinbar paradoxe Situation, daß sich die innere Stimme
des Gewissens bei verschiedenen Menschen unterschiedlich äußert.
Junge Menschen lehnen z.B. aus Gewissensgründen den Dienst mit der
Waffe ab und lassen sich als Kriegsdienstverweigerer anerkennen, andere leisten den Militärdienst ab, ohne daß sie als gewissenlos bezeichnet werden dürfen. D.h., das Gewissen verpflichtet die Menschen oft
in vergleichbaren Situationen zu unterschiedlichen Handlungsweisen.*

4. *Im Zusammenspiel von Gewissen (als Grundanlage) und dem sittlichen Bewußtsein (als materiale Füllung) gibt es nun die Möglichkeit von
Fehlentwicklungen und Irrtümern. Durch mangelnde Bildung, Fehlorien-
tierung oder bewußte Indoktrination kann die Entscheidung des Gewissens in seiner konkreten Anwendung bei subjektiver Richtigkeit objektiv
falsch werden. Dies ist insofern problematisch, als die im Gewissen aner-
kannte Forderung auch im Falle eines Irrtums bindend ist. Das Gewissen
ist also in jedem Fall die verbindliche Letztinstanz. Aus der Verpflichtung,
selbst dem irrenden Gewissen zu folgen, erwächst die Gewissensfreiheit,
seinem eigenen Gewissen folgen zu dürfen, was allerdings keine Willkür
bedeutet, sowie die Toleranz, d.h. die Verpflichtung, auch andere in
ihrer Gewissensentscheidung ernst- und anzunehmen, auch wenn ihre
Position für falsch gehalten wird.
Die Irrtumsmöglichkeit der konkreten Gewissensentscheidung ist in der
Endlichkeit des Menschen begründet, da der Mensch um diese grundsätzliche Möglichkeit zum Irrtum weiß, erwächst von hier her die Verpflichtung, sich um eine rechte Orientierung des Gewissens zu bemühen. Der Begriff der Gewissensbildung ist unglücklich, da nicht eigentlich
das Gewissen als Grundanlage gebildet wird, sondern die Erkenntnisse
des sittlichen Bewußtseins erweitert und vertieft werden. Dies muß unter
sorgfältiger Berücksichtigung der humanwissenschaftlichen Erkenntnisse geschehen. Die Entwicklungspsychologie spricht von den verschie-*

denen Stufen des Gewissens: vom frühkindlichen Gewöhnungs- über das Belehrungs- oder Autoritätsgewissen bis zum zunächst vorkritischen, später dann selbstkritischen, voll personalen Verantwortungsgewissen. Ziel des menschlichen Reifungsprozesses muß es sein, das autoritäre, heteronome (fremdbestimmte) Gewissen auf das autonome (selbstbestimmte), Gewissen hin zu überwinden und so zu einer aus dieser Orientierung begründeten Gewissenskompetenz zu gelangen.

5. *Ein schwieriges Problem in der Ethik ist der Gewissenskonflikt, der bei einer Werte- oder Pflichtenkollision aufbrechen kann, in der unterschiedliche Sollenssätze miteinander im Widerspruch liegen, weil sie nicht gleichzeitig erfüllt werden können, etwa bei der sog. medizinischen Indikation beim Problem des Schwangerschaftsabbruchs. Hier ist die Frage nach gut oder böse nicht klar und eindeutig zu treffen. Eine Lösung kann nur die teleologische (zielgerichtete) Argumentation sein, die letztlich eine Vorzugswahl auf das zu verfolgende höhere Gut trifft, indem eine Güterabwägung vorgenommen wird.*

6. *Heute hat das Gewissen eine starke Position durch eine breite verfassungsrechtliche Absicherung. Wir sprechen im Grundgesetz der BRD von der Gewissensfreiheit als Menschenrecht. Art 4, Abs. 1 nennt hier die Freiheit des Gewissens zunächst allgemein, Art 4, Abs. 3 betont besonders das Recht auf Kriegsdienstverweigerung aus Gewissensgründen. Einschränkungen dürfen nur nach sorgfältiger Abwägung im Einzelfall vollzogen werden und auch nur dann, wenn ein Wert im Verfassungsrang dagegensteht (z.B. ein lebensrettender Eingriff bei einem Kind gegen den Willen der Erziehungsberechtigten). Diese rechtsphilosophische und rechtspolitische Betonung des Gewissens (ähnliches findet sich in vielen Verfassungen) zeigt noch einmal, welchen Stellenwert im abendländischen Denken dem einzelnen Menschen als Person mit seiner unverwechselbaren Identität zukommt. Es geht um die Akzeptanz der Freiheit, mit der der Mensch seine ethischen Entscheidungen in letzter Eigenverantwortlichkeit treffen darf und diese unabhängig von der weltanschaulichen Begründung geachtet werden. Die Respektierung der Gewissensentscheidung ermöglicht den Freiraum des Einzelnen zur eigenen Daseinsverwirklichung im personalen Kernbereich und wird so zum entscheidenden Kriterium der unantastbaren Menschenwürde.*

Immanuel Kant, Das moralische Gesetz in mir

„Zwei Dinge erfüllen das Gemüt mit immer neuer und zunehmender Bewunderung und Ehrfurcht, je öfter und anhaltender sich das Nachdenken damit beschäftigt: **der bestirnte Himmel über mir und das moralische Gesetz in mir.** Beide darf ich nicht als in Dunkelheiten verhüllt oder im Überschwenglichen, außer meinem Gesichtskreise suchen und bloß vermuten; ich sehe sie vor mir und verknüpfe sie unmittelbar mit dem Bewußtsein meiner Existenz. Das erste fängt von dem Platze an, den ich in der äußeren Sinnenwelt einnehme, und erweitert die Verknüpfung, darin ich stehe, ins unabsehlich Große mit Welten über Welten und Systemen von Systemen, über dem noch in grenzenlose Zeiten ihrer periodischen Bewegung, deren Anfang und Fortdauer. Das zweite fängt von meinem unsichtbaren Selbst, meiner Persönlichkeit an und stellt mich in einer Welt dar, die wahre Unendlichkeit hat, aber nur dem Verstande spürbar ist, und mit welcher (dadurch aber auch zugleich mit allen jenen sichtbaren Welten) ich mich nicht wie dort in bloß zufälliger, sondern allgemeiner und notwendiger Verknüpfung erkenne. Der erste Anblick einer zahllosen Weltenmenge vernichtet gleichsam meine Wichtigkeit als eines *tierischen Geschöpfs, das die Materie, daraus er ward, dem Planeten (einem bloßen Punkt im Weltall) wieder zurückgeben muß, nachdem es eine kurze Zeit (man weiß nicht wie) mit Lebenskraft versehen gewesen. Der zweite erhebt dagegen meinen Wert als einer Intelligenz unendlich durch meine Persönlichkeit, in welcher das moralische Gesetz mir ein von der Tierheit und selbst von der ganzen Sinnenwelt unabhängiges Leben offenbart, wenigstens soviel sich aus der zweckmäßigen Bestimmung meines Daseins durch dieses Gesetz, welche nicht auf Bedingungen und Grenzen dieses Lebens eingeschränkt ist, sondern ins Unendliche geht, abnehmen läßt.*"

aus: Kritik der praktischen Vernunft, V. Beschluß 1, Abschnitt 1, S. 161 f.

Immanuel Kant, Das Gewissen als innerer Gerichtshof

Das Bewußtsein eines inneren Gerichtshofes im Menschen („vor welchem sich seine Gedanken einander verklagen oder entschuldigen") ist das Gewissen.

Jeder Mensch hat Gewissen, und findet sich durch einen inneren Richter beobachtet, bedroht und überhaupt im Respekt (mit Furcht verbundener Achtung) gehalten, und diese über die Gesetze in ihm wachende Gewalt ist nicht etwas, was er sich selbst (willkürlich) macht, sondern es in seinem Wesen einverleibt. Es folgt ihm wie sein Schatten, wenn er zu entfliehen gedenkt. Er kann sich zwar durch Lüste und Zerstreuungen betäuben, oder in den Schlaf bringen, aber nicht vermeiden, dann und wann zu sich selbst zu kommen, oder zu erwachen, wo er alsbald die furchtbare Stimme desselben vernimmt. Er kann es, in seiner äußersten Verworfenheit, allenfalls dahin bringen, sich daran gar nicht mehr zu kehren, aber sie zu hören kann er doch nicht vermeiden.

Diese ursprüngliche intellektuelle und (weil sie Pflichtvorstellung ist) moralische Anlage, Gewissen genannt, hat nun das Besondere in sich, daß, ob zwar dieses sein Geschäfte ein Geschäfte des Menschen mit sich selbst ist, dieser sich doch durch seine Vernunft genötigt sieht, es als auf das Geheiß einer andern Person zu treiben. Denn der Handel ist hier die Führung einer Rechtssache (causa) vor Gericht. Daß aber der durch sein Gewissen Angeklagte mit dem Richter als eine und dieselbe Person vorgestellt werden, ist eine ungereimte Vorstellungsart von einem Gerichtshofe; denn da würde ja der Ankläger jederzeit verlieren. – Also wird sich das Gewissen des Menschen bei allen Pflichten einen anderen (als den Menschen überhaupt), d. i. als sich selbst zum Richter seiner Handlungen denken müssen, wenn es nicht mit sich selbst im Widerspruch stehen soll. Diese andere mag nun eine wirkliche, oder bloß idealische Person sein, welche die Vernunft sich selbst schafft.

Eine solche idealische Person (der autorisierte Gewissensrichter) muß ein Herzenskündiger sein; denn der Gerichtshof ist im Inneren des Menschen aufgeschlagen, zugleich muß er aber auch allverpflichtend, d. i. eine solche Person sein, oder als eine solche gedacht werden, in Verhältnis auf welche alle Pflichten überhaupt auch als ihre Gebote anzusehen sind; weil das Gewissen über alle freien Handlungen der innere Richter ist. – Da nun ein solches moralisches Wesen zugleich alle Gewalt (im Himmel und auf Erden) haben muß, weil es sonst nicht (was doch zum Richteramt notwendig gehört) seinen Gesetzen, den ihnen angemessenen Effekt verschaffen könnte, ein solches über alles machthabende moralische Wesen aber Gott heißt: so wird das Gewissen als subjektives Prinzip einer vor Gott seiner Taten wegen zu leistenden Verantwortung gedacht werden müssen; ja es wird der letztere Begriff (wenn gleich nur auf dunkele Art) in jenem moralischen Selbstbewußtsein jederzeit enthalten sein.

aus: Metaphysik der Sitten. § 13: Von der Pflicht des Menschen gegen sich selbst, als dem angeborenen Richter über sich selbst. A 98

Martin Heidegger, Der Rufcharakter des Gewissens

Zur Rede gehört das beredete Worüber. Sie gibt über etwas Aufschluß und das in bestimmter Hinsicht. Aus dem so Beredeten schöpft sie das, was sie je als diese Rede sagt, das Geredete als solches. In der Rede als Mitteilung wird es dem Mitdasein Anderer zugänglich, zumeist auf dem Wege der Verlautbarung in der Sprache.

Was ist im Ruf des Gewissens das Beredete, das heißt Angerufene? Offenbar das Dasein selbst. Diese Antwort ist ebenso unbestreitbar wie unbestimmt. Hätte der Ruf ein so vages Ziel, dann bliebe er allenfalls für das Dasein eine Veranlassung, auf sich aufzumerken. Zum Dasein gehört aber wesenhaft, daß es mit der Erschlossenheit seiner Welt ihm selbst erschlossen ist, so daß es sich immer schon versteht. Der Ruf trifft das Dasein in diesem alltäglich-durchschnittlich besorgenden Sich-im-mer-schon-verstehen. Das Man-selbst des besorgenden Mitseins mit Andern wird vom Ruf getroffen.

Und woraufhin wird es angerufen? Auf das eigene Selbst. Nicht daraufhin, was das Dasein im öffentlichen Miteinander gilt, kann, besorgt, noch gar auf das, was es ergriffen, wofür es sich eingesetzt hat, wovon es sich hat mitnehmen lassen. Das Dasein, als welches es weltlich verstanden für die Andern und sich selbst ist, wird in diesem Anruf übergangen. Der Ruf an das Selbst nimmt hiervon nicht die mindeste Kenntnis. Weil nur das Selbst des Man-selbst angerufen und zum Hören gebracht wird, sinkt das Man in sich zusammen. Daß der Ruf das Man und die öffentliche Ausgelegtheit des Daseins übergeht, bedeutet keineswegs, daß er es nicht mittrifft. Gerade im Übergehen stößt er das auf öffentliches Ansehen erpichte Man in die Bedeutungslosigkeit. Das Selbst aber wird, dieser Unterkunft und dieses Verstecks im Anruf beraubt, durch den Ruf zu ihm selbst gebracht.

Auf das Selbst wird das Man-selbst angerufen. Wenngleich nicht das Selbst, das sich „Gegenstand" der Beurteilung werden kann, nicht das Selbst der aufgeregt-neugierigen und haltlosen Zergliederung seines „Innenlebens" und nicht das Selbst einer „analytischen" Begaffung von Seelenzuständen und ihrer Hintergründe. Der Anruf des Selbst im Man-selbst drängt es nicht auf sich selbst in ein Inneres, damit es sich vor der „Außenwelt" verschließen soll. All dergleichen überspringt der Ruf und zerstreut es, um einzig das Selbst anzurufen, das gleichwohl nicht anders ist als in der Weise des In-der-Welt-seins.

Wie sollen wir aber das Geredete dieser Rede bestimmen? Was ruft das Gewissen dem Angerufenen zu? Streng genommen – nichts. Der Ruf sagt nichts aus, gibt keine Auskunft über Weltereignisse, hat nichts zu erzählen. Am wenigsten strebt er danach, im angerufenen Selbst ein „Selbstgespräch" zu eröffnen. Dem angerufenen Selbst wird „nichts" zu-gerufen, sondern es ist aufgerufen zu ihm selbst, das heißt zu seinem eigensten Seinkönnen. Der Ruf stellt, seiner Ruftendenz entsprechend, das angerufene Selbst nicht zu einer „Verhandlung" sondern als Aufruf zum eigensten Selbsteinkönnen ist er ein Vor- (nach-„vorne"-)Rufen des Daseins in seine eigensten Möglichkeiten.

Der Ruf entbehrt jeglicher Verlautbarung. Er bringt sich gar nicht erst zu Worten – und bleibt gleichwohl nichts weniger als dunkel und unbestimmt. Das Gewissen redet einzig und ständig im Modus des Schweigens. So verliert es nicht nur nichts an Vernehmlichkeit, sondern zwingt das an- und aufgerufene Dasein in die Verschwiegenheit seiner selbst. Das Fehlen einer wörtlichen Formulierung des im Ruf Gerufenen schiebt das Phänomen nicht in die Unbestimmtheit einer geheimnisvollen Stimme, sondern zeigt nur an, daß das Verstehen des „Gerufenen" sich nicht an die Erwartung einer Mitteilung und dergleichen klammern darf. Was der Ruf erschließt, ist trotzdem eindeutig, mag er auch im einzelnen Dasein gemäß seiner Verstehensmöglichkeiten eine verschiedene Auslegung erfahren. Über der scheinbaren Unbestimmtheit des Rufgehaltes kann nicht die sichere Einschlagsrichtung des Rufes übersehen werden. Der Ruf bedarf nicht erst eines tastenden Suchens nach dem Anzurufenden, keines Kennzeichens, ob er der Gemeinte ist oder nicht. Die „Täuschungen" entstehen im Gewissen nicht durch ein Sichversehen (Sich-ver-rufen) des Rufes, sondern erst aus der Art, wie der Ruf gehört wird – dadurch, daß er statt eigentlich verstanden zu werden, vom Man-selbst in ein verhandelndes Selbstgespräch gezogen und in seiner Erschließungstendenz verkehrt wird.

Festzuhalten gilt es: der Ruf, als welchen wir das Gewissen kennzeichnen, ist Anruf des Man-selbst in seinem Selbst; als dieser Anruf der Aufruf des Selbst zu seinem Selbsteinkönnen und damit ein Vorrufen des Daseins auf seine Möglichkeiten.

Eine ontologisch zureichende Interpretation des Gewissens gewinnen wir aber erst dann, wenn sich verdeutlichen läßt: nicht nur wer der vom Ruf Gerufene ist, sondern wer selbst ruft, wie der Angerufene zum Rufer sich verhält, wie dieses „Verhältnis" als Seinszusammenhang ontologisch gefaßt werden muß.

aus: Sein und Zeit, Tübingen 1972, S. 272 ff.

Max Scheler: Was heißt Gewissen?

Dazu tritt, daß das Gewissen – seinem Wortsinne nach – wesentlich negativ funktioniert. Es stellt als schlecht dar, als nichtseinsollend, es „erhebt Einspruch" usw. Sagen wir: „das Gewissen regt sich", so bedeutet dies ohne weiteres soviel wie: es wehrt sich etwas gegen das betreffende Verhalten; nie aber: das Gewissen sagt, es sei etwas gut. Darum ist auch das „schlechte Gewissen" eine entschieden positivere Erscheinung als das „gute Gewissen", das für ein bestimmtes sittlich in Frage gestelltes Verhalten eigentlich nur das erlebte Fehlen und der erlebte Mangel des „schlechten Gewissens" ist. Auch vor einer Willensentscheidung, wenn man „mit seinem Gewissen zu Rate geht", „warnt" und „verbietet" das Gewissen mehr, als es empfiehlt oder gebietet. So hat es keine ursprünlich positive Einsicht gebende, sondern nur eine kritische, teils warnende, teils richtende Funktion.

Es ist als der Inbegriff dessen, was die eigene individuelle Erkenntnisbestätigung und sittliche Erfahrung zur sittlichen Einsicht beiträgt – im Unterschied zu der in Überlieferung und der in Autorität und Tradition gleichsam kumulierten und aufgestapelten Erkenntnis dieser Art, also auch nur eine Ökonomisierungsform der letzten sittlichen Einsicht unter anderen; und nur ein Zusammenwirken seiner mit den Sätzen der Autorität und den Gehalten der Tradition, sowie eine gegenseitige Korrektur all dieser nur subjektiven Erkenntnisquellen garantiert ein Höchstmaß der subjektiven Gewinnung dieser Einsicht (im durchschnittlichen Falle). Alle diese Quellen der sittlichen Einsicht aber sind appellabel durch die Einsicht selbst, durch die evidente Selbstgegebenheit dessen, was gut ist und was nicht. Wird aber das „Gewissen" zum scheinbaren Ersatz der sittlichen Einsicht, so muß das Prinzip der „Gewissensfreiheit" allerdings auch zum Prinzip der „Anarchie in allen sittlichen Fragen" werden. Jeder kann sich dann auf sein „Gewissen" berufen und von allen anderen absolute Anerkennung fordern für das, was er sagt.

Zu dieser vermeintlichen Rolle einer letztappellablen Instanz ist aber das Gewissen selbst nur auf sehr verwickelten Wegen gekommen.

Wir sehen das Wort „Gewissen" seit seiner ersten sprachlichen Fassung im lateinischen „conscientia", wo es doch beides bedeuten kann, „Mitwissen" und unser „Gewissen", einen sehr verschiedenen Sinn annehmen, der aber im großen und ganzen die Richtung auf immer größere sittliche Bedeutung besitzt. Als die drei Hauptstufen finde ich folgende: Bei den Scholastikern wird das Gewissen mit der praktischen Vernunft (. . . . . Identifiziert, einem Vermögen, das Normsätze sei es durch die Vernunft, sei es durch Autorität geboten) auf den Einzelfall (den „casus conscientiae") anzuwenden hat. In einer zweiten Bedeutung ist „Gewissen" zwar nicht mehr der logische Schlußbüttel, als der es hier erscheint, sondern teils Warner, teils innerer Richter (so auch bei I. Kant, der es von seiner „praktischen Vernunft", d. h. der „Vernunft selbst" als praktisch normierender, scharf scheidet). In einer dritten Bedeutung erhebt es sich auch über diese Funktion und wird zu einem (je nachdem mehr rationellen oder intuitivgefühlsmäßigen) inneren Erkenntnisorgan für Gutes und Schlechtes. Das Motiv aber, durch das es seine gegenwärtige Autorität im Sinne der beiden letzteren Bedeutungen erhielt, war eine religiös-metaphysische Deutung der Erlebnisregungen, die selbst erst vermöge dieser Deutung zu einem einheitlichen oder aller möglichen Täuschung und Irrung enthobenen Erkenntnis- oder richterlichen Organ für das Gute und Rechte zusammengefaßt wurden. Diese Deutung bestand darin, daß im "Gewissen" sich die „Stimme Gottes" vernehmbar mache. Erst vermöge dieser Deutung (Gott kann natürlich wesenhaft nicht irren und sich täuschen) erhielt es den Charakter einer solch letztappellablen Instanz, und erst hierdurch wurde jener moderne Sinn des Wortes geschaffen.

aus: **Der Formalismus in der Ethik und die materiale Wertethik**
Bern 1954, S. 334

Wilhelm Weischedel, Die Wesensmomente des Gewissens (Thesen)

1. Das erste ist, daß es sich um ein innerliches Geschehen handelt.

2. Mit der Innerlichkeit hängt zweitens zusammen, daß es je mein eigenes Gewissen ist, das ich erfahre.

3. Ein drittes Wesensmoment im Phänomen des Gewissens besteht darin, daß es direkt auf mich zielt.

4. Die Bezogenheit des Gewissens auf mich besagt viertens:
Das Gewissen spricht zu mir als dem konkreten Menschen in seinen Handlungen und Unterlassungen und zwar im Hinblick auf die besondere Handlung oder Unterlassung, um die es jeweils geht.

5. Daß das Gewissen je meines ist, zeigt sich fünftens an der Art, wie es mir angehört. Es ist kein seelisches, kein substantielles Etwas, kein Vorhandenes in mir. Es ist vielmehr eine Weise, wie ich mich verstehe.

6. Zum Phänomen des Gewissens gehört sechstens die Plötzlichkeit der Erfahrung.

7. Man redet - das ist der siebente Punkt - von der Stimme des Gewissens.

8. Der achte Punkt ist, daß die Stimme des Gewissens den Menschen in die Einsamkeit bringt, in der er mit sich allein ist und nur mit sich zu tun hat.

9. Mit der Gewissenserfahrung ist neuntens eine eigentümliche Unruhe verbunden.

10. In der Erfahrung des Gewissens liegt zehntens, daß jene Unruhe, in die es den Menschen versetzt, von ihm mehr oder minder als Schmerz empfunden werden kann.

11. Daran schließt sich elftens die Beobachtung an, daß die Erfahrung des Gewissens Grade der Intensität hat. Sie kann eine leise Unruhe, eine starke Betroffenheit oder auch eine quälende Schmerzempfindung sein.

12. Wer sein Gewissen ernstlich erforscht, der sucht - das ist der zwölfte Punkt - den Grund des Quälenden nicht im Gewissen als solchem, sondern in seinem eigenen Tun.

13. Der dreizehnte Punkt ist, daß sich die Frage nach dem Gewissen mit dem Problem der Freiheit berührt.

14. Der Ruf des Gewissens - das ist der vierzehnte Punkt - beschränkt sich nicht darauf, ein einzelnes Tun als schuldhaft und verwerflich zu enthüllen. Es dringt weiter.

15. Schließlich gehört als fünfzehntes zu den Wesensmomenten des Gewissens, daß es sich als eine Wirklichkeit ausgibt.

Anmerkung (P.A.) Die oben stehenden Thesen zu den Wesensmomenten des „Gewissens" sind wörtlich von Weischedel übernommen. Im Originaltext sind lediglich erläuternde Phänomenbeschreibungen ergänzt.

aus: Skeptische Ethik, Frankfurt/Main 1976 § 60

Sigmund Freud,
Die Entstehung des Über-Ich und des Schuldgefühls

Welcher Mittel bedient sich die Kultur, um die ihr entgegenstehende Aggression zu hemmen, unschädlich zu machen, vielleicht auszuschalten? Die Aggression wird introjiziert, verinnerlicht, eigentlich aber dorthin zurückgeschickt, woher sie gekommen ist, also gegen das eigene Ich gewendet. Dort wird sie von einem Anteil des Ichs übernommen, das sich als Über-Ich dem übrigen entgegenstellt, und nun als „Gewissen" gegen das Ich dieselbe strenge Aggressionsbereitschaft ausübt, die das Ich gerne an anderen, fremden Individuen befriedigt hätte. Die Spannung zwischen dem gestrengen Über-Ich und dem ihm unterworfenen Ich heißen wir Schuldbewußtsein; sie äußert sich als Strafbedürfnis. Die Kultur bewältigt also die gefährliche Aggressionslust des Individuums, indem sie es schwächt, entwaffnet und durch eine Instanz in seinem Inneren, wie durch eine Besatzung in der eroberten Stadt überwachen läßt...

Wenn man fragt, wie kommt einer zu einem Schuldgefühl, erhält man eine Antwort, der man nicht widersprechen kann: man fühlt sich schuldig (Fromme sagen: sündig), wenn man etwas getan hat, was man als „böse" erkennt. Dann merkt man, wie wenig diese Antwort gibt. Vielleicht nach einigem Schwanken wird man hinzusetzen, auch wer dies Böse nicht getan hat, sondern bloß die Absicht, es zu tun, bei sich erkennt, kann sich für schuldig halten, und dann wird man die Frage aufwerfen, warum hier die Absicht der Ausführung gleichgeachtet wird. Beide Fälle setzen voraus, daß man das Böse bereits als verwerflich, als von der Ausführung auszuschließen erkannt hat. Wie kommt man zu dieser Entscheidung? Ein ursprüngliches, sozusagen natürliches Unterscheidungsvermögen für Gut und Böse ist oft gar nicht das dem Ich Schädliche oder Gefährliche, im Gegenteil auch etwas, was ihm erwünscht ist, ihm Vergnügen bereitet. Darin zeigt sich also fremder Einfluß; dieser bestimmt, was Gut und Böse heißen soll...

Man heißt diesen Zustand „schlechtes Gewissen", aber eigentlich verdient er diesen Namen nicht, denn auf dieser Stufe ist das Schuldbewußtsein offenbar nur Angst vor dem Liebesverlust, „soziale" Angst. Beim kleinen Kind kann es niemals etwas anderes sein, aber auch bei vielen Erwachsenen ändert sich nicht mehr daran, als daß an Stelle des Vaters oder beider Eltern die größere menschliche Gemeinschaft tritt. Darum gestatten sie sich regelmäßig das Böse, das ihnen Annehmlichkeiten verspricht, auszuführen, wenn sie nur sicher sind, daß die Autorität nichts davon erfährt oder ihnen nichts anhaben kann, und ihre Angst gilt allein der Entdeckung. Mit diesem Zustand hat die Gesellschaft unserer Tage im allgemeinen zu rechnen.

Eine große Änderung tritt erst ein, wenn die Autorität durch die Aufrichtung eines Über-Ichs verinnerlicht wird. Damit werden die Gewissensphänomene auf eine neue Stufe gehoben, im Grunde sollte man erst jetzt von Gewissen und Schuldgefühl sprechen. Jetzt entfällt auch die Angst vor dem Entdecktwerden und vollends der Unterschied zwischen Böses tun und Böses wollen, denn vor dem Über-Ich kann sich nichts verbergen, auch Gedanken nicht. Der reale Ernst der Situation ist allerdings vergangen, denn die neue Autorität, das Über-Ich, hat unseres Glaubens kein Motiv, das Ich, mit dem es innig zusammengehört, zu mißhandeln. Aber der Einfluß der Genese, der das Vergangene und Überwundene weiterleben läßt, äußert sich darin, daß es im Grunde so bleibt, wie es zu Anfang war. Das Über-Ich peinigt das sündige Ich mit den nämlichen Angstempfindungen und lauert auf Gelegenheiten, es von der Außenwelt bestrafen zu lassen.

Wir kennen also zwei Ursprünge des Schuldgefühls, den aus der Angst vor der Autorität und den späteren aus der Angst vor dem Über-Ich. Das erstere zwingt dazu, auf Triebbefriedigungen zu verzichten, das andere drängt, da man den Fortbestand der verbotenen Wünsche vor dem Über-Ich nicht verbergen kann, außerdem zur Bestrafung. Wir haben auch gehört, wie man die Strenge des Über-Ichs, also die Gewissensforderung, verstehen kann. Sie setzt einfach die Strenge der äußeren Autorität, die von ihr abgelöst und teilweise ersetzt wird, fort. Wir sehen nun, in welcher Beziehung der Triebverzicht zum Schuldbewußtsein steht. Ursprünglich ist ja der Triebverzicht die Folge der Angst vor der äußeren Autorität; man verzichtet auf Befriedigungen, um deren Liebe nicht zu verlieren. Hat man diesen Verzicht geleistet, so ist man sozusagen mit ihr quitt, es sollte kein Schuldgefühl erübrigen. Anders ist es im Falle der Angst vor dem Über-Ich. Hier hilft der Triebverzicht nicht genug, denn der Wunsch bleibt bestehen und läßt sich vor dem Über-Ich nicht verheimlichen. Es wird also trotz des erfolgten Verzichts ein Schuldgefühl zustande kommen und dies ist ein großer ökonomischer Nachteil der Über-Ich-Einsetzung, wie man sagen kann, der Gewissensbildung. Der Triebverzicht hat nun keine voll befreiende Wirkung mehr, die tugendhafte Enthaltung wird nicht mehr durch die Sicherung der Liebe gelohnt, für ein drohendes äußeres Unglück - Liebesverlust und Strafe von seiten der äußeren Autorität - hat man ein andauerndes inneres Unglück, die Spannung des Schuldbewußtseins eingetauscht.

aus: **Das Unbehagen in der Kultur**
       in: Abriß der Psychoanalyse, Das Unbehagen in der Kultur
       Fischer-Bücherei 47
       Frankfurt/M 1953 S. 162-169

GLÜCK,
oder: die Suche nach Erfüllung der Existenz

1. Glück läßt sich im menschlichen Körper objektiv messen und beschreiben. Es beruht – so lautet die Aussage von Physiologen und Medizinern – auf einem Zustand der Spannungslösung im Organismus. Der Wechsel vom Aufbau zum Abbau emotionaler Erregung kann über verschiedene Meßparameter erfaßt werden, wie zum Beispiel über Hormonspiegel, Muskelpotentiale und Hautwiderstände. Glück müßte demnach ebenso biochemisch herstellbar, veränderbar und einstellbar sein. Damit bestätigten sich die Visionen eines George Orwell oder Aldous Huxley der totalen Manipulierbarkeit des Menschen im dritten Jahrtausend unserer Zeitrechnung.

2. Glück beruht jedoch selbstverständlich auf mehr Bedingungen als auf einem Gleichgewicht physiologischer Steuerungsmechanismen. Dieser höchste Zustand positiver emotionaler menschlicher Verfassung bezieht, den Einzelnen nach innen wie nach außen erweiternd, eine Fülle von Faktoren ein. Diese sind in Jahrtausenden philosophischen Nachdenkens in immer wieder neuen Glücksentwürfen und Forderungen für ein glückliches Leben aufgehoben worden.
Das philosophische Fragen nach dem Glück setzt umfassender an. Vor Reflexionen nach der inhaltlichen Auffüllung des Zustand „Glück“ – wie ist es möglich, glücklich zu werden oder zu sein – steht das begriffliche Erfassen des Phänomens.
In der deutschen Sprache bezeichnet das Wort „Glück“ mehrere unterschiedliche Sachverhalte.
Der glückliche Gewinner, Spieler, Finder hat „Glück gehabt“. Der Glückszustand entwickelte sich ohne Vorleistung des Einzelnen. Die Mythologien sind voll von entsprechenden Bildern. Fortuna schüttet ihr Füllhorn aus; gute Feen gewähren Wünsche; Schicksalsgöttinnen weisen Lebenswege; Eutychia, die Gunst der Umstände, eröffnet unerwartet Türen für Hochstimmungen und erfüllte, glückselige Stunden.
Der glücklich Anlangende (Übersetzung des nordischen Begriffs Glück), der am Ende einer anstrengenden Lebensstrecke ein gestecktes Ziel erreicht, findet Glück als erfüllte Hoffnung; er erarbeitet sein Glücklichsein im wahrsten Sinne des Wortes. Kant versucht, in einem fiktiven Dialog mit einem Schüler (Bruchstück eines moralischen Katechismus) deutlich zu machen, daß Glückseligkeit neben der Weisheit der sie austeilenden Macht von der Würdigkeit des Empfangenden abhängt. Er legt seinem Schüler nahe, den Anweisungen seiner Vernunft zu folgen und den von ihr gesetzten inneren Gesetzen zu gehorchen. Die Erfüllung der vernunftgebotenen Pflichten entgegen allen kurzgreifenden Neigungen gibt letztlich tiefgreifende und überdauernde Glückseligkeit.

Glücklich zu sein wäre dementsprechend erlernbar sowie in zu bewälti- genden Lebensaufgaben aufbaubar. Glück ereignet sich im Ankom- men.

Das Glückskind, Hans im Glück, der glücklich unbeschwert lebende Mensch, sie brauchen weder den Wink des Schicksals noch die Genug- tuung der erfüllten Arbeit oder gar deren materiellen Gegenwert. Die persönliche Glücksfähigkeit stellt die zentrale Kategorie dar, über die sich Glückseligkeit erreichen läßt. Der von den Griechen "Eudaimonia" genannte Empfindungs- und Gefühlszustand hängt ab von den erfahre- nen und erworbenen Einstellungen zu sich selbst und zur Welt. GLückse- ligkeit bedeutet dann, sich selbst und die Sinne öffnen zu können für die positiven Reize innerer und äußerer Welten. Wer sich durch sie tragen zu lassen versteht, erreicht den sprichwörtlich häufig zitierten Zustand des 'Schwebens auf/über den Wolken'. Trotz materieller Defizitlage findet sich der Erfahrene im Zustand vollkommener Befriedigung und Wunschlosigkeit.

3. *Aus den unterschiedlichen begrifflichen Annäherungen lassen sich trotz aller Gegensätze des Verständnisses zwei Gemeinsamkeiten ablei- ten.*

Erstens: Glück ist kein fertiger Gegenstand oder fixierter Zustand, der sich herbeisehnen, bestellen oder abrufen läßt. Die Wege seiner Erreich- barkeit mögen verschieden sein, Voraussetzung der Glückserfahrung ist die Offenheit, Bereitschaft oder auch die tätige Entschlossenheit (symbolisch: Entfernen der Vorhängeschlösser vor den richtigen Lebens- weisen).

Zweitens: Das persönliche Glück kann zunächst nur Ergebnis eines indivi- duellen Schöpfungs- oder Erfahrungsaktes sein. Ludwig Marcuse stellt fest: „Jeder ist seiner Anlage nach eine Neue Variante des Glücks. Wer auf sein Glück verzichtet, erfüllt sein Dasein nicht". (Philosophie des Glücks, Zürich 1972) Glück ist nicht, sonderes besteht je persönlich ange- legt und verheißen in seiner spezifischen Möglichkeit. Jede überzeitliche und überindividuelle Definition des Glücks, nimmt ihm eine seiner Haup- teigenschaften, seine unerschöpfliche Vielfalt.

4. *Die Geschichte des philosophischen Denkens beweist ohne Zweifel, daß es möglich ist zu lernen, glücklich zu sein. Das Bemühen vieler Lehrer der Weisheit war indirekt auf diese Zielsetzung ausgerichtet. Natürlich gibt es auch nicht wenige Pessimisten, die dem Menschen die Fähigkeit zur Glückseligkeit oder sogar die Existenz des Glücks selbst bestreiten. Freud bezweifelte, ob die Absicht, daß der Mensch glücklich sei – im Anblick der Unersättlichkeit seiner Triebe – überhaupt im Plan der Schöpfung enthalten sei. Die Buddhisten deuten das Leben als Leid und den optimal zu erreichenden Zustand der Existenz als Freisetzung des Menschen aus seinem leidvollen Daseinsweg.*

Die Christen und Juden weisen der Menschheit über die alttestamentarische Lehre der Vertreibung aus dem Paradies eine Daseinsaufgabe zu, in der Mühe und Not betont werden („im Schweiße deines Angesichts wirst du dein Brot verzehren").

Schopenhauer stellt mit dem Einblick in die einerseits ärmlichen, andererseits langweilenden Lebensverhältnisse seiner Zeitgenossen sarkastisch fest, daß das Leben ein „Pensum zum Abarbeiten" sei und daß man von den Menschen eher als Leidens-, denn als Lebensgefährten sprechen müsse.

Obwohl sich diese Liste der negativen Stimmen durchaus um einige erweitern ließe, überwiegen doch eindeutig die positiven philosophischen Annäherungen an das Phänomen ʻGlückʼ. Die jeweiligen Autoren gestalten die nähere Bestimmung des Zustands der Glückseligkeit sehr unterschiedlich. Bei fast allen Richtungsweisungen wird Glück jedoch nicht direkt sondern über ein anderes anzustrebendes Hauptziel erreicht, sozusagen als Begleitumstand der Zielerfüllung.

Platon bewertete als höchstes Glück, die Chance, das Göttliche und die höchsten Ideen zu schauen. Im Glück erführe der Mensch die Reinigung seiner Seele sowie die Entwicklung seiner selbst zu einer Lebenshaltung der gelassenen Heiterkeit.

Aristoteles setzte die Autarkie, die Möglichkeit zur freien sittlich-politischen Lebensführung als Ausgangsbedingung des Glücks. Jener Zustand selbst sei durch die wahre Betätigung (=tätig werden) jedem einzelnen selbst zu seiner Ausformung aufgegeben. Das Glücksempfinden sei wiederum als Anzeichen für gutes und wahres Handeln zu deuten.

Epikur sah sehr viel pragmatischer die Erfüllung des seligen Lebens als Erfahrung der Gesundheit des Leibes und der Beruhigtheit der Seele. Für Seneca bestand das glückliche Leben in der naturgemäßen und tugendhaften Einpassung in die vorgegebene gedankliche Ordnung. Die Bergpredigt der neutestamentarischen christlichen Botschaft gibt den Gläubigen über acht Seligpreisungen konkrete Empfehlungen für ein glückseliges Leben.

Augustinus stellte eine auf den ersten Blick sehr einfache Beziehung auf: glücklich ist der, der hat, was er will.Die entscheidenden Variablen ʻHabenʼ und ʻWollenʼ müssen dabei jedoch immer wieder zeit- und raumspezifisch gedeutet werden.

Sehr viel gegenwartsnäher und realitätsbewußter definiert J. S. Mill Glück als Zustand der relativ größten Bedürfnisbefriedigung (im Vergleich mit) der größten Zahl der Menschen.

Herbert Marcuse demaskiert Pseudoglücksverheißungen und -strategien als Machtinstrumente einer kleinen Klasse der Besitzenden für die große Masse der Ausgebeuteten. Das Glück als private Angelegenheit, behauptet er, werde als nur angeblich individuelles Glück von Tribunalen definiert; das Erreichen entsprechender Zustände gelte als individueller Erfolg und müsse materiell vorgezeigt werden. Auch hier ließe sich die willkürliche Auswahl an „Glücksantworten" beliebig ergänzen.

5. Mit der verzweifelten Suche nach Antworten auf diese Lebensgrundfrage, stärker noch über das bewußte Streben, stets glücklich zu sein, wird jedoch oft der Zugang zum Glück verschüttet.
Hinweise liegen nicht selten verborgen im Kleinen und Unscheinbaren. Dies wußte Nietzsche möglicherweise aus eigener Erfahrung, als er feststellte: „Das Geringste gerade, das Leiseste, Leichteste, einer Eidechse Rascheln, ein Husch, ein Hauch, ein Augenblick, wenig macht die Art des besten Glücks." Für den Menschen, der im Unterschied zum Tier sowohl um seine eigene Glücksfähigkeit weiß, als auch entsprechende Schritte über seine Einrichtung im Leben gehen kann, ist es entscheidend, über Vertrauen und Hoffnung auf die allgegenwärtige Erreichbarkeit der Glückseligkeit gefaßt zu sein. Er vermag sich selbst über mindestens drei Wege die Fassung bzw. über die jeweilige Form seines Zusammenlebens die Verfassung zu geben, in der und über die es möglich ist, sich dem Glück zu nähern:
Er vermag empirisch-pragmatisch die Voraussetzungen dafür zu schaffen, daß die Befriedigung der Bedürfnisse einer möglichst großen Zahl von Menschen möglich ist, ohne innere und äußere Harmonien durch „Sachzwänge" des Materiellen infragezustellen. Er vermag, über die Prinzipien seiner praktischen Vernunft eine Lebenshaltung zu entwickkeln, die ihm sowohl die Sicherheit des inneren Fundaments (Gewissen) als auch die Stabilität einer äußeren Ordnung (Ethik) liefert, die notwendig sind, um einen Zustand der Spannungslösung und harmonischen Einbettung nicht nur auf der Ebene des Organismus zu erreichen.

6. Er vermag mittels der Entwurfsfähigkeit seiner Einbildungskraft (projektive Vernunft) in allem, was sich ihm an Erfahrungen bietet, Momente der persönlichen Herausforderung zur Tat, zum sinnstiftenden Engagement und zur beglückenden Erfüllung zu entdecken und damit Momente der Realisierung seiner Sehnsüchte selbst zu produzieren.
Das Bestreben, glückselig zu sein, erschließt Sinn nicht erst durch das Ankommen im Glück. Ankommen selbst bedeutet vielmehr nur eine Augenblickserfahrung. Derjenige, der sein Ziel erreicht hat, wird sehr schnell den gewonnenen Zustand als selbstverständlich betrachten und den Grad seiner Glückseligkeit nicht halten können. Die Suche nach Glück stellt sich als lebenslange Aufgabe der Persönlichkeits- und Weltbildung mit immer neuen Anforderungen der Selbstdefinition. Ein ständiges lebenslanges Glück schlußfolgert Ludwig Marcuse, kann es nur in der Vorwegnahme von zwei Jenseits geben: das Glück im Paradies oder in der Utopie, im himmlischen und im irdischen Jenseits.

Ludwig Marcuse:
Über den menschlichen Anspruch auf Glück

Ein Psalm lautet: „Ich bin jung gewesen, und alt worden, und habe noch nie gesehen den Gerechten verlassen, oder seinen Samen nach Brot gehen." Die Frage, die Hiob auf dem Herzen hatte, lautete: wie konnte es passieren, daß ich, der „Gerechte", in solch ein Unglück geriet? Und weshalb antwortet mir nicht der Herr der Welt auf meine Frage? Ich stelle ihn vor das Gericht, das er selbst eingerichtet hat. Ich klage: „Gott weigert mir mein Recht."

Ein deutscher Dichter, Heinrich von Kleist, schrieb die Geschichte des Michael Kohlhaas, der sein Recht wollte und sonst nichts. Hiob war ein biblischer Kohlhaas. Er kämpfte nicht für seine Kamele und nicht für seine glatte Haut. Er kämpfte für sein Recht. Er verlangte ein Urteil, auf das er nach der Konstituion (dem Sinai-Bund) Anspruch hatte. Es glaubten damals vielleicht noch nicht alle Juden an diesen Vertrag. Die Herrschaft des Einen Gottes und seiner Rechtsordnung war wohl auch im Fünften Jahrhundert noch nicht völlig anerkannt. Hiob aber hatte ganz offenbar in diesem Glauben siebzig Jahre zugebracht. Und er pochte jetzt auf den Schein, den Moses seinerzeit in Empfang genommen hatte. Hiob stellte sich auf die Hinterbeine und sagte: „Von dem Recht, das mir zusteht, werde ich nicht lassen."

Was stand ihm zu? Zu Horeb hatte Gott einen Kontrakt geschlossen mit den Hebräern. Solange Jahve nur ein jüdischer Lokal-Gott gewesen war, ist die Gruppe sein Kontrahent gewesen. Zur Zeit des Hiob aber (vielmehr zur Zeit seines Biographen) war Gott bereits ein universaler Richter, der dem Einzelnen nach dem Gesetze sein Glück und sein Unglück zuteilte. Jedes Individuum, das sich zu ihm bekannte, war sein Kontrahent – also auch Hiob. Der hatte sich verpflichtet, die Zehn und viele andere Gebote zu halten. Dafür hatte sich der Herr verpflichtet: daß Hiob lange leben werde, und daß es ihm wohl ergehen werde auf Erden. Hiob hatte seine Verpflichtungen gehalten – wie von allerhöchster Stelle anerkannt wird. Und trotzdem geht es ihm so miserabel? Andere halten gar nichts. Und trotzdem geht es ihnen hervorragend? Gott ist kontraktbrüchig geworden. Die Tafeln vom Sinai, die für Gehorsam – Glück versprechen sind nur ein Fetzen Papier. Der himmlische Rechts-Partner möge sich stellen und diesen Zustand der Dinge rechtfertigen ... Keiner der Freunde des Hiob ging auf dies Plädoyer ein. Es waren samt und sonders Drückeberger und hatten viele Nachfolger in der Geschichte der Religion und Philosophie.

Hiob aber kämpfte wie rasend für ein ordentliches Gerichts-Verfahren: er kämpfte für das ihm zustehende Wohlergehen. Doch war seine Positon recht schwach; die Rechts-Sprechung und die Exekutive waren offenbar in einer einzigen Hand. Vergeblich wandte er sich an den obersten Beamten – mit der Bitte, einen allerhöchsten Gerichtshof zuzulassen, der unabhängig sei. Ach, Hiob war kein Feind der Konstitution, kein Anarchist. Er wollte nicht die Welt-Regierung stürzen. Warum „hältst du mich für deinen Feind?" fragte er sehr rührend seinen Gegner Gott. Hiob war nicht hochfahrend wie Prometheus. Hiob wollte keine Macht-Probe, nur ein Schieds-Gericht; nur sein Recht – gemäß der Verfassung, der sie beide, der Gott vom Sinai und er, unterstanden. Das allerdings wollte er, unter allen Umständen.

Und er sprach mit einem herrlichen Mut, in der Richtung gegen den Himmel: „Sieh, ich bin zum Rechts-Steit gerüstet; ich weiß, daß ich Recht behalten werde." Doch was nützte ihm alle Zuversicht, daß er Recht behalten werde. Er bekam nicht das Gericht, um das er bat. Resigniert machte er Bilanz: „Es ist zwischen uns kein Schiedsmann, der seine Hand auf uns beide legte." Man kann das auch so übersetzen: Du bist, mein lieber Gott, ein großer Diktator.

Da nun sinnt Hiob auf Rache – der Ausweg aller Ohnmächtigen. Wenn man ihn so seiner konstitutionellen Rechte beraubt, dann soll man wenigstens in alle Ewigkeit wissen, wie Hiob über eine solche Wirtschaft gedacht hat. Und er hatte einen sehr rachsüchtigen Wunschtraum. „Ach, daß meine Reden geschrieben würden! Ach, daß sie in ein Buch geschrieben würden! Mit einem eisernen Griffel aus Blei zu ewigem Gedächtnis in einen Fels gehauen würden!" Dieser Wunsch ist ihm in Erfüllung gegangen. Jüdische Schriftsteller haben seine Anklagen verewigt.

Und der alte Prozeß Hiob gegen Gott hat für diesen Gott enorme Konsequenzen gehabt. Eine hat schon Hiob selbst gezogen. Und von diesem Prestige-Verlust hat sich Hiobs Gegner nie wieder erholt. Als nämlich Hiob sein Urteil nicht bekommen konnte, entschied er, der Ankläger, selbst den Streit – und verurteilte den Welt-Regenten in absentia wegen Vertrags-Bruchs. Das heißt: er nahm dem Herrn des Himmels und der Erden das Adjektiv „gerecht" – und entlarvte ihn vor aller Welt als einen ungezügelten Despoten. Denn ein Wesen, das, dank seiner Macht, die von ihm eingegangenen Kontrakte außer Kraft setzt, ist ein Despot. „Er macht, wie er's will", hat Hiob in diesen Urteils-Spruch hineingeschrieben; „er breitet ein Volk aus, und treibt's wieder weg." Hiob hat noch viele andere vernichtende Sätze gegen diese Willkür-Herrschaft hinzugefügt. „Wer will den Donner seiner Macht verstehen?" So fragten wohl viele Sklaven orientalischer Despoten. Um ihn ist ein „schrecklicher Glanz", so daß man vor Glanz nicht sehen kann. Übrigens ist das wohl die Funktion alles Glanzes gewesen, mit dem hohe Herrschaften sich zu umgeben pflegten: die Niederen werden geblendet, um nicht so genau hinschauen zu können. Und wie man ihn nicht sehen kann und nicht hören kann – diesen unzugänglichen Gestrengen, so kann man ihn auch nicht erreichen mit der menschlichen Stimme. „Oh, hätte ich einen, der mich anhört", jammerte Hiob. Aber der Tyrann zeichnet sich immer dadurch aus, daß er keine Ohren hat; und Hiobs Freunde taten es – wie alle Gleichgeschalteten – dem hohen Herrn nach. Auch sie hatten keine Ohren.

Schließlich trat der Herr der Heerscharen noch persönlich auf und bewies, wie porträt-ähnlich Hiob ihn gezeichnet hatte. Er war ganz genau so, wie der getretene Knecht in seiner Verzweiflung und Rachsucht ihn sich vorgestellt hatte. Der Allmächtige dachte gar nicht daran, sich zu rechtfertigen. Er wies nur auf sein mächtiges irdisches Empire hin und meinte, recht hochmütig: „Wo warest du, da ich die Erde gründete?" Als ob das ein Einwand gegen das Halten von Verträgen ist. Dann fragte er noch: „Kannst du den Morgenstern hervorbringen zu seiner Zeit?" Natürlich konnte Hiob das nicht. Und er bestand auch nicht die weitere Examens-Frage: „Kannst du mit gleicher Stimme donnern?" Hiobs majestätischer Gegner stellte sich ganz schlicht auf den Macht-Standpunkt.

Aber Hiob hielt es eben nicht für das Thema des Streits: ob er genauso gut donnern kann? Die Frage war seiner Ansicht nach: wer hat sich an die Abmachung gehalten? Doch der Allmächtige, als habe er nie etwas vom Sinai gehört, erklärte kurz und bündig: „Es ist mein, was unter allen Himmeln ist." Das sagt jeder Großmächtige, der die Macht dazu hat.

aus: Philosophie des Glücks; von Hiob bis Freud, Zürich 1972, S. 34 ff.

Aristoteles: Glückseligkeit als höchsts Gut, und wie sie zu erreichen ist

Aber damit, daß die Glückseligkeit das höchste Gut sei, ist vielleicht nicht mehr gesagt, als was jedermann zugibt. Wir möchten aber noch genauer erfahren, was sie ist. Dies sollte wohl geschehen können, wenn wir von der eigentümlichen Leistung des Menschen ausgehen. Wie nämlich für einen Flötenspieler, einen Bildhauer und überhaupt für jeden Künstler und für jeden, der eine Leistung und Handeln hat, in der Leistung das Gute und das Rechte liegt, so wird es wohl auch vom Menschen gelten, wenn anders auch ihm eine besondere Leistung zukommt. Oder sollte es eigentümliche Leistungen und Handlungen des Schreiners oder Schusters geben, nicht aber des Menschen, als ob er zur Untätigkeit geschaffen wäre? Sollte nicht eher so, wie das Auge, die Hand, der Fuß und überhaupt jedes einzelne Körperglied seine besondere Leistung hat, auch der Mensch neben all dem seine besondere Leistung besitzen? Welche mag sie nun wohl sein? Das Leben offenbar nicht, denn dies besitzen auch die Pflanzen, wir suchten aber das dem Menschen Eigentümliche. Das Leben der Ernährung und des Wachstums ist also auszuscheiden. Es würde darauf das Leben der Wahrnehmung folgen, aber auch dieses ist uns gemeinsam mit dem Pferde und Rinde und allen Tieren überhaupt. Es bleibt also das Leben in der Betätigung des vernunftbegabten Teiles übrig. Dieser findet sich vor, teils als ein der Vernunft gehorchender, teils als ein die Vernunft besitzender und ausübender. Da auch dies wiederum in doppeltem Sinne zu verstehen ist, so muß man da an das wirklich tätige Leben denken; denn dieses dürfte doch als das eigentlichere gelten.

Wenn nun die eigentümliche Leistung des Menschen in einer Tätigkeit der Seele besteht, die sich nach der Vernunft oder doch nicht ohne die Vernunft vollzieht, und wenn wir die Leistung eines beliebig Tätigen und eines hervorragend Tätigen derselben Gattung zurechnen (so wie das Spiel des Kitharisten und dasjenige des guten Kitharisten, und so in allen Fällen), so daß wir zur Leistung überhaupt noch das Merkmal hervorragender Tüchtigkeit in ihr beifügen (denn die Leistung des Kitharisten ist das Kitharaspielen, dies des hervorragenden Kitahristen aber das gut Spielen) – wenn also das so ist und wir als die eigentümliche Leistung des Menschen ein bestimmtes Leben annehmen und als solches die Tätigkeit der Seele und die vernunftgemäßen Handlungen bestimmen und als die Tätigkeit des hervorragenden Menschen eben diese Tätigkeit in einem hervorragenden Maße, und wenn endlich dasjenige hervorragend wird, was im Sinne der ihm eigentümlichen Leistungsfähigkeit vollendet wird –, wenn das alles so ist, dann ist das Gute für den Menschen die Tätigkeit der Seele auf Grund ihrer besondern Befähigung, und wenn es mehrere solche Befähigungen gibt, nach der besten und vollkommensten; und dies außerdem noch ein volles Leben hindurch. Denn eine Schwalbe macht noch keinen Frühling, und auch nicht ein einziger Tag; so macht auch ein einziger Tag oder eine kurze Zeit niemanden glücklich und selig.

aus: Nikomachische Ethik 1094 bis 1098

Lucius Annaeus Seneca: Vom glückseligen Leben

Glückselig leben will jedermann, lieber Bruder Gallio; aber was zu einem glückseligen Leben gehöre, das ist den meisten unklar oder verborgen. Und es ist nicht so leicht, zu einem glückseligen Leben zu gelangen: verfehlt man den Weg, so kommt man immer weiter davon ab, je rascher man darauf zugegangen ist; ist man auf dem entgegengesetzten Wege, so macht gerade die Eile die Entfernung immer größer. Deswegen muß man sich zuerst darüber klar werden, was man eigentlich erstrebe, sodann muß man sehen, auf welchem Wege man das

Ziel am schnellsten erreiche. Schon auf dem Wege, wenn er der rechte ist, wird man bemerken, wie weit man täglich kommt, um wieviel man dem Ziele näher sei, zu dem ein natürliches Verlangen uns hintreibt. Solange man ohne festes und klares Ziel umherschweift ohne Führer, durch wirren Lärm und Lockstimmen bald dahin, bald dorthin gezogen, fließt das kurze Leben dahin unter lauter Irrtümern, auch wenn man Tag und Nacht um eine richtige Auffassung sich bemüht. Man entscheide sich daher, wo man hin will und auf welchem Wege, nicht ohne einen erfahrenen Führer, der unser Ziel genau kennt; denn hier ist es nicht ganz ebenso wie auf andern Reisen. Wenn man da auf seinem Wege bleibt und die Leute fragt, die dort wohnen, so kann man nicht wohl irregehen; hier aber täuscht gerade der gangbarste, betretenste Weg am ehesten ...

Die Natur muß man zur Führerin nehmen; der Vernünftige beobachtet und befragt sie. Glückselig leben und naturgemäß leben ist ein und dasselbe. Was das heiße, will ich genauer erklären. Es heißt, die körperlichen Anlagen und Bedürfnisse der Natur sorgfältig, aber nicht ängstlich beachten als etwas Vorübergehendes, uns nur für kurze Zeit Gegebenes, nicht ihr Sklave werden und sich durch nichts Fremdes beherrschen lassen; was dem Körper angenehm ist und uns von außen zukommt, ansehen wie Hilfsvölker im Lager und wie leichte Truppen. Sie mögen uns dienen, nicht uns beherrschen, nur so sind sie für unsern Geist von Wert. Äußerlichkeiten dürfen einen Mann nie gefangennehmen und beherrschen; er halte nur auf sich selbst etwas, vertraue nur dem eigenen Genius, baue sich sein Leben selber künstlerisch auf und sei stets auf alles gefaßt. Sein Selbstvertrauen sei nicht ohne Erkenntnis, seine Erkenntnis nicht ohne Beharrlichkeit; was er für recht hält, dabei bleibe er, und was er beschlossen hat, das stehe fest. Es ist selbstverständlich, daß ein solcher Mann in sich fest gegründet dasteht, menschenfreundlich und hochherzig in allem Tun. Gesunde Vernunft wird ihm innewohnen, von ihr wird er sich leiten lassen; er hat keinen andern Bestimmungsgrund und Antrieb zur Wahrheit und zur Einkehr bei sich selbst. So wirkt auch Gott, der die ganze Welt umfaßt und lenkt, in seinem ganzen Handeln wohl nach außen, kehrt aber doch immer wieder in sich zurück. Also tue auch unser Geist; wenn er den Sinnen folgend sich nach außen gewendet hat, so beherrsche er die Außendinge und sich selbst und mache sozusagen das höchste Gut sich unterwürfig. Auf solche Weise wird ihm eine in sich harmonische Macht eigen werden, und es wird darauf jene sichere Vernunft entstehen, die sich nicht widerspricht, die nicht schwankt in Meinungen, Begriffen oder eigener Überzeugung. Wenn diese sich geordnet hat, klar und harmonisch geworden ist, so erreicht sie das höchste Gut ...

aus: Vom glückseligen Leben und andere Schriften, Stücke 1,8,13 Stuttgart 1975

Blaise Pascal: Das wahre Gut der Menschen

Alle Menschen, ohne Ausnahme streben danach, glücklich zu sein, wie verschieden die Wege auch sind, die sie einschlagen; alle haben dieses Ziel. Der gleiche Wunsch ist es, mag er sich auch verschieden ansehen, der in diesen und in jenen lebt, und der bewirkt, daß die einen in den Krieg und die anderen nicht in den Krieg ziehen. Zu keiner Handlung ist der Wille zu bewegen, jede zielt auf das Glück. Es ist der Beweggrund aller Handlungen aller Menschen, selbst der, die im Begriff stehen, sich zu erhängen.

Und indessen hat seit so vielen Jahren keiner dies Ziel, auf das alle es ständig abgesehen haben, ohne den Glauben erreicht. Alle klagen: Fürsten und Untertanen; Adlige und Bürger; Alte und Junge; Starke und Schwache; Wissende und Unwissende; Gesunde und Kranke in allen Ländern und zu allen Zeiten, jeglichen Alters und jeglichen Standes.

Ein so ausgedehnter, beständiger und gleichförmiger Beweis sollte uns eigentlich von unserer Unfähigkeit, durch unsere Bemühungen glücklich zu werden, überzeugen. Aber die Beispiele belehren uns kaum; keines ist jemals so genau zutreffend, daß nicht irgendein feiner Unterschied bliebe, und dieser ist der Grund, daß wir hoffen, unsere Erwartung würde dieses Mal nicht enttäuscht werden wie sonst. Da uns so die Gegenwart nie befriedigt, betrügt uns die Erfahrung und führt uns von Unglück zu Unglück bis zum Tode, der sein ewiger Gipfel ist.

Was schreit aus dieser Gier und dieser Unmacht, wenn nicht das, daß ehemals der Mensch wirklich im Glück war, wovon uns nichts blieb als die Narbe und die völlig leere Spur, die der Mensch nutzlos mit allem, was ihn umgibt, zu erfüllen trachtet, da er von dem Ungegenwärtigen erlangen will; was er von dem Gegenwärtigen nicht erlangen kann; wenn nicht das, daß alles hierzu ungeeignet ist, da diesen unendlichen Abgrund nur ein Unendliches und Unwandelbares zu erfüllen vermag, das heißt nur Gott selbst?

Er allein ist des Menschen wahres Gut; und rätselhaft, seit er sich von ihm abgewandt, gibt es nichts in der Welt, das nicht geeignet gewesen wäre, seinen Ort zu erfüllen: Sterne, Himmel, Erde, Elemente, Pflanzen, Kohl, Lauch, Tiere, Insekten, Kälber, Schlangen, Fieber, Pest, Krieg, Hungersnot, Laster, Ehebruch, Blutschande. Seitdem der Mensch dies wahre Gut verloren hat, konnte ihm alles und jedes das wahre Gut bedeuten, selbst seine eigene Vernichtung, obgleich sie zugleich gegen Gott, gegen die Vernunft und gegen die Natur ist.

Die einen suchen das höchste Gut in der Herrschaft, andere in der Forschung und in den Wissenschaften, andere in der sinnlichen Lust. Andere, die ihm wirklich näher kamen, meinten das, was alle Menschen als höchstes Gut wünschen, dürfe in keinem Besonderen, was ein Einzelner besitzen könne, beschlossen sein, da es seinen Besitzer, wenn man es teile, durch das, was dann fehlt, mehr betrübe, als ihn die Lust an dem, was ihm gehört, befriedigen könne. Sie sahen ein, daß das höchste Gut so sein müßte, daß es alle zugleich, und zwar ohne Minderung und ohne Neid besitzen könnten und daß es niemand gegen seinen Willen verlieren könnte. Und ihre Überlegung ist, daß, weil dieser Wunsch dem Menschen natürlich ist, da er notwendig in allen lebendig ist, es unmöglich ist, daß er ihn nicht spüre.

aus: Über die Religion und einige andere Gegenstände, Pensées, Nr. 425, Heidelberg 1972

Sigmund Freud: Relativierungen des Glücklichseins

Wir wenden uns darum der anspruchsloseren Frage zu, was die Menschen selbst durch ihr Verhalten als Zweck und Absicht ihres Lebens erkennen lassen, was sie vom Leben fordern, in ihm erreichen wollen. Die Antwort darauf ist kaum zu verfehlen; sie streben nach dem Glück, sie wollen glücklich werden und so bleiben. Dies Streben hat zwei Seiten, ein positives und ein negatives Ziel, es will einerseits die Abwesenheit von Schmerz und Unlust, anderseits das Erleben starker Lustgefühle. In engeren Wortsinne wird „Glück" nur auf das letztere bezogen. Entsprechend dieser Zweiteilung der Ziele entfaltet sich die Tätigkeit der Menschen nach zwei Richtungen, je nachdem sie das eine oder das andere dieser Ziele – vorwiegend oder selbst ausschließlich – zu verwirklichen sucht.

Es ist, wie man merkt, einfach das Programm des Lustprinzips, das den Lebenszweck setzt. Dies Prinzip beherrscht die Leistung des seelischen Apparates vom Anfang an; an seiner Zweckdienlichkeit kann kein Zweifel sein, und doch ist sein Programm im Hader mit der ganzen Welt, mit dem Makrokosmos ebensowohl wie mit dem Mikrokosmos. Es ist überhaupt nicht durchführbar, alle Einrichtungen des Alls widerstreben ihm; man möchte sagen, die Absicht, daß der Mensch „glücklich" sei, ist im Plan der „Schöpfung" nicht enthalten. Was man im strengsten Sinne Glück heißt, entspringt der eher plötzlichen Befriedigung hoch aufgestauter Bedürfnisse und ist seiner Natur nach nur als episodisches Phänomen möglich. Jede Fortdauer einer vom Lustprinzip ersehnten Situation ergibt nur ein Gefühl von lauem Behagen; wir sind so eingerichtet, daß wir nur den Kontrast intensiv genießen können, den Zustand nur sehr wenig. Somit sind unsere Glücksmöglichkeiten schon durch unsere Konstitution beschränkt. Weit weniger Schwierigkeiten hat es, Unglück zu erfahren. Von drei Seiten droht das Leiden, vom eigenen Körper her, der, zu Verfall und Auflösung bestimmt, sogar Schmerz und Angst als Warnungssignale nicht entbehren kann, von der Außenwelt, die mit übermächtigen, unerbittlichen, zerstörenden Kräften gegen uns wüten kann, und endlich aus den Beziehungen zu anderen Menschen. Das Leiden, das aus dieser Quelle stammt, empfinden wir vielleicht schmerzlicher als jedes andere; wir sind geneigt, es als eine gewissermaßen überflüssige Zutat anzusehen, obwohl es nicht weniger schicksalsmäßig unabwendbar sein dürfte als das Leiden anderer Herkunft.

Kein Wunder, wenn unter dem Druck dieser Leidensmöglichkeiten die Menschen ihren Glücksanspruch zu ermäßigen pflegen, wie ja auch das Lustprinzip selbst sich unter dem Einfluß der Außenwelt zum bescheideneren Realitätsprinzip umbildete, wenn man sich bereits glücklich preist, dem Unglück entgangen zu sein, das Leiden überstanden zu haben, wenn ganz allgemein die Aufgabe der Leidvermeidung die der Lustgewinnung in den Hintergrund drängt. Die Überlegung lehrt, daß man die Lösung dieser Aufgabe auf sehr verschiedenen Wegen versuchen kann; alle diese Wege sind von den einzelnen Schulen der Lebensweisheit empfohlen und von den Menschen begangen worden. Uneingeschränkte Befriedigung aller Bedürfnisse drängt sich als die verlockendste Art der Lebensführung vor, aber das heißt den Genuß vor die Vorsicht setzen und straft sich nach kurzem Betrieb. Die anderen Methoden, bei denen die Vermeidung von Unlust die vorwiegende Absicht ist, scheiden sich je nach der Unlustquelle, der sie die größere Aufmerksamkeit zuwenden. Es gibt daher extreme und gemäßigte Verfahren, einseitige und solche, die zugleich an mehreren Stellen angreifen. Gewollte Vereinsamung, Fernhaltung von den anderen ist der nächstliegende Schutz gegen das Leid, das einem aus menschlichen Beziehungen erwachsen kann. Man versteht: das Glück, das man auf diesem Weg erreichen kann, ist das der Ruhe. Gegen die gefürchtete Außenwelt kann man sich nicht anders als durch irgendeine Art der Abwendung verteidigen, wenn man diese Aufgabe für sich allein lösen will. Es gibt freilich einen andern und bessern Weg, indem man als ein Mitglied der menschlichen Gemeinschaft mit Hilfe der von der Wissenschaft geleiteten Technik zum Angriff auf die Natur übergeht und sie menschlichem Willen unterwirft. Man arbeitet dann mit allen am Glück aller. Die interessantesten Methoden zur Leidverhütung sind aber die, die den eigenen Organismus zu beeinflussen versuchen. Endlich ist alles Leid nur Empfindung, es besteht nur, insofern wir es verspüren, und wir verspüren es nur infolge gewisser Einrichtungen unseres Organismus.

aus: **Das Unbehagen in der Kultur II, Studienausgabe Bd 9, Frankfurt 1974,** S. 206-216

Herbert Marcuse:
Glück als öffentliche Angelegenheit

Ist das Glück eines Individuums seine private Angelegenheit, oder ist es zugleich in einem sehr entschiedenen Sinn den Beschränkungen, ja den Bestimmungen unterworfen, die ihm von einem Gemeinwesen auferlegt werden? Die extreme Position, daß menschliches Glück individuell und Sache des Individuums selbst sei und bleiben müsse, läßt sich nicht verteidigen, wenn wir sie auch nur einen Augenblick bedenken. Es gibt sicher Weisen und Formen individuellen Glücks, die nicht von jeder Art Gemeinwesen geduldet werden können. Es ist durchaus möglich und in der Tat wissen wir, daß dem so ist – daß oft Menschen, die die führenden Folterknechte in den Hitlerschen Konzentrationslagern waren, ihr Glück darin fanden, diese Tätigkeit auszuüben. Das ist einer der vielen Fälle individuellen Glücks, bei denen wir ohne Zögern sagen, daß nicht allein das Individuum selbst der Richter über sein Glück sein und bleiben kann. Wir nehmen ein Tribunal an, das (tatsächlich oder moralisch) befugt ist, individuelles Glück zu „definieren".

Nach diesen vorläufigen Erläuterungen möchte ich jetzt sagen, was ich unter Revolution verstehe. Unter Revolution verstehe ich den Sturz einer rechtmäßig etablierten Regierung und Verfassung durch eine soziale Klasse oder Bewegung, deren Ziel es ist, die gesellschaftliche wie die politische Struktur zu verändern. Diese Definition schließt alle militärischen Staatsstreiche, Palastrevolutionen und „präventiven" Gegenrevolutionen (wie den Faschismus und den Nationalsozialismus) aus, weil sie die grundlegende Gesellschaftsstruktur nicht verändern. Wenn wir die Revolution auf diese Weise definieren, können wir einen Schritt weitergehen und sagen, daß eine derartige radikale und qualitative Änderung Gewalt einschließt. Friedliche Revolutionen, wenn es so etwas gibt oder geben kann, bieten keine Probleme. Wir können deshalb die Ausgangsfrage neu formulieren, indem wir fragen: Läßt sich revolutionäre Gewaltanwendung als ein Mittel zur Herstellung oder Beförderung menschlicher Freiheit und menschlichen Glücks rechtfertigen? Die Frage impliziert eine sehr wichtige Annahme, nämlich daß es rationale Kriterien zur Bestimmung der Möglichkeiten menschlicher Freiheit und menschlichen Glücks gibt, die einer Gesellschaft in einer spezifischen geschichtlichen Situation zu Gebote stehen. Wenn es keine solchen rationalen Kriterien gäbe, wäre es unmöglich, eine politische Bewegung nach ihren Chancen einzuschätzen, ein größeres Ausmaß oder einen höheren Grad von Freiheit und Glück in der Gesellschaft zu erreichen.

Postuliert man aber, daß rationale Maßstäbe und Kriterien zum Beurteilen der gegebenen Möglichkeiten menschlicher Freiheit und und menschlichen Glücks zur Verfügung stehen, so nimmt man damit an, daß die ethischen, moralischen Maßstäbe historische Maßstäbe sind. Sind sie das nicht, so bleiben sie bedeutungslose Abstraktionen. Angewandt auf unsere Frage heißt das, daß eine revolutionäre Bewegung, um ein ethisches und moralisches Recht zu beanspruchen, imstande sein muß, für ihre Chancen, reale Möglichkeiten menschlicher Freiheit und menschlichen Glücks zu erfassen, rationale Gründe anzugeben. Und sie muß imstande sein zu begründen, daß ihre Mittel angemessen sind, diesen Zweck zu erreichen.

aus: **Ethik und Revolution, Frankfurt/M. 1964**
    in: **Kultur und Gesellschaft 2,es 135, Frankfurt/M. 1970, S. 130-146**

Wo geh' ich hin?
Die Frage nach SINN

1. Der Begriff „Sinn" hat ein vielfältiges Bedeutungsspektrum. Er meint das Vermögen und auch die Organe der verschiedensten Erfahrungsmöglichkeiten des Menschen (vgl. die „Sinnes"organe oder die „sinn"liche Wahrnehmung). Er bezeichnet auch Phänomene des Bewußtseins und des Verstandes, besonders hinsichtlich einer planenden Absicht. („Ich habe etwas im Sinn"). Wir sprechen von der Ge„Sinn"ung und meinen damit eine Grundüberzeugung. Sinn zielt, so vor allem in der analytischen Philosophie oder in der Wissenschaftstheorie, auf die Bedeutung von Aussagen, Sätzen und Sachverhalten. Sinn steckt in Werken der Dichtung, der Musik oder der bildenden Kunst, in Architektur oder in anderen kulturellen Phänomenen (hier bemüht sich vor allem die Hermeneutik, Zugänge des Verstehens zu erschließen). Sinn ist dann auch der verfolgte Zweck, das Ziel einer Handlung oder eines Zeichens. Diese Bedeutung von „Sinn" hat immer etwas mit einer Wertentscheidung zu tun, („Dies ist „sinn"voll"), die sich von einem Ziel her rechtfertigt. Hier wird ein Wegcharakter deutlich, der die etymologische Wurzel des Wortes „Sinn=-Weg, Reise" aufnimmt. Im Folgenden soll vor allem dieser letzte Aspekt aufgegriffen werden. Er spricht unter existenzieller Hinsicht die Frage des Menschen nach und seine Verwiesenheit auf Sinn an.

2. Der französische Existenzphilosoph Albert Camus (1913 - 1960) beginnt sein bekanntes Buch „Der Mythos von Sisyphos" mit den Sätzen: „Es gibt nur ein wirkliches ernstes philosophisches Problem: den Selbstmord. Die Entscheidung, ob das Leben sich lohne oder nicht, beantwortet die Grundfrage der Philosophie. Alles andere - ob die Welt drei Dimensionen oder der Geist neun oder zwölf Kategorien habe - kommt erst später. Das sind Spielereien: zunächst heißt es Antwort geben." (S. 9)
Ob alle anderen Probleme wirklich nur Spielereien sind, sei dahingestellt. Zuzustimmen ist Camus, wenn er der Frage nach dem Sinn des Daseins einen so außerordentlichen Stellenwert beimißt, denn sie ist eine der Grundfragen der menschlichen Existenz überhaupt. Auch wenn der Mensch sie nicht immer ausdrücklich stellt, so setzt er in allem, was er sagt, denkt oder tut, dennoch einen irgendwie gearteten Sinn voraus. Er lebt aus der „Verwiesenheit auf Sinn". Sie gehört zum Wesen des Menschen.
Jeder Mensch zeigt in seinen Lebensvollzügen ein Interesse an seinem Dasein. Er will, daß sich sein Leben lohne und rechtfertige, daß er etwas verwirklicht und erreicht, zu dem er sagen kann: Ja, so ist es gut! (selen auch die erreichten Ziele zunächst noch so vorläufig). Wir suchen etwas in unserem Dasein und wir erwarten etwas von ihm. Diese Sinnverwiesen-

heit „ist eine Grundstruktur dessen, was wir Ich, Geist, Subjekt nennen."
(G. Scherer, Strukturen des Menschen, S. 61). Sie zeigt sich als Sinnerwartung, als Postulat (Forderung), als unausgesprochene Voraussetzung oder als ausdrückliche Suche, die sich dann in einer auch theoretisch formulierten Frage reflektiert.

Für B. Welte ist die Sinnvoraussetzung „die leitende Dynamik des Vollzugs des Daseins im ganzen .... Als solche ist sie zugleich die Konsequenz unseres Daseins und auch die Voraussetzung". (Religionsphilosophie S. 59) Unser Dasein ist von dieser Beziehung auf einen Sinn nicht ablösbar. Selbst noch im scheinbar extremen Gegenpol, wenn jemand seinem Leben keinen Sinn mehr beimessen kann und es wegwerfen will, so soll diese letzte Tat mindestens sinnvoller sein als die bisher erlebte Absurdität des Daseins. Das Leiden an Sinn-losigkeit zeigt noch einmal, daß das Leben eigentlich getragen sein sollte von einem Sinn.

3. Worum geht es nun eigentlich bei der Frage nach dem Sinn des Lebens?

Wir fragen in ihr nach dem Grund und Fundament unseres Lebens, nach dem Ziel und der Richtung und nach dem Inhalt und der Bedeutung unseres Lebens. Es sind die Fragen nach dem Woher, Wohin und dem Warum. Der Sinn des Lebens ist das, was uns trägt, was uns Richtung und Orientierung bietet. Der Sinn des Lebens ist das, was das Leben rechtfertigt, was den Einsatz lohnt, was es rechtfertigt, das Leben im Ganzen anzunehmen und zu gestalten. Wir fragen grundsätzlich, ob unser Leben überhaupt eine Richtung hat, oder ein richtungsloses Chaos ist, in das der Mensch mehr oder weniger willkürlich eine Richtung einpflanzt, oder ob es bestimmt ist von Sinnlosigkeit, Absurdität, vom Nichts.

In der gleichen vielschichtigen Weise, oftmals noch radikaler, fragen wir natürlich auch nach dem Sinn der Geschichte, bestimmter Naturphänomene und ihrer Zusammenhänge oder gar nach dem Sinn der Wirklichkeit im Ganzen.

Interessant ist nun, daß sich die Frage nach Sinn nicht immer mit der gleichen Dringlichkeit stellt. In Momenten größten Glücks, dann, wenn wir mit uns selbst, unseren Mitmenschen und der Natur im Einklang sind, erfahren wir den Sinn und fragen deshalb nicht. „Das Ereignis von Sinn selbst, der Augenblick der Identität und Übereinkunft, ist fraglos." (Jörg Splett, Artikel „Sinn" in HThTL Bd. 7, S. 52) Das Suchen und Fragen ergibt sich gerade aus der Differenz zwischen Sinnverlangen und teilweiser oder gar ganz ausbleibender Verwirklichung.

Die Sinnfragen stellen sich vor allem in den Knotenpunkten des menschlichen Lebens, in denen grundsätzliche Entscheidungen anstehen, etwa die Berufs- oder Partnerwahl. Noch grundsätzlicher brechen die Fragen in den Grenzerfahrungen des Lebens auf: Krankheit, Leid, Einsamkeit, am radikalsten angesichts der Erfahrung des Todes. Was haben das

Leben, unser Einsatz und alle positiven Sinnerfahrungen im Leben für einen Sinn, wenn es doch von vorneherein klar ist, daß wir sterben müssen. Wofür lebe ich und wofür kann ich sterben. Gibt es einen Sinn, der auch noch im Tod Bestand hat? Gibt es vielleicht einen Sinn, der die Wirklichkeit im Ganzen, das Sein umfängt und trägt.

Wird so radikal - d.h. bis an die Wurzel gefragt - so zeigt sich, daß die Frage nach Sinn zwei Stufen hat: einmal geht es um einzelne Teilsinnerfahrungen innerhalb des Lebensvollzugs, die immer wieder gefährdet sind durch sie durchkreuzende Absurditätserfahrungen. Zum anderen - und dies insbesondere in den Grenzerfahrungen - führt die Frage über alle Teilbereiche und Einzeldinge in der Welt hin zu dem, was allem Sinn gibt. An dieser Stelle läßt sich übrigens ein Ansatz zur Gottesfrage entfalten.

4. Es ist natürlich hier nicht möglich, die Fülle der Antwortversuche auf die Sinnfrage im Laufe der Geschichte des Denkens und Glaubens zu referieren. Die Frage nach Sinn und deshalb auch den Sinn als Antwort kann es nicht verbindlich geben als für alle Menschen in gleicher Weise gültig und maßgebend. Die Sinnfrage und auch die Antwortelemente sind so vielfältig wie die Lebenserfahrungen der Menschen. Ein wichtiger Maßstab zur Beurteilung sei aber genannt: Alle Sinnantworten müssen sich gerade in den Grenzerfahrungen und an den Knotenpunkten des Daseins bewähren, d.h. als wahr und das meint hier als tragfähig erweisen. Sie müssen sich fragen lassen, ob sie auch angesichts von Leid, Schuld, Angst und Tod, aber auch im Hinblick auf die Entscheidung für neues Leben, Sinnperspektiven öffnen. Deshalb können grundsätzlich einzelne Teilantworten nicht genügen, wenn es um den Sinn des Ganzen, um den Sinn von Sein geht.

Ja, die Fixierung auf vordergründige Antworten und das Zerbrechen dieser Fassade führt zu vielen krankmachenden Problemen und schweren Persönlichkeitsschäden. Viktor E. Frankl, der Begründer der Logotherapie, spricht gerade im Blick auf unsere Zeit von einem abgründigen Sinnlosigkeitsgefühl und einem „existenziellen Vakuum" des modernen Menschen, was für ihn auf ein Unerfülltgebliebensein des menschlichen Anspruchs auf ein möglichst sinnerfülltes Dasein hinweist. Er berichtet in einem seiner Bücher von einem jungen Mann, der nicht mehr weiß, wofür er eigentlich lebt, obwohl er eigentlich alles hat:

„Ich bin 22 Jahre alt, besitze einen akademischen Grad, besitze einen luxuriösen Wagen, bin überhaupt finanziell unabhängig, und es steht mir mehr Sex und mehr Prestige zur Verfügung, als ich verkraften kann. Was ich mich frage, ist nur, was das alles für einen Sinn haben soll?" (V.E. Frankl, Der Mensch auf der Suche nach Sinn, S. 11).

5. Zu diskutieren ist die Frage, inwiefern einzelne Sinnerfahrungen die Bejahung eines allumfassenden, totalen Sinns voraussetzen, oder, transzendentalphilosophisch gefragt, ob bzw. inwiefern der absolute Sinn die Bedingung der Möglichkeit für Teilsinnerfahrungen darstellt. Konkreter auf den Menschen bezogen kann man fragen, ob die im Leben angestrebten und gemachten Teilsinnerfahrungen ihren Sinn behalten, auch wenn etwa das Leben des Menschen im Tod ins Nichts hinabstürzt und so in einer letzten Absurdität endet. B. Welte sagt etwa, „daß alles Einzelne, wenn es Sinn haben soll, den totalen Sinn immer schon voraussetzt" und wagt sogar von diesem Sinnpostulat aus einen argumentativen Weg zu Gott. R. Schaeffler fragt zurück, ob nicht auch der Sinn des Einzelnen bestehen bleibt, auch wenn letztlich alles sinnlos wird. Wem in einem Geflecht bedeutungsloser Grapheme Schriftzeichen entgegenleuchten, die einen eigenen Satz ergeben, wem in einem Chaos gesellschaftlicher Zusammenbrüche ein einziger Mensch sich liebend zuwendet, wer in einer Wüste des Todes eine einzige Blüte aufgehen sieht, der kann die Erfahrung machen: „Das dies ist, ist genug." Ein Satz, eine Tat der Liebe, ja sogar ein einziges bedeutungsträchtiges Wort behält sogar in einem Meer von Sinnlosigkeit jenen Sinn, durch den es gerechtfertigt und erfüllt werden kann. (vgl. die Auseinandersetzung beider über die „Religionsphilosophie" von Welte)

6. Ein letzter allumfassender Sinn kann vom Menschen nie endgültig als Besitz ergriffen werden. Menschliches Dasein ist immer hineingenommen in die Spannung zwischen beglückender Sinnerfahrung und bedrückender Absurdität. Es lassen sich aber einige Vollzüge benennen, in denen ein umfassender Sinn aufleuchten kann, der dann das Leben im Ganzen prägen und tragen kann:
– die Gestalten der Wahrheit in der Erkenntnis wie in den Werken der Kunst, die beide die Banalität der Alltagswelt überschreiten;
– das sittlich-moralische Handeln, das aus der unbedingten Gewissensentscheidung erwächst;
– die geglückte Liebesbegegnung, die zwei Menschen neu werden läßt und von der her alle anderen Gehalte in der Welt in einem neuen Licht erscheinen;
– die Erfahrung, von Gott angerufen zu werden und in der Beziehung zu ihm sich so bejaht zu wissen (auch über den Tod hinaus), daß aus dieser Kraftquelle das Ja auch gesagt werden kann: zu sich selbst, zum geliebten Du, zur Welt im Ganzen;
– in bestimmten Momenten und Erfahrungen von Vollkommenheit und Einssein in der Natur, wie dies etwa Nietzsches Zarathustra in seiner Mittagserfahrung beschreibt. (vgl. Text S. 86 ff).
In diesen und anderen Erfahrungen wird eine andere, tiefere Wirklichkeit eröffnet, die Sinn erschließen kann. Wiederum B. Welte macht darauf aufmerksam, daß sich ein solcher Sinn nicht erzwingen läßt, sondern sich erst dann als tragfähiges Fundament erweist, wenn der Mensch das Wagnis eingeht, sich auf ihn einzulassen. Er „lebt als ein lautloser,

niemals zwingender, aber immer an die Freiheit appellierender Ruf: Glaube, daß das Leben einen Sinn hat! Wer dem Ruf sich wirklich öffnet, wird seine Wahrheit erkennen. Sie zeigt sich ihm. Von zwingenden Argumenten kann freilich keine Rede sein wie überall, wo sich der Gedanke im Horizont der Freiheit bewegt. " (B. Welte, Religionsphilosophie S. 63)

Milan Machovec, Die Frage nach Sinn

Das Menschengeschlecht hat bewunderswerte Erfolge errungen – das Weltall steht ihm offen. Doch was ist aus dem Einzelnen geworden, aus dem menschlichen Individuum? Es kommt auf die Welt, entwickelt seinen Verstand, wächst heran, arbeitet, erlebt seine Freuden, erträgt seine Leiden und verläßt diese Welt wieder ... Früher oder später muß der Mensch scheiden: Dabei hinterläßt er lediglich die Spuren seines Handelns und die Resultate seiner Arbeit; der eine hinterläßt eine Nachkommenschaft, der andere stirbt in frühen Jahren, so daß so gut wie nichts von ihm bleibt. Gewöhnlich zeugt wenigstens die Erinnerung von vergangener Existenz ... Doch auch diese lebt nicht lange, in der zweiten, manchmal auch erst in der dritten Generation entschwindet sie im endlosen Abgrund des Unwiederbringlichen. Was wissen wir vom Leben und von der Arbeit unserer Ahnen? Abgesehen von ein paar Ausnahmen so gut wie nichts ... Und diese wenigen Ausnahmen aus Millionen von Menschen, deren Namen von Generation zu Generation weiterleben? Was hat man davon, wenn man auf staubbedeckten Blättern in Archiven schriftlich verewigt ist, doch künftigen Generationen völlig gleichgültig? Kann man im Bewußtsein von Menschen der Zukunft leben? Auch diese müssen scheiden, und allmählich erlischt das Andenken völlig. Das menschliche Leben, unser aller Los ... Ist das Bewußtsein eines Menschen mehr als das momentane Aufblitzen eines kleinen Lichtes in der Finsternis von Jahrhunderten der Vergangenheit und der Zukunft?

Doch es gibt auch Augenblicke unermeßlichen Glücks, Stunden inniger Freude, den Zauber der Liebe zwischen den Geschlechtern, das Sich-Berauschen an Schönheit und Ruhm, Familienglück, Erfolge in der Arbeit, die Freuden abgeklärter Weisheit und friedlicher Versöhnung mit dem Schicksal. Es gibt Augenblicke – der eine erlebt sie häufiger, der andere nur selten –, in denen der Mensch sich seines Daseins freut, glücklich und zufrieden ist und alles in ihm jubelt und singt; dann teilt er dieses Glück und diese Zufriedenheit anderen mit. In solchen Zeiten erscheint das Leben als ein einziges Wunder, man sieht sein Los als unendlich lange Zukunft, als bewegte und fruchtbare Zeit, die man vor sich hat. Doch wird dabei nicht stets der erhobene Finger derjenigen sichtbar, denen das alles nicht zuteil ward? Auch tragische Ereignisse kommen vor: schreckliche Krankheiten, der beklemmende Tod von jungen Menschen, große Qualen, die Hekatomben der Kriege, Justizirrtümer, Hunger, Verstümmelungen, Folterungen, Katastrophen, Kerker, Scheiterhaufen und Gaskammern – auch dies bezeichnet die Geschichte des Menschengeschlechts. Und noch mehr: was läßt sich Schrecklicheres vorstellen als das plötzliche, unerwartete, völlig sinnlose Ende eines Lebens, das voller Hoffnungen und Pläne war? ...

Es nimmt nicht wunder, daß der Mensch sich angesichts dieses Lebens häufig bewußt die Frage stellt: Welchen Sinn hat dies alles? Weshalb leben wir? Wie könnten wir das menschliche Leben ausfüllen? Hat das Leben überhaupt eine Sinn, oder ist das Ganze nur ein Spiel des Zufalls, eine Folge von günstigen kosmischen Bedingungen? Damit zusammen hängt eine weitere Reihe von Fragen: Warum gibt es das Böse in der Welt? Läßt es sich beseitigen? Völlig oder nur teilweise? Was muß ich tun, um mein Leben am besten zu verbringen?

aus: **Vom Sinn des menschlichen Lebens.**
Freiburg 1971, S. 17 ff.

Martin Buber, Das vergebliche Suchen

Rabbi Chanoch erzählte: „Es gab einmal einen Toren, den man den Golem nannte, so töricht war er. Am Morgen beim Aufstehn fiel es ihm immer so schwer, seine Kleider zusammenzusuchen, daß er am Abend, dran denkend, oft Scheu trug, schlafen zu gehen. Eines Abends faßte er sich schließlich ein Herz, nahm Zettel und Stift zur Hand und verzeichnete beim Auskleiden, wo er jedes Stück hinlegte. Am Morgen zog er wohlgemut den Zettel hervor und las: „Die Mütze" – hier war sie, er setzte sie auf. „Die Hosen", da lagen sie, er fuhr hinein, und so fort, bis er alles anhatte. „Ja, aber wo bin ich denn?" fragte er sich nun ganz bang, „wo bin ich geblieben?" Umsonst suchte und suchte er, er konnte sich nicht finden. – So geht es uns", sagte der Rabbi.

aus: **Martin Buber, Die Erzählungen des Chassidim,**
in: Werke Bd. 3, Schriften zum Chassidismus, München, Heidelberg 1963,
S. 707

Albert Camus; Ein Versuch über das Absurde

Das Absurde und der Selbstmord

Es gibt nur ein wirklich ernstes philosophisches Problem: den Selbstmord. Die Entscheidung, ob das Leben sich lohne oder nicht, beantwortet die Grundfrage der Philosophie. Alles andere – ob die Welt drei Dimensionen und der Geist neun oder zwölf Kategorien habe – kommt erst später. Das sind Spielereien; zunächst heißt es Antwort geben. Und wenn es wahr ist, daß – nach NIETZSCHE – ein Philosoph, der ernst genommen werden will, mit gutem Beispiel vorangehen müsse, dann begreift man die Wichtigkeit dieser Antwort, da ihr dann die endgültige Tat folgen muß. Für das Herz sind das unmittelbare Gewißheiten, man muß sie aber gründlich untersuchen, um sie dem Geiste deutlich zu machen.

Wenn ich mich frage, weswegen diese Frage dringlicher als irgendeine andere ist, dann antworte ich: der Handlungen wegen, zu denen sie verpflichtet. Ich kenne niemanden, der für den ontologischen Beweis gestorben wäre. GALILEI, der eine schwerwiegende wissenschaftliche Wahrheit besaß, leugnete sie mit der größten Leichtigkeit ab, als sie sein Leben gefährdete. In gewissem Sinne tat er recht daran. Diese Wahrheit war den Scheiterhaufen nicht wert. Ob die Erde sich um die Sonne dreht oder die Sonne um die Erde – das ist im Grunde gleichgültig. Um es genau zu sagen: das ist eine nichtige Frage. Dagegen sehe ich viele Leute sterben, weil sie das Leben nicht für lebenswert halten. Andere wieder lassen sich paradoxerweise für die Ideen oder Illusionen umbringen, die ihnen einen Grund zum Leben bedeuten (was man einen Grund zum Leben nennt, das ist gleichzeitig ein ausgezeichneter Grund zum Sterben). Also schließe ich, daß die Frage nach dem Sinn des Lebens die dringlichste aller Fragen ist...

Das Klima der Absurdität

Vielleicht können wir also dem unfaßbaren Gefühl des Absurden in den verschiedenartigen und doch verwandten Welten des Geistes, der Lebenskunst und der Kunst überhaupt auf die Spur kommen. Am Anfang steht das Klima der Absurdität. Das Ziel ist das absurde Universum und jene Geisteshaltung, die die Welt mit einem angemessenen Licht erhellt und so in ihr jenes bevorzugte und unerbittliche Gesicht aufleuchten läßt, das sie der Welt zuerkennen zu müssen glaubt.

Alle großen Taten und alle großen Gedanken haben in ihren Anfängen etwas Lächerliches. Die bedeutenden Werke werden oft an einer Straßenecke oder in der Windfangtür eines Restaurants geboren. So ist es auch mit der Absurdität. Mehr als irgendeine andere Welt verdankt die Welt des Absurden ihren Adel dieser niedrigen Herkunft. Antwortet ein Mensch auf die Frage, was er denke, in gewissen Situationen mit

„nichts", so kann das Verstellung sein. Verliebte wissen das genau. Ist diese Antwort aber aufrichtig, stellt sie den sonderbaren Seelenzustand dar, in dem die Leere beredt wird, die Kette alltäglicher Gebärden zerrissen ist und das Herz vergeblich das Glied sucht, das sie wieder zusammenfügt – dann ist sie gleichsam das erste Anzeichen der Absurdität.

Dann stürzen die Kulissen ein. Aufstehen, Straßenbahn, vier Stunden Büro oder Fabrik, Essen, Straßenbahn, vier Stunden Arbeit, Essen, Schlafen, Montag, Dienstag, Mittwoch, Donnerstag, Freitag, Samstag, immer derselbe Rhythmus – das ist sehr lange ein bequemer Weg. Eines Tages aber steht das „Warum" da, und mit diesem Überdruß, in den sich Erstaunen mischt, fängt alles an. „Fängt an" – das ist wichtig. Der Überdruß ist das Ende eines mechanischen Lebens, gleichzeitig aber auch der Anfang einer Bewußtseinsregung. Er weckt das Bewußtsein und bereitet den nächsten Schritt vor. Der nächste Schritt ist die unbewußte Umkehr in die Kette oder das endgültige Erwachen. Schließlich führt dieses Erwachen mit der Zeit folgerichtig zu der Lösung; Selbstmord oder Wiederherstellung. An sich hat der Überdruß etwas Widerliches. Hier jedoch muß ich zu der Überzeugung kommen, daß es gut ist. Denn mit dem Bewußtsein fängt alles an, und nur durch das Bewußtsein hat etwas Wert. Diese Feststellungen sind keineswegs originell. Sie liegen vielmehr auf der Hand, und für eine summarische Bekanntschaft mit den Ursprüngen des Absurden genügen sie einstweilen. Die einfache „Sorge" ist, wie HEIDEGGER es ausdrückt, aller Dinge Anfang.

So trägt uns im Alltag eines geruhsamen Lebens die Zeit. Stets aber kommt ein Augenblick, da wir sie tragen müssen. Wir leben auf die Zukunft hin: „morgen", „später", „wenn du dazu in der Lage bist", „wenn du älter bist, wirst du's verstehen". Diese Inkonsequenzen sind bewundernswert, denn schließlich müssen wir ja doch sterben. Es kommt ein Tag, da stellt der Mensch fest, daß er dreißig Jahre alt ist. Damit beteuert er seine Jugend. Zugleich aber bestimmt er seine Situation, indem er sich in Beziehung zur Zeit setzt. Er nimmt in ihr seinen Platz ein. Er erkennt, daß er sich an einem bestimmten Punkt einer Kurve befindet, die er – dazu bekennt er sich – durchlaufen muß. Er gehört der Zeit, und mit jenem Grauen, das ihn dabei packt, erkennt er in ihr seinen schlimmsten Feind. Ein Morgen wünscht er sich, ein Morgen, während doch sein ganzes Selbst sich dem widersetzen sollte. Dieses Aufbegehren des Fleisches ist das Absurde.

aus: Der Mythos von Sisyphos, Hamburg 1959, S. 9, 16 ff.

Friedrich Nietzsche, Mittags

Und Zarathustra lief und lief und fand Niemanden mehr und war allein und fand immer wieder sich und genoss und schlürfte seine Einsamkeit und dachte an gute Dinge, – stundenlang. Um die Stunde des Mittags aber, als die Sonne gerade über Zarathustra's Haupte stand, kam er an einem alten krummen und knorrichten Baume vorbei, der von der reichen Liebe eines Weinstocks rings umrahmt und vor sich selbst verborgen war: von dem hingen gelbe Trauben in Fülle dem Wandernden entgegen. Da gelüstete ihn, einen kleinen Durst zu löschen und sich eine Traube abzubrechen; als er aber schon den Arm dazu ausstreckte, da gelüstete ihn etwas Anderes noch mehr: nämlich sich neben den Baum niederzulegen, um die Stunde des vollkommnen Mittags, und zu schlafen.

Dies tat Zarathustra; und sobald er auf dem Boden lag, in der Stille und Heimlichkeit des bunten Grases, hatte er auch schon seinen kleinen Durst vergessen und schlief ein. Denn, wie das Sprichwort Zarathustra's sagt: Eins ist notwendiger als das Andre. Nur daß seine Augen offen blieben: – sie wurden nämlich nicht satt, den Baum und die Liebe des Weinstocks zu sehn und zu preisen. Im Einschlafen aber sprach Zarathustra also zu seinem Herzen:

Still! Still! Ward die Welt nicht eben vollkommen? Was geschieht mir doch?

Wie ein zierlicher Wind, ungesehn, auf getäfeltem Meere tanzt, leicht, federleicht: so – tanzt der Schlaf auf mir.

Kein Auge drückt er mir zu, die Seele lässt er mir wach. Leicht ist er, wahrlich! federleicht.

Er überredet mich, ich weiss nicht wie? er betupft mich innewendig mit schmeichelnder Hand, er zwingt mich. Ja, er zwingt mich, dass meine Seele sich ausstreckt: –

– wie sie mir lang und müde wird, meine wunderliche Seele! Kam ihr eines siebenten Tages Abend gerade am Mittage? Wandelte sie zu lange schon selig zwischen guten und reifen Dingen?

Sie streckt sich lang aus, lang, – länger! sie liegt stille, meine wunderliche Seele. Zu viel Gutes hat sie schon geschmeckt, diese goldene Traurigkeit drückt sie, sie verzieht den Mund.

– Wie ein Schiff, das in seine stillste Bucht einlief: – nun lehnt es sich an die Erde, der langen Reisen müde und der ungewissen Meere. Ist die Erde nicht treuer?

Wie solch ein Schiff sich dem Lande anlegt, anschmiegt: – da genügt's, dass eine Spinne vom Lande her zu ihm ihren Faden spinnt. Keiner stärkeren Taue bedarf es da.

Wie solch ein müdes Schiff in der stillsten Bucht: so ruhe auch ich nun der Erde nahe, treu, zutrauend, wartend, mit den leisesten Fäden ihr angebunden.

Oh Glück! Oh Glück! Willst du wohl singen, oh meine Seele? Du liegst im Grase. Aber das ist die heimliche feierliche Stunde, wo kein Hirt seine Flöte bläst.

Scheue dich! Heisser Mittag schläft auf den Fluren. Singe nicht! Still! Die Welt ist vollkommen.

Singe nicht, du Gras-Geflügel, oh meine Seele! Flüstere nicht einmal! Sieh doch – still! der alte Mittag schläft, er bewegt den Mund: trinkt er nicht eben einen Tropfen Glücks –

– einen alten braunen Tropfen goldenen Glücks, goldenen Weins? Es huscht über ihn hin, sein Glück lacht. So – lacht ein Gott. Still! –

– „Zum Glück, wie wenig genügt schon zum Glücke!" So sprach ich einst, und dünkte mich klug. Aber es war eine Lästerung: das lernte ich nun. Kluge Narren reden besser.

Das Wenigste gerade, das Leiseste, Leichteste, einer Eidechse Rascheln, ein Hauch, ein Husch, ein Augen-Blick – Wenig macht die Art des besten Glücks. Still!

– Was geschah mir? Horch! Flog die Zeit wohl davon? Falle ich nicht? Fiel ich nicht – horch! in den Brunnen der Ewigkeit?

– Was geschieht mir? Still! Es sticht mich – wehe – in's Herz? In's Herz! Oh zerbrich, zerbrich, Herz, nach solchem Glücke, nach solchem Stiche!

– Wie? Ward die Welt nicht eben vollkommen? Rund und reif? Oh des goldenen runden Reifs – wohin fliegt er wohl? Laufe ich ihm nach! Husch! Still – – (und hier dehnte sich Zarathustra und fühlte, dass er schlafe.)

Auf! sprach er zu sich selber, du Schläfer! Du Mittagsschläfer! Wohlan, wohlauf, ihr alten Beine! Zeit ist's und Überzeit, manch gut Stück Wegs blieb euch noch zurück –

Nun schlieft ihr euch aus, wie lange doch? Eine halbe Ewigkeit! Wohlan, wohlauf nun, mein altes Herz! Wie lange erst darfst du nach solchem Schlaf – dich auswachen?

(Aber da schlief er schon von Neuem ein, und seine Seele sprach gegen ihn und wehrte sich und legte sich wieder hin) – „Lass mich doch! Still! Ward nicht die Welt eben vollkommen? Oh des goldnen runden Balls!" –

„Steh auf, sprach Zarathustra, du kleine Diebin, du Tagediebin! Wie? Immer noch sich strecken, gähnen, seufzen, hinunterfallen in tiefe Brunnen?

Wer bist du doch? Oh meine Seele" (und hier erschrak er, denn ein Sonnenstrahl fiel vom Himmel herunter auf sein Gesicht)

„Oh Himmel über mir, sprach er seufzend und setzte sich aufrecht, du schaust mir zu? Du horchst meiner wunderlichen Seele zu?

Wann trinkst du diesen Tropfen Tau's, der auf alle Erden-Dinge niederfiel, – wann trinkst du diese wunderliche Seele –

– wann, Brunnen der Ewigkeit! du heiterer schauerlicher Mittags-Abgrund! wann trinkst du meine Seele in dich zurück?"

Also sprach Zarathustra und erhob sich von seinem Lager am Baume wie aus einer fremden Trunkenheit: und siehe, da stand die Sonne immer noch gerade über seinem Haupte. Es möchte aber Einer daraus mit Recht abnehmen, daß Zarathustra damals nicht lange geschlafen habe.

aus: Also sprach Zarathustra
in: Werke VI, 1. S. 339 ff.

Georg Scherer, Verwiesenheit auf Sinn

Was heißt das: Wir wollen als Menschen sinnvoll existieren? Wenn wir jetzt dieser Frage nachgehen, so ist zu bemerken: Es geht an dieser Stelle um keine Sinnthese, sondern um den Aufweis der Verwiesenheit des Menschen auf Sinn überhaupt als anthropologische Struktur. Wir wollen nicht zeigen, daß diese oder jene Auffassung vom Sinn und der Bestimmung menschlichen Seins wahr oder falsch, tief oder oberflächlich ist, sondern daß der Mensch es mit Notwendigkeit mit dem zu tun hat, was wir Sinn nennen können. Damit soll nicht geleugnet werden, daß man begründete Sinnthesen vertreten kann. Auch wir werden später einige Bemerkungen in dieser Richtung versuchen. Es könnte aber sein, daß es in einer Zeit, in welcher die Grundfragen der menschlichen Existenz, die alle mit der Sinnfrage zusammenhängen, in ihrer Relevanz geleugnet, negativ tabuisiert oder gar wie Krankheiten ausgemerzt werden sollen, vordringlich ist, das Recht dieser Fragen aus dem Sein des Menschen zu begründen. Es ist zunächst einmal das Fragen dieser Fragen wieder zu erlernen. Das gilt jedenfalls für die Philosophie, falls sie sich nicht selbst aufgeben will.

Unter „Verwiesenheit auf Sinn" verstehen wir folgendes: Jeder Mensch will, sein Dasein solle sich lohnen, in sich gerechtfertigt sein, weil in ihm ein Gehalt verwirklicht wird, von dem gesagt werden kann: Es ist gut, daß ich ihn in mein Leben aufgenommen habe. Von ihm her ist es nicht vergebens gewesen. Denn er ist in sich um seiner selbst willen wert, verwirklicht zu werden. Wer sinnvoll gelebt hat, von dem sagen wir auch: Er hat wahrhaft gelebt, hat seine Bestimmung gefunden, sein Leben war nicht leer, sondern erfüllt. Vielleicht sagen wir auch: Er hat das gefunden, wofür man „leben und auch sterben kann". Vielleicht sagt jemand anders: Der hat es richtig gemacht oder auch ganz einfach, sein Leben ist gut gewesen. Oder auch: Dieses Leben war schön. Würde er so das Gute und das Schöne zusammenklingen lassen, so hätte er etwas von dem zur Sprache gebracht, was die Griechen meinten, wenn sie nach dem guten und schönen Leben fragten, das als solches das glückliche sei. In solchen Wendungen wird der Maßstab angesprochen, an dem alles menschliche Leben und Treiben zu messen ist, der Anspruch, unter dem wir stehen. Zugleich damit kommt aber auch das Moment der Erfüllung, des Sichlohnenden zur Sprache, also desjenigen, in dem wir uns selbst finden können, Identität erlangen, Identität, die über das bloße „Ich bin" hinausführt und das in sich dicht gewordene Dasein anspricht. In ihm wäre das Dasein sich nicht mehr fragwürdig, sondern hätte seine Ungebrochenheit erlangt.

Vielleicht können wir das mit „Sinn" Gemeinte am besten verdeutlichen, wenn wir sagen: Unser Dasein wäre dann sinnvoll, wenn in ihm zur Gegebenheit käme, womit wir ohne jeden Widerspruch „einverstanden" sein könnten. Das heißt, Sinn ist zugleich auf Verstehen und Affirmation bezogen. Beides sind Momente des einen Aktes, den wir Einverständnis nennen. Im Verstehen wird uns der Sinn einsichtig. Verstehen kann als die Weise der Erkenntnis bestimmt werden, in welcher Sinnhaftes als Sinnhaftes erschlossen wird, wobei aber zu betonen ist, daß es außerhalb eines solchen Verständnisses keinen Sinn geben kann. Sinn ist nur im Verstehen. In diesem Sinnverstehen vollzieht sich zugleich eine Zustimmung. Wer einverstanden ist, spricht ein Urteil. In ihm wird nicht nur anerkannt, daß jenes Sinnhafte, auf welches sich das Urteil bezieht, ist wie es ist, sondern daß es so gut ist. Einverstanden sein, sein Einverständnis erklären heißt also ein „Sinnurteil" fällen. In ihm sind Erkennen und Anerkennen, Verstehen und Zustimmen ursprünglich eins. Einverstanden sein heißt: Ich habe verstanden und finde es gut. Wenn wir einmal von der seit Kant virulenten Frage nach Recht und Grenzen des Unterschiedes von Verstand und Vernunft absehen, so können wir sagen, daß am Einverständnis – das wir übrigens genauso gut als „Einvernehmen" bezeichnen können, wenn wir auf dem in „Vernunft" zur Sprache kommenden Moment der Rezeptivität, des Ver-nehmens insistieren wollen – die Grundvermögen, welche man traditionellerweise dem Geist zuschreibt, in gleicher Weise beteiligt sind. Der Akt des Einverständnisses erscheint als Totalakt des Ich und dieses selber als die Möglichkeit Sinn vernehmender Vernunft und Sinn bejahender Freiheit. Wissen und Wollen, die uns zunächst als Selbstbewußtsein und Selbstbejahung des Ich erschienen, treten jetzt in ein neues Licht ein: sie sind Vermögen der Sinnverwirklichung . . .

Es läßt sich nun zeigen, daß diese Erwartung, welche auf den Sinn zielt, überall in unserem Dasein anwesend ist. Sie ist die gemeinsame Wurzel aller menschlichen Theorie und Praxis. Ihrer Allgegenwärtigkeit kann sich nichts entziehen . . .

Damit zeigt sich zugleich, daß die Verwiesenheit des Menschen auf Sinn nicht aus dem empirischen Stoff unseres Daseins abgeleitet werden kann. Sie ist kein Produkt der Geschichte, der Umwelt, des sozialen Kontextes, in dem ein Mensch steht, sondern der Horizont, in welchen das Ich, das Subjekt rückt. Wo die Verwiesenheit auf Sinn verschwindet,

verschwindet das Menschsein selbst. Sie ist eine Grundstruktur dessen, was wir Ich, Geist, Subjekt nennen.

aus: Strukturen des Menschen, Essen, (o. Jahrgang) S. 56 ff.

Viktor Frankl, Zur Pathologie des Zeitgeistes

Jede Zeit hat ihre Neurose – und jede Zeit braucht ihre Psychotherapie. Heute haben wir Psychiater es weniger mit den klassischen Neurosenformen zu tun als vielmehr mit einem neuen Typus von Neurose, in dessen symptomatologischem Vordergrund das Fehlen von Interessen und ein Mangel an Initiative stehen. Es handelt sich also weniger um eine ausgesprochen klinische Symptomatologie, vielmehr um eine Störung der Motivation – eine Motivationsschwäche ist charakteristisch für die Neurose von heute. Ihr aber liegt – nach eigenen Untersuchungen – ein abgründiges Sinnlosigkeitsgefühl zugrunde. Ja ich möchte sagen, daß dieses Sinnlosigkeitsgefühl etwa dem Minderwertigkeitsgefühl (Alfred Adler) den Rang abläuft, was die Entstehung und Verursachung neurotischer Erkrankungen anlangt. Mit ebenso vielem Recht ließe sich aber auch sagen, daß heute nicht mehr, wie etwa zur Zeit von Sigmund Freud, die von dessen Psychoanalyse so sehr inkriminierte sexuelle Frustration zur Neurose führt: Die Neurose von heute haben wir in vielen Fällen auf eine existentielle Frustration zurückzuführen, auf ein Unerfülltgebliebensein des menschlichen Anspruchs auf ein möglichst sinnerfülltes Dasein.

Nehmen wir einen Brief her, den mir ein amerikanischer Student geschrieben hat und aus dem ich hier bloß 2 Sätze zitieren möchte – in deutscher Übertragung: „Ich bin 22 Jahre alt, besitze einen akademischen Grad, besitze einen luxuriösen Wagen, bin überhaupt finanziell unabhängig, und es steht mir mehr Sex und mehr Prestige zur Verfügung, als ich verkraften kann. Was ich mich frage, ist nur, was das alles für einen Sinn haben soll." Und meine Erfahrungen an amerikanischen Universitäten – immerhin sind es bisher 126 allein innerhalb der USA, an denen ich Vorträge zu halten und so denn auch mit den Studenten Kontakt zu gewinnen Gelegenheit hatte –, diese Erfahrungen sprechen dafür, daß die zitierte Briefstelle repräsentativ ist, soweit es um die Grundstimmung und das Lebensgefühl geht ...

Dieses Sinnlosigkeitsgefühl geht nun mit einem Leeregefühl einher – mit dem „existentiellen Vakuum", wie ich es zu nennen pflege. Und es mehren sich die Anzeichen dafür, daß sich das existentielle Vakuum immer mehr ausbreitet. Seine Präsenz wird heute bereits auch von den rein psychoanalytisch ausgerichteten Kollegen ebenso wie von marxistischer Seite bestätigt ...

90

Wie sollen wir uns nun das Heraufkommen dieses existentiellen Vakuums vorstellen? Ich persönlich pflege in diesem Zusammenhang die folgende Kurzformel anzubieten: Im Gegensatz zum Tier sagen dem Menschen keine Instinkte, was er muß; und im Gegensatz zum Menschen in früheren Zeiten sagen ihm heute keine Traditionen mehr, was er soll. Und manchmal scheint er nicht einmal mehr zu wissen, was er eigentlich will. Nur um so mehr ist er dann darauf aus, entweder nur das zu wollen, was die andern tun – Konformismus –, oder aber nur das zu tun, was die andern wollen – von ihm wollen: Totalitarismus. Nur daß wir aber über diesen beiden Folgeerscheinungen eine dritte nicht übersehen und vergessen dürfen, und zwar meine ich einen spezifischen Neurotizismus, nämlich das Auftreten der von mir als solchen bezeichneten „noogenen Neurose". Im Gegensatz zur Neurose im engeren Wortsinn, die per definitionem eine psychogene Erkrankung darstellt, geht diese noogene Neurose nicht auf Komplexe und Konflikte im herkömmlichen Sinne zurück, sondern auf Gewissenskonflikte, auf Wertkollisionen und, last but not least, auf eine existenzielle Frustration, die das eine oder andere Mal eben auch in neurotischer Symptomatologie ihren Ausdruck und Niederschlag finden kann!

aus: Viktor Frankl, Der Mensch auf der Suche nach Sinn. Zur Rehumanisierung der Psychotherapie, Freiburg 1972, S. 11-13

Das umfassende Verlangen nach Einheit über sich hinaus:
Die LIEBE

1. „Wenn ich mit Menschen- und Engelszugen redete und hätte der Liebe nicht, so wäre ich ein tönend Erz oder eine klingende Schelle." Mit diesen Worten beginnt Paulus sein bekanntes „Hohes Lied der Liebe" im ersten Brief an die Korinther. Der Apostel stellt die Liebe als Erkenntnisweg, als Prizip des Miteinander der Menschen und als richtungsweisende Einstellung der Bezogenheit auf Gott vor. Sie stellt die bedeutendste der drei christlichen Annäherungsformen an die Wahrheit dar. „Nun aber bleibt Glaube, Hoffnung, Liebe, diese drei; aber die Liebe ist die größte unter ihnen."

Neben den Theologen haben fast alle „Menschheitswissenschaftler" die Liebe zu einem Forschungsthema gestaltet. Die Verhaltensforscher fragten nach den Triebsteuerungen für das Verhalten der Liebenden (Geschlechtstrieb, Brutpflegetrieb, Aggressionstrieb in der paradoxen Wirkung). Die Psychoanalytiker bauten Eros und Libido zu den fundamentalen Kräften der menschlichen Psyche auf. Die Soziologen untersuchten Institutionalisierungen des Paarungshandelns oder auch unterschiedliche kulturelle Formen des Werbens und der Rollenverteilung. In der Philosophie wurde der Liebe in den unterschiedlichsten Systemen von der Antike, über Renaissance und Romantik bis zur Existenzphilosophie jeweils ein zentraler Stellenwert der Begründung menschlicher und weltlicher (Da)Seinskategorien zugeordnet, von der totalen Seins- bis zur Selbsterfahrung.

2. Dabei muß jedoch zunächst unterschieden werden nach dem Bezugspunkt der Liebe (partnerschaftliche, Gottes-, Nächsten-, Kindes-, Vaterlands-, Selbst-, Objektliebe) und nach den jeweils vorherrschenden und eingebrachten Gefühlen. Das Hinstreben zum zu Liebenden bzw. Geliebten kann auf sexuellem Verlangen beruhen, dem Wunsch der Annäherung an eine erschließende Lebenserotik entspringen oder auch das Bestreben nach geistig-seelischer Nähe bzw. Vereinigung zum Ausdruck bringen.

Die Griechen benutzten fünf verschiedene Begriffe, um das Phänomen der Liebe jeweils in anderen Verwirklichungszusammenhängen einzugrenzen. Der Eros, von Platon im „Gastmahl" meisterhaft mythologisch beschrieben, bezieht sich auf die am vorgefundenen Schönen sich entzündende Liebe, die sich zum grundlegenden Weltverhältnis entwickelt. Die Agape, die sich hingebende, sich einsetzende Liebe, bezeichnet das Grundverhältnis Gottes zum Menschen und die Daseinsbestimmung des Menschen. Die Philia erfaßt die freundschaftliche Liebe, die *liebevolle Zuwendung zu Objekten und Tätigkeiten. Storgé beschreibt das Beziehungsgeflecht der familiären Liebe. Für die reine sexuelle Liebe gab es in der griechischen Klassik nur auf dem Feld der Verhaltensbeschreibung der Tiere (Paarung) einen angemessenen Begriff, den des Phylon (vergl. J. Pieper: Über die Liebe).*

Das Verbindende der Liebe stellt der wechselseitige Bezug aufeinander sowie das Streben nach Überwindung abtrennender Grenzen dar. In den altindischen Veden galt die Liebe als kosmische Kraft, über die allein die widerstrebenden Energien und das Weltganze zusammengehalten werden konnten. Die Suche nach Einheit und Vereinigung – des Körpers, der geistigen, seelischen, kosmischen Prinzipien – kennzeichnet das Warum der Liebe.

Der umfassendste Ansatz des Umgangs mit dem Phänomen Liebe definiert das Betrachtete als fundamentales Ordnungsprinzip. So deutete Empedokles Liebe und Haß als Regulatoren des Weltgeschehens. In der jüdischen Tradition wird die Liebe Gottes vom Ursprung der Schöpfung über die tätige Unterstützung und Hilfe bis zur väterlichen Führung als notwendige Voraussetzung der Existenz überhaupt gesehen.

Für Platon nimmt die Liebe eine Stellung zwischen Mensch und Gott ein. Das Tiefste im Menschen, das bezeichnend Menschliche strebt über ihn hinaus nach dem Schönen und Guten. Eros, der als Sohn des Gottes Poros und des Menschenweibes Penia am Geburtstag der Aphrodite gezeugt wurde, trägt dementsprechend menschliche und göttliche Eigenschaften. Er ist arm und reich zugleich, leidet unter dem Mangel und schwelgt in der Fülle. Er entflammt an der Begehrlichkeit des Körpers, will aber die geistig-seelische Tiefe und Schönheit. Über die Liebe gelangt der Mensch zur Erkenntnis seines ihm zugewiesenen Standortes in der Welt.

3. *Die Liebe als unbedingte und notwendige Voraussetzung der Erkenntnis ist das große Thema der abendländischen Philosophie von Augustinus bis Sartre. Man erkennt nur soviel, wie man liebt, behauptete Augustinus (ähnlich Goethe: man lernt nichts kennen, als wenn man liebt). Hingabe, innere Verbundenheit und das Überschreiten der reinen Sachlichkeit machen die liebend-entdeckende Beziehung zum Andern bzw. zum verborgenen Objekt aus. Sartre enttarnt die Liebe als stetiges Ansinnen, sich lieben zu lassen, um so über den Geliebten zur Selbsterkenntnis zu gelangen, die in der Vereinzelung unmöglich erscheint. „Liebe ist die Form sich vom Anderen zu erlangen."*

Die sittlich vervollkommnende Kraft der Liebe betonten unter anderen Thomas, Pascal und Leibniz. Thomas von Aquin entdeckte die einigende Kraft des Liebenden, die den Menschen mit der Natur verbindet. Über das Geliebte erlangt der Liebende eine bestätigende Grundhaltung zu sich und zur Welt. Aus der Liebe erwächst Freude wie Traurigkeit. Pascal fordert neben der Verstandes- eine Herzenslogik (logique du coeur). Er stellt den liebenden Menschen gegen das denkende Ich. Allein in der Liebe öffnet sich der Mensch gegenüber dem Mitmenschen, der Mitkreatur, der Natur und sucht eine Haltung, in der er nicht besitzen sondern erfüllen will. „Der Liebende gibt dem Geliebten eine neue Dimension seines Wesens" (N. Hartmann).

4. In der Philosophie des 20. Jahrhunderts, vor allem im existenziellen Denken wird die Liebe zum persönlich öffnenden Weltgefühl. Jaspers deutet die Fähigkeit zu lieben als allgegenwärtige Bewußtheit des Ewigen sowie als Selbstentwurf im Vertrauen auf Sinn. Martin Buber und Gabriel Marcel sehen die Liebe als begründenden Faktor des Dialogs mit dem Du, über den der Einzelne zu sich selbst zurückfinden kann. Im Gegenüber von Ich und Du wird eines dem anderen gegenwärtig. Heidegger ordnet Liebe unter anderem der Fürsorge zu. Liebend sorgt sich der Mensch um sich selbst und den ihn erschließenden Anderen. Er läuft jedoch stets Gefahr, von einer „vorausspringend-befreienden" in eine „einspringend-beherrschende" Fürsorge zu verfallen.

5. Die Liebe lebt in der stetigen Spannung der Beziehung. Der Mensch geht, indem er sich selbst aufgibt, auf den/das Geliebte ein und empfängt auf diese Weise Leben, Energie und Sinn. Er macht aber auch immer gleichzeitig den/das Andere(n) zum Gegenstand seiner Begierde und verändert das Geliebte zum Objekt, dem er selbst seine Wunschvorstellungen unterstellt bzw. übermittelt. In diesem Sinn analysierte auch Erich Fromm in seinem bekannten Buch „Die Kunst des Liebens" das veränderte Verhältnis der Menschen zu sich selbst und zueinander in der Gegenwart. „Die meisten Menschen sehen das Problem der Liebe im selbst geliebt werden und nicht im lieben zu können..." (Einleitung). Fromm deckt einen engen Zusammenhang auf zwischen Zivilisation und schwindender Liebesfähigkeit. Der/das zu Liebende erhält den Charakter des Gebrauchsgegenstands mit einem bestimmten Nutz- und Tauschwert. Die heutige Liebe ist daher häufig eher eine Pseudoliebe. Man hat Spaß, wenn man konsumiert und „einverleibt". Die Liebesbeziehung wird zum „Egoismus zu zweit", zum Instrument der Bewältigung der Vereinsamung oder zum „körperlich-sinnlichen Teamwork". Wenn die Tugenden der Liebe aber in unserer Zeit verlorengegangen sind, wie soll man noch lieben können? Fromm zählt als wiederzufindende Haltungen auf: Die Disziplin, die Achtung, die Konzentration, die Geduld, die Glaubensstärke, die Verläßlichkeit und den (Lebens)Mut. In der reifen und reichen Liebe bleibt die Individualität des anderen erhalten. Der Liebende erlebt seine Stärke über den Akt des Schenkens und erfährt sich überströmend lebendig (Sinnbild des männlichen Samenergusses oder der stillenden Mutter). In der tiefen Liebeserfahrung erfüllt sich der Mensch sein innerstes und tiefstes Bedürfnis, seine Ab-

getrenntheit zu überwinden und zur Einheit zurückzufinden. Fromm sieht im Urbild des ungeborenen Lebens – Einheit von Mutter und Foetus – die verlorene und stets angestrebte symbiotische Vereinigung, nach der der Mensch in der Liebe verlangt.

6. *Nicht wenige Menschen können und wollen sich in eine solche Art der Selbsthingabe, Unvollkommenheit und Hilflosigkeit nicht einfinden. Sie können ihr Selbstverständnis, das Freiheit, Selbstbestimmtheit und entschlossene Tatkraft betont, nicht in Einklang bringen mit einer Liebe, die Abhängigkeit und Schwäche zeigt. Allein über diese Grundhaltung wird der selbstgefällige beherrschende Geist der Neuzeit aber als letztlich welt- und menschheitszerstörende Kraft demaskiert werden können. Liebe überschreitet die vernunftbetonte Grundbeziehung zum Vorhandenen. Sie realisiert sich, wie Nietzsche behauptete, jenseits von Gut und Böse. Ihr kann demnach auch niemals lediglich eine dienende Funktion zugeschrieben werden; das heißt, sie ist nicht zweckdienlich bzw. der Bedürfnisbefriedigung dienlich.*
Die Quelle der menschlichen Liebe, die Körperlichkeit, charakterisiert sie freilich auch als elementaren Trieb, der Sättigung verlangt. Das Übersteigen des reinen Antriebs in der Sympathie, der Zärtlichkeit, Verbundenheit und vereinigenden Lebensenergie, macht jedoch die konkrete menschliche Leistung aus. Obwohl Freud diese Ausformungen des Sexualtriebes als Schein, als zielgehemmte Erotik bezeichnete, wird der Liebende, der sich in diesem Gefühl zu erfahren sucht, sich und sein Tun auf ganz andere Weise begreifen als ein Objekt oder einen Handlungsantrieb der Libido.
Trotzdem läuft der Mensch immer wieder Gefahr, sich auf vielfache Weise zu verirren. Er verfällt, wie schon Platon beobachtet hatte, der Leidenschaft, die im wahrsten Sinne des Wortes mehr Leid als Erfüllung mit sich bringt. Er baut ein asymmetrisches Gebäude der Liebesbeziehung auf, in dem er fürsorgend den/das Geliebte(n) nicht mehr es selbst sein läßt.
Er findet nicht den Mittelweg zwischen dem reinen Selbstinteresse (Egoismus) und der zu weitgehenden Selbstaufgabe (Altruismus). Im Egoismus läßt er das Objekt der Liebe, im Altruismus sich selbst, den Liebenden, nicht mehr existieren.
Liebe schließt auch die gleichzeitig vorhandene negative Gefühlsbeziehung zum Geliebten nicht aus. Sie baut auf der Unsicherheit des Fühlens, der Hingabe und der Hoffnung auf. Abneigung, Angst, Schuld oder sogar Haß gehören ebenso zu ihr wie Momente des erfüllten Glücks.
Jeder, der sich als liebender Mensch erfahren durfte, wird jedoch gespürt haben, daß es um mehr geht, als um das, was die zweifelnde Vernunft erwartet. Josef Pieper ordnete ihr in seinem Buch „Über die Liebe" eine Fülle solcher Momente des Überschreitens zu. Liebe ist: Gutheißung, Bejahung, Urvertrauen, Habenwollen und Schenken-

wollen, Mitfreude, das Gefühl „gut, daß es dich gibt", Angetansein, Schöpfertum, Wohlwollen, Versprechen des Schönen und Guten, Urgeschenk und Geheimnis.

Erich Fromm: Die Kunst des Liebens

In engem Zusammenhang hiermit steht ein weiterer charakteristischer Zug unserer heutigen Kultur. Unsere gesamte Kultur gründet sich auf die Lust am Kaufen, auf die Idee des für beide Seiten günstigen Tauschgeschäftes. Schaufenster anzusehen und sich alles, was man sich leisten kann, gegen bares Geld oder auf Raten kaufen zu können – in diesem Nervenkitzel liegt das Glück des modernen Menschen. Er (oder sie) sieht sich die Mitmenschen auf ähnliche Weise an. Der Mann ist hinter einem attraktiven jungen Mädchen und die Frau ist hinter einem attraktiven Mann her. Dabei wird unter „attraktiv" ein Bündel netter Eigenschaften verstanden, die gerade beliebt und auf dem Personalmarkt gefragt sind. Was einen Menschen speziell attraktiv macht, hängt von der jeweiligen Mode ab – und zwar sowohl in körperlicher wie auch in geistiger Hinsicht. In den zwanziger Jahren galt ein junges Mädchen, das robust und sexy war und das zu trinken und zu rauchen wußte, als attraktiv; heute verlangt die Mode mehr Zurückhaltung und Häuslichkeit. Ende des neunzehnten und Anfang unseres Jahrhunderts mußte der Mann ehrgeizig und aggressiv sein – heute muß er sozial und tolerant eingestellt sein, um als attraktiv zu gelten. Jedenfalls entwickelt sich das Gefühl der Verliebtheit gewöhnlich nur in bezug auf solche menschlichen Werte, für die man selbst entsprechende Tauschobjekte zur Verfügung hat. Man will ein Geschäft machen; der erwünschte Gegenstand sollte vom Standpunkt seines gesellschaftlichen Wertes aus begehrenswert sein und gleichzeitig auch mich aufgrund meiner offenen und verborgenen Pluspunkte und Möglichkeiten begehrenswert finden. So verlieben sich zwei Menschen ineinander, wenn sie das Gefühl haben, das beste Objekt gefunden zu haben, das für sie in Anbetracht des eigenen Tauschwerts auf dem Markt erschwinglich ist. Genau wie beim Erwerb eines Grundstücks spielen auch bei diesem Geschäft oft noch entwicklungsfähige, verborgene Möglichkeiten eine beträchtliche Rolle. In einer Kultur, in der die Marketing-Orientierung vorherrscht, in welcher der materielle Erfolg der höchste Wert ist, darf man sich kaum darüber wundern, daß sich auch die menschlichen Liebesbeziehungen nach den gleichen Tauschmethoden vollziehen, wie sie auf dem Waren- und Arbeitsmarkt herrschen.

Der dritte Irrtum, der zu der Annahme führt, das Lieben müßte nicht gelernt werden, beruht darauf, daß man das Anfangserlebnis, „sich zu verlieben", mit dem permanenten Zustand „zu lieben" verwechselt. Wenn zwei Menschen, die einander fremd waren – wie wir uns das ja alle sind – plötzlich die trennende Wand zwischen sich zusammenbrechen lassen, wenn sie sich eng verbunden, wenn sie sich eins fühlen, so ist dieser Augenblick des Einsseins eine der freudigsten, erregendsten Erfahrungen im Leben. Besonders herrlich und wundervoll ist er für Menschen, die bisher abgesondert, isoliert und ohne Liebe gelebt haben. Dieses Wunder der plötzlichen innigen Vertrautheit wird oft dadurch erleichtert, daß es mit sexueller Anziehung und sexueller Vereinigung Hand in Hand geht oder durch sie ausgelöst wird. Freilich ist diese Art Liebe ihrem Wesen nach nicht von Dauer. Die beiden Menschen lernen einander immer besser kennen, und dabei verliert ihre Vertrautheit immer mehr den geheimnisvollen Charakter, bis ihr Streit, ihre Enttäuschungen, ihre gegenseitige Langeweile die anfängliche Begeisterung getötet haben. Anfangs freilich wissen sie das alles nicht und meinen, heftig verliebt und „verrückt" nacheinander zu sein, sei der Beweis für die Intensität ihrer Liebe, während es vielleicht nur beweist, wie einsam sie vorher waren.

Diese Auffassung, nichts sei einfacher als zu lieben, herrscht noch immer vor, trotz der geradezu überwältigenden Gegenbeweise. Es gibt kaum eine Aktivität, kaum ein Unterfangen, das mit so ungeheuren Hoffnungen und Erwartungen begonnen wird und das mit einer solchen Regelmäßigkeit fehlschlägt wie die Liebe. Wäre das auf irgendeinem anderen Gebiet der Fall, so würde man alles daransetzen, die Gründe für den Fehlschlag herauszufinden und in Erfahrung zu bringen, wie man es besser machen könnte – oder man würde es aufgeben. Da letzteres im Falle der Liebe unmöglich ist, scheint es doch nur einen richtigen Weg zu geben, um ein Scheitern zu vermeiden: die Ursachen für dieses Scheitern herauszufinden und außerdem zu untersuchen, was „lieben" eigentlich bedeutet.

Der erste Schritt auf diesem Wege ist, sich klarzumachen, daß Lieben eine Kunst ist, genauso wie Leben eine Kunst ist; wenn wir lernen wollen zu lieben, müssen wir genauso vorgehen, wie wir das tun würden, wenn wir irgendeine andere Kunst, zum Beispiel Musik, Malerei, das Tischlerhandwerk oder die Kunst der Medizin oder der Technik lernen wollten.

aus: Die Kunst des Liebens
   Frankfurt/M., 1982, S. 13 ff.

Platon: Über die 'platonische Liebe'

Dies alles lehrte sie mich, wenn sie über die Liebe mit mir redete, und fragte mich, auch einmal: Was hältst du nun wohl für die Ursache dieser

Liebe und dieses Verlangens, Sokrates? Oder merkst du nicht, in welch heftiger Aufregung sich alle Tiere befinden, wenn sie zeugungslustig sind, die vierfüßigen wie die Vögel, wie sie alle krank und von Liebe erfüllt, zuerst bis es zur Begattung kommt und dann beim Aufziehen des Jungen, wie auch die schwächsten bereit sind, dieses gegen die stärksten zu verteidigen und dafür zu sterben; und wie sie sich selbst vom Hunger quälen lassen, um nur jenes zu ernähren, und auch sonst alles für es zu tun? Denn von den Menschen könnte man sagen, sie täten dies mit Überlegung; aber was kann es bei den Tieren für einen Grund geben, daß sie sich so liebeerfüllt gebärden? Kannst du mir das sagen? – Und ich sagte wieder, ich wüßte es nicht. – Da sprach sie: Glaubst du denn je in Liebesangelegenheiten dich geschickt benehmen zu können, wenn du das nicht verstehst? – Aber eben deshalb, sprach ich, bin ich ja zu dir gekommen, Diotima, wie ich auch schon sagte, weil ich weiß, daß ich Lehrer brauche. Sage mir also den Grund davon und von allem, was sonst die Liebe betrifft. – Wenn du also glaubst, sprach sie, daß die Liebe von Natur auf das gehe, worüber wir uns oft schon geeinigt haben, so brauchst du dich nicht zu wundern. Denn ganz ebenso wie dort sucht auch hier die sterbliche Natur, soweit sie es vermag, ewig und unsterblich zu sein. Sie vermag es aber nur auf diese Art durch die Zeugung, indem sie immer ein Junges statt des Alten hinterläßt...

Durch diese Einrichtung, Sokrates, sagte sie, hat Sterbliches teil an Unsterblichkeit, der Leib sowohl als alles übrige; das Unsterbliche aber hat es auf andere Weise. Wundere dich also nicht, wenn jedes Wesen von Natur seinen eigenen Sprößling in Ehren hält. Denn der Unsterblichkeit wegen ist diese Neigung und diese Liebe einem jeden eigen. – ...

Wer aber in der Seele – denn es gibt solche, die noch stärker als einen leiblichen, einen seelischen Zeugungsdrang verspüren, das zu erzeugen und fortzupflanzen, was der Seele zukommt.

Und was kommt ihr denn zu? Einsicht und jede andere Tugend, deren Erzeuger auch alle Dichter sind und alle Künstler, denen man Erfindungskraft zuschreibt. Bei weitem die wichtigste und schönste Einsicht aber ist diejenige, die sich auf die Verwaltung von Haus und Staat bezieht und deren Name Besonnenheit und Gerechtigkeit ist. Wer nun als ein gottbegnadeter Mensch von Jugend auf seine Seele davon voll hat, der wird auch, wenn die Zeit herankommt, Lust haben, zu zeugen und fortzupflanzen. Daher geht auch, meine ich, ein solcher umher, das Schöne zu suchen, worin er zeugen könnte.

aus: Platon: Das Gastmahl, 203a-210a
in: sämtliche Werke, Bd. 2, Hamburg 1980

Aurelius Augustinus: Gottesliebe

Augustin liebt Gott, den alle Kreaturen als Schöpfer preisen, der sich der Menschenseele bezeugt.

Ohne allen Zweifel, in voller, klarer Gewißheit sage ich, Herr: Ich liebe dich. Du hast mein Herz mit deinem Wort getroffen, da hab ich dich liebgewonnen. Auch Himmel und Erde und alles, was darinnen ist, siehe, es ruft mir zu von allen Seiten, daß ich dich lieben soll, ruft's unablässig allen zu, so, „daß sie keine Entschuldigung haben". Doch tiefer noch mußt du erbarmend dich neigen zu dem, „dessen du dich erbarmen willst, und Barmherzigkeit erweisen, dem du sie erweisen willst", sonst würden Himmel und Erde dein Lob vor tauben Ohren verkünden. Aber was liebe ich, wenn ich dich liebe? Nicht Körperschönheit und vergängliche Zier, nicht den Strahlenglanz des Lichts, so lieb den Augen, nicht köstlichen Wohllaut so vieler Instrumente, nicht den süßen Duft von Blumen, Salben und Spezereien, nicht Manna und Honig, nicht Glieder, die zur Umarmung locken – nein, das liebe ich nicht, wenn ich dich liebe, meinen Gott. Und doch ist's eine Art von Licht, von Stimme, von Duft, von Speise und von Umarmung, wenn ich meinen Gott liebe, Licht, Stimme, Duft, Speise, Umarmung meines innern Menschen. Was da meiner Seele leuchtet, faßt kein Raum, was da erklingt, verhallt nicht in der Zeit, was da duftet, verweht kein Wind, was da mundet, verzehrt kein Heißhunger, was da sich eint, trennt kein Überdruß. Das ist's, was ich liebe, wenn meinen Gott ich liebe. ...

Der Gottsucher muß auch das sinnliche Seelenleben unter sich lassen.

Was also liebe ich, wenn ich, Gott, dich liebe? Wer ist es, der meine Seele so hoch überragt? Durch meine Seele hindurch will ich aufsteigen zu ihm. Hinausschreiten will ich über meine Kraft, die mich dem Körper verbindet und sein Gefüge mit Lebenshauch durchdringt. Nicht durch diese Kraft finde ich meinen Gott, sonst fänden ihn auch „Roß und Maultier, die nicht verständig sind", denn es ist dieselbe Kraft, die auch ihre Körper belebt. Doch da ist noch eine andere Kraft, die meinen Leib, den du, Herr, gebildet, nicht nur belebt, sondern ihm auch Empfindung verleiht, dem Auge gebietet, nicht zu hören, sondern zu sehen, dem Ohre, nicht zu sehen, sondern zu hören, und so einem jeden Sinn je nach seinem besonderen Sitz und Amt Anweisung gibt. So bin ich es, die eine Seele, die durch die Sinne so Verschiedenes leistet. Aber auch diese meine Kraft durchschreite ich. Denn Roß und Maultier besitzen sie nicht minder, da auch sie leiblich empfinden.

aus: Confessiones, 10. Buch,
Abschnitte 6 u. 7, Stuttgart 1977

Blaise Pascal: Eigenliebe

Nur sich selbst zu lieben und nichts als sich selbst zu bedenken, ist die Art der Eigenliebe und dieses menschlichen Ichs. Aber wie wird es dies vollbringen? Das Ich kann nicht hindern, daß das, was es liebt, voll von Mängeln und Elend ist: es wünscht sich groß und findet sich gering; es wünscht sich glücklich und findet sich unglücklich; es wünscht sich vollkommen und findet sich voller Unvollkommenheiten; es wünscht sich von Menschen geliebt und geachtet und findet, daß seine Mängel nur ihre Abneigung und Verachtung verdienen. Diese Verlegenheit, in der es sich findet, zeugt in ihm die ungerechteste und verbrecherischste Leidenschaft, die man ersinnen kann, denn sie zeugt einen tödlichen Haß gegen die Wahrheit, die es bemäkelt und es von seinen Fehlern überzeugt. Es wird sie zu vernichten wünschen, und da es nicht fähig ist, sie selbst zu zerstören, zerstört es sie, soweit es dies vermag, in seinem Bewußtsein und in dem der anderen; d. h. es richtet seine ganze Mühe darauf, vor den andern und vor sich selbst seine Fehler zu verbergen, es kann nicht dulden, daß man sie ihm zeige, noch daß man sie bemerke.

aus: **Über die Religion und andere Gegenstände
(Pensées), Nr. 100**

Jean Paul Sartre:
Liebe als Weg der Selbsterkenntnis über den Anderen

Die Liebe, als das Urverhältnis zu Anderen, ist das Insgesamt der Entwürfe, mit denen ich diesen Wert zu verwirklichen strebe.
Diese Entwürfe setzen mich in direkte Verbindung mit der Freiheit Anderer. In diesem Sinne ist die Liebe Konflikt. Wir haben ja betont, daß die Freiheit Anderer die Grundlage meines Seins ist. Aber gerade weil ich durch die Freiheit Anderer existiere, bin ich ohne Sicherheit, bin ich in dieser fremden Freiheit in Gefahr; sie formt mein Sein und läßt mich sein, sie verleiht und raubt mir Werte, und mein Sein hat ihr fortwährendes, passives Sichentrinnen zu verdanken. Diese vielgestaltige, verantwortungsvolle und unangreifbare Freiheit, an die ich mich gebunden habe, kann mich ihrerseits an tausend verschiedene Seinsweisen binden. Mein Vorhaben, mein Sein wiederzuerlangen, kann nur verwirklicht werden, wenn ich mich dieser Freiheit bemächtige und wenn ich sie darauf reduziere, eine meiner Freiheit unterworfene Freiheit zu sein. Gleichzeitig ist sie die einzige Art, mit der ich auf die freie innenweltliche Negation einwirken kann, durch die der Andere mich als Anderen kon-

stituiert, das heißt, mit der ich die Wege zu einer künftigen Identifikation des Andern mit mir bereiten kann. ...

Das Wissen um das „Eigentum", mit dem man so oft die Liebe erklärt, kann tatsächlich nicht an erster Stelle stehen. Warum möchte ich mir den Anderen zu eigen machen, wenn nicht eben deswegen, weil der Andere bewirkt, daß ich bin? Aber das beinhaltet eben eine bestimmte Weise der Aneignung: der Freiheit des Anderen als solcher wollen wir uns bemächtigen. Und nicht mit Hilfe von Macht: der Tyrann pfeift auf die Liebe; ihm genügt die Furcht. Wenn er die Liebe seiner Untertanen sucht, dann aus Gründen der Politik, und wenn er ein sparsameres Mittel findet, sie zu unterwerfen, so wendet er es sofort an. Im Gegensatz dazu wünscht derjenige, der geliebt sein will, nicht die Unterwerfung des geliebten Wesens. Er legt keinen großen Wert darauf, der Gegenstand einer sklavischen und bewußtlosen Leidenschaft zu werden. Er will keinen Liebesautomaten besitzen, und wenn man ihn demütigen will, so genügt es, ihm die Leidenschaft des geliebten Wesens als das Ergebnis eines psychologischen Determinismus hinzustellen: der Liebende kommt sich in seiner Liebe und in seinem Sein entwertet vor. Wenn Tristan und Isolde durch einen Liebestrank betört werden, interessieren sie uns nicht sehr; und es kommt vor, daß eine vollkommene Unterwerfung des geliebten Wesens die Liebe des Liebenden tötet. Das Ziel ist dann überschritten: der Liebende ist mit sich allein, wenn das geliebte Wesen sich in einen Automaten verwandelt. Also wünscht der Liebende nicht, den Geliebten zu besitzen, wie man eine Sache besitzt; er sucht nach einem besonderen Typus von Aneignung. Er will eine Freiheit als Freiheit besitzen.

aus: Das Sein und das Nichts
Hamburg 1962. S. 470 f.

Karl Jaspers: Liebe als Chiffre des Ewigen

Wir haben von Realitäten gesprochen, von der Sexualität als Realität des Vitalen, von der Erotik als der Realität geistigen, sexuell bezogenen Spiels, von der Ehe als der Realität rechtlicher und moralischer Ordnung. Wir machen einen Sprung, wenn wir jetzt nicht mehr von Realitäten, sondern von der Liebe selbst sprechen. Sie hat ihren Ursprung nicht in der Welt. Sie wird erfahren als das Unbegreifliche, das den Menschen überfällt, aber so, daß er erst in ihr er selbst wird. Weil sie als empirische Realität nicht nachweisbar ist, kann der Realist sie leugnen. Sie ist kein Gegenstand der Forschung. Weil sie als von anderswoher kommend sich ihrer bewußt wird, nennen wir sie metaphysische Liebe. Niemand kann wissen, ob es sie gibt und ob sie hier und jetzt zwischen zwei Menschen wirklich ist.

Diese Liebe schlägt in der Erscheinung der Zeit ein wie ein Blitz, den niemand sieht. Aber durch ihn wird den Getroffenen offenbar, was von Ewigkeit her schon ist. Sie ist geschichtlich als Erscheinung, aber hat dann in der Zeit weiter keine wesentliche Geschichte. Denn diese ist die der unendlichen Wiederholung in neuer Ursprünglichkeit, gleich mächtig in dem Kleide jugendlicher Leidenschaft und in der Stille des Alters, als Erinnerung und Erwartung übergreifend gegenwärtig.

Diese Liebe, sich bewußt als Gegenwart des Ewigen, wandelt die Erscheinung ihrer an sich gleich bleibenden Wirklichkeit in der Folge der Lebensalter.

In der Jugend geht vorher die Befangenheit vor dem Eros. Das Einzige soll nicht vergeudet werden, bevor der Augenblick da ist, in dem es sich wahrhaft verschwendet im Treffen derer, die sich als von jeher zueinandergehörend erkennen, einzig geschichtlich in ihrer ersten und zugleich letzten Liebe. Sie sind sich dessen gewiß und wissen es doch nicht. Sie finden sich in ihrer vollkommenen Freiheit absolut gebunden, weil sie sich gleichsam aus dem vorzeitlichen Ursprung wiedererkennen.

Die Liebe ist kein Besitz. Sie bringt die Liebenden hervor, aber steht nicht zu ihrer Verfügung. Man kann sie nicht wollen. Man kann sie sich selber nicht zeigen, wenn man an ihr zweifelt. Sie hat kein Merkmal, das sie allgemeingültig bezeugt. Sie erhebt keinen Anspruch einer Auszeichnung. Denen sie geschenkt wird, die haben kein Verdienst.

Von außen gesehen, muß diese Liebe wie eine Fessel aussehen. Sie scheint den Liebenden durch fraglose absolute Gebundenheit die Freiheit in der Zeit zu nehmen. Ihr Leben ist seiner Geschichte beraubt, weil es immer dasselbe ist. Diese Liebenden, wenn es sie geben sollte, wären als solche wunderlich und langweilig für andere. Ihre immer gleiche Grundverfassung würde in der ersten Jugend dasselbe sagen wie im höchsten Alter, gleich irreal, gleich nichtssagend, gleich töricht. Was da gemeint ist, das ist psychologisch nicht existent, daher unglaubwürdig.

aus: Kleine Schule des philosophischen Denkens
München 1965, S. 140 ff.

Josef Pieper: Lieben – Hinwenden und Empfangen

Wenn, nach der unendlich vielstimmigen Auskunft der Sprache, die Liebe offenbar sowohl etwas ist, das wir als bewußt Agierende selber „ausüben" und tun, wie auch etwas, das uns überkommt und uns wie eine Verzauberung widerfährt; eine Regung einesteils, die aufs Haben und Genießen aus ist, und anderenteils eine Gebärde der selbstvergessenen Hingabe und des Schenkens, die gerade „nicht das Ihre sucht"; eine Hinwendung, die möglicherweise Gott meinen kann wie auch andere Menschen (den Freund, die Geliebte, den Sohn oder den Unbekannten, der unserer Hilfe bedarf), aber auch die vielfältigen Güter des Lebens (Sport, Wissenschaft, Wein, Gesang); ein Akt schließlich, der Gott selber zugeschrieben wird und sogar in bestimmtem Sinn mit Ihm identisch sein soll („Gott ist die Liebe") – wenn es so steht, ist es dann nicht einigermaßen unwahrscheinlich, daß es in alledem dennoch etwas irgend Gemeinsames geben soll? ...

Meine Antwort auf diese Frage lautet versuchsweise so: In jedem denkbaren Fall besagt die Liebe soviel wie Gutheißen. Das ist zunächst ganz wörtlich zu nehmen. Jemanden oder etwas lieben heißt: diesen Jemand oder dieses Etwas „gut" nennen und, zu ihm gewendet, sagen: Gut, daß es das gibt; gut, daß du auf der Welt bist! – Diese Formulierung bedarf allerdings, zur Abwehr möglicher Mißverständnisse, sogleich der Erläuterung und fast der Korrektur. – Vor allem muß man sehen, daß es sich, dem buchstäblichen Wortlaut zum Trotz, nicht um ein bloßes Sagen und Nennen handelt, nicht um einen Aussagesatz, was ja an sich gleichfalls möglich wäre. Die hier gemeinte Gutheißung ist vielmehr eine Willensäußerung; sie bedeutet also das Gegenteil von distanzierter, rein „theoretischer" Neutralität; sie besagt: einverstanden sein, beipflichten, Billigung, Beifall, Bejahung, Lob, Rühmung und Preisung. So deutlich der Intensitätsunterschied zwischen bloßem Einverstandensein und enthusiastisch rühmender Affirmation auch ist – eines ist allen Gliedern dieser Reihe, die natürlich leicht noch erweitert werden könnte, gemeinsam: es sind ausnahmslos Formen der Willensäußerung. Alle haben sie den Sinn: Ich will, daß es dich (das) gibt!

aus: Über die Liebe
München 1972, S. 38 ff.

Zwischen Entwurf und Determination
Die FREIHEIT

1. Nur wenige Probleme haben den Menschen so sehr beschäftigt wie gerade die Frage nach der Freiheit. Die Bemühungen um eine Klärung laufen quer durch alle Jahrhunderte, verschiedenste Wissenschaften sind daran beteiligt, so die Theologie, Psychologie, Soziologie, Rechtswissenschaft, Biologie oder Medizin. Das Freiheitsproblem ist, wenn auch nicht immer ausdrücklich reflektiert, mit der Frage nach dem Menschen grundsätzlich verknüpft und wird so zum entscheidenden Thema der philosophischen Anthropologie. Gerade die z.T. wichtigen Erkenntnisse der Einzelwissenschaften geben der Philosophie immer neue Fragestellungen und Perspektiven.

Trotz der vielen Bemühungen gehört die Freiheit zu den Fragestellungen, von denen Kant sagt, daß die menschliche Vernunft sie nicht abweisen könne (-„denn sie sind ihr durch die Natur der Vernunft selbst aufgegeben"), daß sie sie aber auch nicht beantworten bzw. ihre Aporetik lösen könne (-„denn sie übersteigen alles Vermögen der menschlichen Vernunft (Kr.d.r.V. Vorrede zur 1. Auflage VIII).

Am Freiheitsproblem wird entschieden, wer der Mensch ist: ob er sein eigener Herr ist oder lediglich Handlanger und Marionette blinder Naturgesetze, ob er sein eigenes Verhalten so bestimmen kann, daß er für seine Handlungen - für das Große wie das Verbrechen - verantwortlich gemacht werden kann, oder lediglich ein durch Triebe oder andere Bedingungen festgelegtes Intellekt - Tier ist. Freiheit ist die Grundvoraussetzung für ein moralisch zu bewertendes Handeln, für die Unterscheidung von gut und böse, für die Rede vom Gewissen, letztlich für die Ethik im Ganzen. (vgl. GEWISSEN)

2. Die Gegenwart zeigt im Hinblick auf die Frage nach Freiheit und/ oder Determination eine merkwürdige Ambivalenz: Auf der einen Seite wird die Befreiung des Menschen und ganzer Völker aus den Zwängen der Natur, der Gesellschaft oder fremdbestimmender Ideologien leidenschaftlich propagiert; andererseits ist das Bewußtsein weitgehender oder totaler Determination sehr verbreitet und die Wissenschaftler verschiedenster Fachrichtungen - z.B. Genetiker, Psychologen, Physiologen oder Soziologen - versuchen die Kette der das menschliche Verhalten bedingenden Faktoren lückenlos zu schließen.

In der Geschichte philosophischen Denkens ergibt sich eine verwirrende Vielfalt von Entwürfen, wobei der Standpunkt der absoluten Determiniertheit ebenso entschieden vertreten wird wie derjenige der totalen Freiheit. Bestimmte Begriffe und Vorstellungen spiegeln die Bestimmung menschlichen Handelns durch übergeordnete Kräfte: Schicksal, Karma, Dike, die Spindel der Notwendigkeit, das Rad der Geburten, das Fatum.

Oder (moderner) die Naturgesetze, die Lebens- oder Seelengesetze oder die Gesellschaftsgesetze. Der Mensch wird als Ensemble der gesellschaftlichen Verhältnisse in seinem Bewußtsein vom Sein der ökonomischen Produktionsverhältnisse bestimmt (Marx). Das Es der Triebstruktur und die Regeln des Über-ich, die gemeinsam das Ich des Menschen bestimmen (Freud), oder der Pawlow'sche Reflex lassen das Handeln vorausberechnen.

Auf der anderen Seite stehen prominente Vertreter der Freiheit. Von Platon, Aristoteles, Augustinus bis hin zu Sartre und anderen Vertretern der Existenzphilosophie, die die Würde der menschlichen Person gerade in der Freiheit sehen, mit der der Mensch sich zu sich selbst hin entwirft. Angesichts dieses Befundes drängt sich die Vermutung auf, daß die Freiheit eine dialektische Struktur hat, besser, daß das Handeln des Menschen sich in der Spannung zwischen Freiheit und Determination vollzieht. „Die Erfahrungen, welche die Menschheit mit sich selbst macht, deuten einerseits auf die Verantwortlichkeit der Person, andererseits auf partielle oder totale „Unzurechnungsfähigkeit" hin (E. Stadter, Evolution zur Freiheit, S. 13).

3. Die Wurzel für Freiheit liegt im Selbstbewußtsein des Menschen. Der Mensch hat als einziges Lebewesen die Fähigkeit, sich seiner selbst bewußt zu sein und sich zu sich selbst zu verhalten. Diese Re-flexion (Zurückbeugung in sich selbst) gibt dem Menschen die Möglichkeit, zu sich selbst und allen ihn determinierenden Bedingungen noch einmal Stellung zu nehmen. Er hat nicht, wie beispielsweise das Tier, ein in seiner Natur und in seinen Instinkten definiertes Wesen, sondern ist „das noch nicht festgestellte Tier" (Nietzsche). Er ist sich je neu aufgegeben und in die Offenheit hineingestellt und muß so in seine eigene Wirklichkeit erst hineingelangen, sich also entwerfen (Sartre). „Dies ist aber immer auch seine mögliche Gefährdung. So hat er die Möglichkeit, als der, welcher er ist, zu existieren, aus freier Selbstgehörigkeit sich selbst zu leben oder in eine Haltung der Selbstentfremdung zu geraten, sich zu verfehlen und am eigenen Sein vorbeizuleben" (G. Scherer, Das Wesen des Menschen und die Freiheit). Aus dieser grundsätzlichen Offenheit kann der Mensch nicht entfliehen. „Er ist", wie Sartre sagt, „zur Freiheit verurteilt". Das Problem besteht darin, daß sich Freiheit von außen nicht zwingend beweisen läßt. Da sie als Ursprung und Anfang zu sehen ist, lassen sich zwar im nachhinein zur Freiheitsentscheidung Gründe angeben, die aber nicht zwingend auf das Resultat hin abzielen. Nur die Freiheit gebrauchend, kann ich der Freiheit gewiß werden.

Es kann gar kein Zweifel daran bestehen, daß der Mensch die Natur voraussetzen muß und somit auch den Gesetzmäßigkeiten der Natur unterworfen ist. Auch die geschichtlichen Bedingungen der eigenen Existenz sind nicht vom Einzelnen gesetzt, sondern ihm vorgegeben. Andererseits setzt er durch seine Handlungen für Andere Kausalitäten, *d.h. er wird durch seine Freiheitstat zur Vorbedingung der Freiheit anderer. Als Erkennender und Handelnder setzt er sich zu diesen Bedingungen in Beziehung. Die verschiedensten Determinanten heben nicht die Freiheit auf, zeigen wohl Ihre Endlichkeit. Andererseits relativiert die Offenheit des Menschen die determinierenden Systeme, so schmerzlich sie in der Lebensgeschichte des Einzelnen erfahren werden.*

__4.__ Freiheit als Grundverfaßtheit des Menschen, ist einmal eine Wesensbestimmung, wobei dieses Wesen paradoxerweise darin besteht, daß der Mensch sich in der o.g. Offenheit dieses Wesen je neu entwerfen muß. Zum anderen ist mit Freiheit aber auch immer die Konkretion des menschlichen Daseinvollzuges im personalen und gesellschaftlich-ökonomischen Bereich gemeint. Gerade letzteres führte immer wieder zu den Befreiungsbestrebungen des Menschen aus vorgegebenen Bindungen und Abhängigkeiten. So wird die Freiheit in der Neuzeit zum Leitwort, zum Programm der Humanität und zur Grundforderung der Menschenrechte, deren wesentliche Impulse sich aus dem Streben nach Freiheit, freier Entfaltung der Persönlichkeit und dem Abbau von Unmündigkeit, Aberglauben, politischem oder religiösem Zwang her ableiten. Begriffe wie Emanzipation und Aufklärung meinen ähnliches und zeigen brennpunktartig das Selbstverständnis des neuzeitlichen Menschen. Kant definiert etwa Aufklärung als den „Ausgang des Menschen aus seiner selbstverschuldeten Unmündigkeit", wobei er damit das Unvermögen meint, „sich seines Verstandes ohne Leitung eines anderen zu bedienen". Hierzu sei die Freiheit notwendig, „von seiner Vernunft in allen Stücken öffentlichen Gebrauch zu machen." Ja, die Vernunft selbst begreift sich im Laufe der Neuzeit als die Freiheit, die sich selbst die Gesetze gibt, also autonom ist.

Freiheit wird in der Neuzeit über die Freiheit des Denkens und der Gedanken hinaus immer auch als konkrete Befreiung verstanden, in deren Prozeß sich bestimmte geschichtliche Ausprägungen des Freiheitsbegriffs festmachen lassen. Das Streben nach Menschenrechten und die einzelnen Schritte zu ihrer Verwirklichung (nach vielen Vorstufen etwa manifestiert in der Unabhängigkeitserklärung und in der Bill of Rights in den USA (1776), sowie in der Französischen Erklärung der Rechte des Menschen und der Bürger (1789) oder in den Grundrechten des Deutschen Volkes in der Frankfurter Nationalversammlung (1848)) sind ein charakteristisches Zeichen der Neuzeit. Viele demokratische Staaten haben die Menschen- und Grundrechte zur Grundlage ihrer Verfassungen und damit zum Fundament allen gesellschaftlichen und politischen Lebens gemacht (so etwa im Grundgesetz der BRD). Das Kernstück dieser Grundrechte sind die unveräußerlichen Freiheitsrechte, die als vorstaatliches Recht verstanden werden und so Gesetzgebung (Parlament), Exekutive (ausführende Regierung) und Jurisdiktionsgewalt (Rechtsprechung) in gleicher Weise binden. Art. 2,2 sagt, daß die Frei-

heit der Person unverletzlich sei. Konkret wird z.B. von dem Recht auf die freie Entfaltung der Persönlichkeit, (Art. 2,1) von der Freiheit des Glaubens, des Gewissens und des religiösen und weltanschaulichen Bekenntnisses, gesprochen, von der Freiheit der öffentlichen Meinungsäußerung und der Forschung bzw. Lehre. Sie zeigen eine Spannung, die noch einmal auf eine Unterscheidung im Begriff der Freiheit hinweist. Er meint einmal die Freiheit von den unterschiedlichsten Formen der Fremdbestimmung. Diese wiederum ist Voraussetzung der Freiheit für eine bestimmte Wahl, einen Lebensentwurf o.a. Die Freiheit ist nie absolut, d.h. losgelöst von Anderen, sondern immer eine bezogene Freiheit, die sich verantwortlich wissen muß auch für die Realisierung der Freiheit des Anderen. Freiheit als Selbstverwirklichung des Menschen hat immer seine Grenze am Freiheitsvollzug des Anderen. So darf Freiheit auch nicht als Willkür mißverstanden werden. Sie ist hineingenommen in die interpersonalen Beziehungen. Gerade in den intensivsten Beziehungen kann ich zur Freiheit befreit werden und - so paradox es klingt - in der endgültigen Entschiedenheit und Bindung - etwa in der Liebesbeziehung - die höchstmögliche Freiheit erfahren, da sie mir die Entscheidung eröffnet, der zu sein, der ich wirklich bin.

Aurelius Augustinus, Über den freien Willen

. . . Wir bekennen uns zu dem höchsten und wahren Gott und bejahen ebenso den Willen wie Gottes höchste Macht und Voraussicht. Wir fürchten nicht, was wir kraft unseres Willens tun, darum nicht freiwillig tun können, weil der es vorauswußte, wir würden es tun, dessen Vorauswissen sich nicht täuschen kann. Cicero freilich fürchtete es und bekämpfte darum das Vorherwissen, und auch die Stoiker fürchteten es und behaupteten deswegen, es geschehe nicht alles notwendig, obschon alles dem Schicksal unterworfen sei.

Was also war es, was dem Cicero das Vorherwissen des Künftigen so beängstigend erscheinen ließ, daß er es in seiner nichtsnutzigen Disputation zu erschüttern suchte? Augenscheinlich dies: Wenn alles Zukünftige vorausgewußt wird, so kommt es in der Ordnung, in welcher es als künftig eintretend vorausgewußt ist. Wenn es in dieser Ordnung kommt, gibt es für Gottes Vorherwissen eine feste Ordnung der Dinge. Wo aber eine feste Ordnung der Dinge ist, da ist auch eine feste Ordnung der Ursachen, denn nichts kann geschehen, wenn nicht eine bewirkende Ursache voraufgeht. Gibt es jedoch eine feste Ordnung der Ursachen, wodurch alles und jedes bewirkt wird, dann geschieht auch alles und jedes schicksalhaft. Ist das aber der Fall, so ist nichts in unserer Macht und gibt es keine Willensfreiheit, und geben wir das zu, dann, so sagt er, wird das ganze menschliche Leben umgestürzt, sind Gesetze zwecklos, zwecklos auch Zurechtweisungen und Lobsprüche, sowie alle tadelnden und mahnenden Reden, ist es auch keine Gerechtigkeit, wenn man für die Guten Belohnungen, für die Bösen Strafen ansetzt. Um nun die Menschheit vor solch unwürdigen, widersinnigen und verderblichen Folgen zu bewahren, will er von keinem Vorherwissen des Künftigen etwas hören und treibt das fromme Gemüt in die Sackgasse, daß es sich für eins von beiden entscheiden muß: Entweder ist einiges unserem Willen anheimgestellt, oder aber es gibt ein Vorherwissen des Künftigen. Denn beides miteinander, meint er, könne nicht bestehen, behaupte man das eine, hebe man das andere auf. Entscheide man sich für das Vorherwissen des Künftigen, hebe man die Willensfreiheit auf, entscheide man sich für die Willensfreiheit, hebe man das Vorherwissen des Künftigen auf. Er selbst nun als großer und gelehrter, vielerfahrener und zumeist um das menschliche Leben besorgter Mann, erwählte von diesen beiden Stücken die freie Willensentscheidung. Um sie zu sichern, leugnete er das Vorherwissen des Künftigen und machte so die Menschen, die er frei machen wollte, zu Gotteslästerern. Ein frommes Gemüt aber entscheidet sich für beides, bekennt beides und hält in kindlichem Glauben beides fest. Doch wie ist das möglich? sagt er. Gibt es ein Vorherwissen des Künftigen, folgt doch all das andere, damit verkettet ist, bis zu dem Ende, daß nichts mehr in unserem Willen steht. Steht aber etwas in unserem Willen, kommt man umgekehrt Schritt für Schritt dahin, daß es mit dem Vorherwissen des Künftigen nichts ist. ... Wir aber sagen im Gegensatz zu diesen gotteslästerlichen, unfrommen und verwegenen Reden, daß Gott alles weiß, bevor es geschieht, und daß wir all das kraft unseres Willens tun, von dem wir fühlen und wissen, daß wir es nur freiwillig tun können. Daß aber alles schicksalhaft geschehe, sagen wir nicht, behaupten vielmehr, daß nichts schicksalhaft geschieht. Denn wir liefern den Beweis, daß der Begriff des Schicksals im üblichen Sprachgebrauch, also bezogen auf die Konstellation zur Zeit der Empfängnis oder Geburt, nichts Wirkliches bezeichnet, weil die Wirklichkeit der bezeichneten Sache selber zu Unrecht behauptet wird. Die Ordnung der Ursachen freilich, in der Gottes Wille sich machtvoll beweist, leugnen wir nicht, gebrauchen dafür aber nicht das Wort Schicksal . . . Es ist aber keine notwendige Folgerung, daß, wenn für Gott die Ordnung der Ursachen feststeht, darum nichts mehr unserm freien Willen überlassen bleibe. Ist doch unser Wollen in der Ordnung der Ursachen mit einbegriffen, die für Gott feststeht und von seinem Vorherwissen umfaßt wird, denn auch menschliches Wollen ist Ursache menschlicher Handlungen. So konnte ihm, der die Ursachen aller Dinge vorherwußte, sicherlich unter diesen Ursachen auch unser Wollen nicht verborgen bleiben, das, wie er vorauswußte, Ursache unserer Handlungen ist.

aus: De Civitate dei (Über den Gottesstaat), V. 9

Jean-Paul Sartre, Der Mensch als Entwurf

Der atheistische Existentialismus

Der atheistische Existentialismus, für den ich stehe, ist zusammenhängender. Er erklärt, daß, wenn Gott nicht existiert, es mindestens ein Wesen gibt, bei dem die Existenz der Essenz vorausgeht, ein Wesen, das existiert, bevor es durch irgendeinen Begriff definiert werden kann, und daß dieses Wesen der Mensch oder, wie Heidegger sagt, die menschliche Wirklichkeit ist. Was bedeutet, daß der Mensch zuerst existiert, sich begegnet, in der Welt auftaucht und sich danach definiert.

Die existentialistische Auffassung des Menschen

Wenn der Mensch, so wie ihn der Existentialist begreift, nicht definierbar ist, so darum, weil er anfangs überhaupt nichts ist. Er wird erst in der weiteren Folge sein, und er wird so sein, wie er sich geschaffen haben wird. Also gibt es keine menschliche Natur, da es keinen Gott gibt, um sie zu entwerfen. Der Mensch ist lediglich so, wie er sich konzipiert – ja nicht allein so, sondern wie er sich will und wie er sich nach der Existenz konzipiert, wie er sich will nach diesem Sichschwingen auf die Existenz hin; der Mensch ist nichts anderes als wozu er sich macht.

Der Mensch ist, wozu er sich macht

Das ist der erste Grundsatz des Existentialismus. Das ist es auch, was man die Subjektivität nennt und was man uns unter eben diesem Namen zum Vorwurf macht. Aber was wollen wir denn damit anders sagen, als daß der Mensch eine größere Würde hat als der Stein oder der Tisch? Denn wir wollen sagen, daß der Mensch zuerst existiert, das heißt, daß er zuerst ist, was sich in eine Zukunft hinwirft und was sich bewußt ist, sich in der Zukunft zu planen.

Der Entwurf

Der Mensch ist zuerst ein Entwurf, der sich subjektiv lebt, anstatt nur ein Schaum zu sein oder eine Fäulnis oder ein Blumenkohl; nichts existiert diesem Entwurf vorweg, nichts ist im Himmel, und der Mensch wird zuerst das sein, was er zu sein geplant hat, nicht was er sein wollen wird. Denn was wir gewöhnlich unter Wollen verstehen, ist eine bewußte Entscheidung, die für die meisten unter uns dem nachfolgt, wozu er sich selbst gemacht hat. Ich kann mich einer Partei anschließen wollen, ein Buch schreiben, mich verheiraten, alles das ist nur Kundmachung einer ursprünglicheren, spontaneren Wahl als was man Willen nennt.

Der Mensch ist voll und ganz verantwortlich

Aber wenn wirklich die Existenz der Essenz vorausgeht, so ist der Mensch verantwortlich für das, was er ist. Somit ist der erste Schritt des Existentialismus, jeden Menschen in Besitz dessen, was er ist, zu bringen und auf ihm die gänzliche Verantwortung für seine Existenz ruhen zu lassen. Und wenn wir sagen, daß der Mensch für sich selber verantwortlich ist, so wollen wir nicht sagen, daß der Mensch gerade eben nur für seine Individualität verantwortlich ist, sondern daß er verantwortlich ist für alle Menschen.

Dostojewski und der Existentialismus

Dostojewski hatte geschrieben: „Wenn Gott nicht existierte, so wäre alles erlaubt." Da ist der Ausgangspunkt des Existentialismus. In der Tat, alles ist erlaubt, wenn Gott nicht existiert, und demzufolge ist der Mensch verlassen, da er weder in sich noch außerhalb seiner eine Möglichkeit findet, sich anzuklammern. Vor allem findet er keine Entschuldigungen. Geht tatsächlich die Existenz der Essenz voraus, so kann man nie durch Bezugnahme auf eine gegebene und feststehende menschliche Natur Erklärungen geben; anders gesagt, es gibt keine Vorausbestimmung mehr, der Mensch ist frei, der Mensch ist Freiheit.

Der Mensch ist Freiheit

Wenn wiederum Gott nicht existiert, so finden wir uns keinen Werten, keinen Geboten gegenüber, die unser Betragen rechtfertigen. So haben wir weder hinter uns noch vor uns, im Lichtreich der Werte, Rechtfertigungen oder Entschuldigungen. Wir sind allein, ohne Entschuldigungen. Das ist es, was ich durch die Worte ausdrücken will: Der Mensch ist verurteilt, frei zu sein. Verurteilt, weil er sich nicht selbst erschaffen hat, anderweit aber dennoch frei, da er, einmal in die Welt geworfen, für alles verantwortlich ist, was er tut.

aus: Ist der Existentialismus ein Humanismus?
in: Drei Essays, Frankfurt 1983, S. 11 ff.

Georg Scherer, Die Freiheit des Menschen

Grundsätzlicher ist folgender Einwand gegen jede Form des Determinismus: Was immer nämlich eine solche Leugnung auch an Argumenten vorbringen mag, sie müssen sich alle auf wirkliche oder vermeintliche Erkenntnis stützen. Erkenntnis ist aber selbst ein Freiheitsphänomen. Sie beruht ja auf jener Distanzierung, die wir oben eingehend beschrieben haben. Sie ist zugleich Wissen um sich selbst wie distanzierendes Sichunterscheiden von den Gegenständen. Wir wollen uns diesen allgemeinen Sachverhalt am Beispiel der naturwissenschaftlichen Erkenntnis klarmachen, weil es ja sehr häufig Ergebnisse naturwissenschaftlicher Disziplinen sind, auf die man sich zur Begründung eines anthropologischen Determinismus beruft. Zunächst wird niemand leugnen wollen, daß der Mensch z.B. physikalischen Gesetzen unterliegt, wie sie auch für andere Körper gültig sind. Ganz zweifellos wird auch die organische Entwicklung des Menschen durch genetische Informationen gesteuert. Wie steht es aber um die Erkenntis dieser Zusammenhänge? Ist sie selber von diesen her begründbar? Auch wenn man zugeben wird, daß die zur Erfassung solcher Gesetze notwendige Intelligenz z.B. nicht ohne genetische Voraussetzungen gedacht werden kann, so ist doch diese Erkenntnis selbst keineswegs die Folge des genetischen Bestandes, welcher sich in einem bestimmten Menschen vorfindet. Die Einsicht in die genetischen, physikalischen, evolutionstheoretischen oder sich von der Verhaltensforschung her ergebenden Gesichtspunkte, folgt selber nicht mehr genetischen oder physikalischen Gesetzen usw., sondern hat ein von diesen unableitbares, eigenständiges Phänomen zur Voraussetzung: Daß der Mensch überhaupt um irgendetwas wissen kann, ihm die Seienden in der Welt zu Gegenständen werden, er allem, was ist, ein Erkenntnisinteresse entgegenbringen kann und sich als erkennendes Subjekt gegenüber allen Objekten in der Welt aufrichtet. So kann Naturwissenschaft die Freiheit des Menschen nicht in Frage stellen, da sie selber auf einer Freiheit gegenüber der Natur beruht. . . .

Bedingte Freiheit

Wenn wir die Widersprüchlichkeit des Determinismus aufzeigen, so würden wir dennoch ganz und gar mißverstanden, wenn man meinte, wir wollten eine vollständige Unabhängigkeit der menschlichen Freiheit von Bedingungen behaupten, welche diese Freiheit nicht selber gesetzt hat. Von ihnen muß nun die Rede sein. Zunächst muß der Mensch, um sich in Freiheit verhalten zu können, die Natur voraussetzen. Dazu gehört die gesamte Psychophysis des Menschen mit der Vielfalt ihrer Strukturen. Sie setzen den menschlichen Freiheitsvollzug unter Voraussetzungen, welche zunächst unabhängig vom Willen des Menschen gegeben sind. Das gleiche gilt von der Materie im allgemeinen, ihren Energien, der Mannigfaltigkeit der Gestalten, in denen sie erscheint, und den Gesetzen, denen sie gehorcht. Daß es Atome mit den ungeheuren Energien gibt, welche wir Menschen heute freigesetzt haben, das hängt nicht von unserer Freiheit ab, sondern ist ihr vorgegeben. Das gleiche gilt von der Tatsache, daß es überhaupt so etwas wie Materie und Leben gibt. Ähnliches gilt auch von den geschichtlichen Bedingungen unseres Freiheitsvollzuges. Daß wir in diesem Jahrhundert leben und nicht in einem anderen, in einer ganz bestimmten geschichtlichen Situation stehen, die wir uns nicht ausgesucht haben, daß wir gesellschaftliche Wesen sind, in mannigfaltiger Verflechtung mit andern und mit der Geschichte der Menschheit im ganzen stehen, auch das ist unserer Freiheit vorgegeben und keineswegs von ihr gesetzt. Ja, wir müssen sagen:

Die Freiheit selbst ist sich selber vorgegeben. Wir haben es nicht bestimmt, daß wir als freie Wesen in der Welt da sind. Wir möchten ja oft die Last unserer Freiheit – und damit unsere Verantwortung – abwerfen. Es ist leichter, sich manipulieren zu lassen oder sich auf den Befehl von oben herauszureden, sich anzupassen oder anzugleichen, als im Wagnis der eigenen Freiheit zu stehen. Aber wir sind frei, mit Notwendigkeit, so daß wir, selbst wenn wir unsere Freiheit loswerden wollen, indem wir uns freiwillig an das anpassen, was „man" tut, dies nicht anders vermögen als durch einen Akt unserer Freiheit selbst. Wir müssen aber noch weiter gehen: Daß wir überhaupt da sind, daß es uns als Menschen gibt, daß ein jeder von uns er selbst und kein anderer ist, von ganz bestimmten Eltern abstammt und keinen anderen, dieses und kein anderes Erbgut in sich trägt, als Mann oder Frau geboren wird und zeitlebens durch sein Geschlecht bestimmt ist, all diese unableitbaren Faktizitäten unseres Seins sind wiederum unserer Freiheit vorgegeben und nicht etwa deren eigene Tat.

Darin, daß unsere Freiheit von Bedingungen abhängig ist, die sie selber nicht gesetzt hat, erscheint ihre Endlichkeit. Diese hebt aber keineswegs die Freiheit als solche auf. Wir können sogar sagen, seine Freiheit bestehe geradezu darin, sich zu all jenen Bedingungen und Vorgegebenheiten frei verhalten zu können. Was seine Freiheit voraussetzen muß, dasselbe vermag der Mensch doch auch frei zu umgreifen, indem er sich damit auseinandersetzt, Stellung nimmt und sich so selbst zu dem macht, der er wirklich ist. Was macht denn einen Menschen wirklich zu dem, der er ist? Seine Begabungen, Eigenschaften und Mängel, die ihm aufgrund seiner Erbstruktur zu eigen sind, oder das, was er mit und aus diesem Material seines Selbstseins gemacht hat? Ein anderes Beispiel: Was macht den Menschen aus, die Folgen eines Unfalls, der ihm zustieß und den er nicht gewollt hat, oder sein Verhalten zu diesem Unfall und seinen Folgen? Noch einmal: Was macht den Menschen aus, die Vorgegebenheiten, welche er in der geschichtlichen Situation vorfindet, in welcher er steht, oder das, was er an Möglichkeiten, an Chancen sinnerfüllter Existenz auf der Grundlage der Gegebenheiten dieser Situation aus ihr gemacht hat für sich und für andere? Diese Beispiele, die sich unendlich vermehren ließen, zeigen uns, worin menschliche Freiheit besteht, nämlich gerade darin, daß der Mensch sich zu allen Vorgegebenheiten verhalten kann und muß, sich darin zu sich selbst verhält und so seine Selbstbestimmung vollzieht. Dies ist in keiner Weise möglich ohne jene Vorgegebenheiten. Deswegen nannten wir sie Bedingungen oder Voraussetzungen menschlicher Freiheit. Aber das menschliche Dasein schließt sich in diesen Vorgegebenheiten niemals ab, sondern muß sich zu ihnen verhalten, sie ergreifen, zu ihnen Stellung nehmen, schöpferisch etwas aus ihnen machen. ...

Darum kann man mit B. Welte sagen, daß die Freiheit des Menschen im Unterschied zu dem bloßen Verhalten des Tieres, welches seine biologische Natur niemals zu überschreiten vermag, als ein „Sich-selbst-Verhalten" bezeichnet werden kann. ...

Die Bedingtheit der menschlichen Freiheit ist Ausdruck der Tatsache, daß sich diese Freiheit im In-der-Welt-Sein vollziehen muß. Als eine solche endliche und weltliche Freiheit stößt sie an Grenzen. Diese können durch die Natur, aber auch durch Geschichte, d.h. durch die freien Taten anderer Menschen gegeben sein.

aus: Strukturen des Menschen,
Essen (o. Jahrgang), S. 95 ff.

Søren Kierkegaard, Der Mensch als Geist

Der Mensch ist Geist. Was aber ist Geist? Geist ist das Selbst. Was aber ist das Selbst? Das Selbst ist ein Verhältnis, das sich zu sich selbst verhält, oder ist das an dem Verhältnisse, daß das Verhältnis zu sich selbst verhält; das Selbst ist nicht das Verhältnis, sondern daß das Verhältnis zu sich selbst verhält. Der Mensch ist eine Synthesis von Unendlichkeit und Endlichkeit, von dem Zeitlichen und dem Ewigen, von Freiheit und Notwendigkeit, kurz eine Synthesis. Eine Synthesis ist ein Verhältnis zwischen Zweien. Auf die Art betrachtet ist der Mensch noch kein Selbst.

In dem Verhältnis zwischen Zweien ist das Verhältnis das Dritte als negative Einheit, und die Zwei verhalten sich zu dem Verhältnis, und in dem Verhältnis zum Verhältnis; so ist z.B. unter der Bestimmung Seele das Verhältnis zwischen Seele und Leib ein Verhältnis. Verhält dagegen das Verhältnis sich zu sich selbst, so ist dies Verhältnis das positive Dritte, und dies ist das Selbst.

Ein solches Verhältnis, das sich zu sich selbst verhält, ein Selbst, muß entweder sich selbst gesetzt haben, oder durch ein Andres gesetzt sein. Ist das Verhältnis, das sich zu sich selbst verhält, durch ein Andres gesetzt, so ist das Verhältnis freilich das Dritte, aber dies Verhältnis, dies Dritte, ist dann doch wiederum ein Verhältnis, verhält sich zu demjenigen, welches das ganze Verhältnis gesetzt hat.

Ein solches abgeleitetes, gesetztes Verhältnis ist des Menschen Selbst, ein Verhältnis, das sich zu sich selbst verhält, und, indem es sich zu sich selbst verhält, zu einem Andern sich verhält. Daher kommt es, daß für eigentliche Verzweiflung zwei Formen möglich werden. Hätte des Menschen Selbst sich selber gesetzt, so könnte nur von einer Form die Rede sein, von der, nicht man selbst sein zu wollen, sich selbst los werden zu wollen, aber es könnte nicht davon die Rede sein, daß man verzweifelt man selbst sein will. Letztere Formel ist nämlich der Ausdruck für die Abhängigkeit des ganzen Verhältnisses (des Selbst), der Ausdruck dafür, daß das Selbst durch sich selber nicht zu Gleichgewicht und Ruhe gelangen oder darinnen sein kann, sondern allein dadurch, daß es, indem es sich zu sich selbst verhält, zu demjenigen sich verhält, welches das ganze Verhältnis gesetzt hat. Ja, es ist so weit davon, daß diese zweite Form der Verzweiflung (verzweifelt man selbst sein wollen) lediglich eine eigene Art von Verzweiflung bezeichnete, daß vielmehr letztlich alle Verzweiflung in sie aufgelöst und auf sie zurückgeführt werden kann. Wofern ein Verzweifelnder auf seine Verzweiflung, wie er meint, aufmerksam ist, nicht sinnlos von ihr spricht, wie von etwas, das ihm widerfährt (ungefähr wie wenn der, welcher an Schwindel leidet, vermöge einer nervösen Täuschung von einem Schwersein des Kopfes spricht, oder daß es sei als ob etwas auf ihn niederfiele, usw, während die Schwere und der Druck doch nichts Äußerliches sind, sondern eine verkehrte Spiegelung des Inwendigen) – und nun mit aller Macht aus eigenem Vermögen die Verzweiflung beheben will: so ist er dennoch in der Verzweiflung und arbeitet sich mit aller seiner vermeintlichen Anstrengung nur desto tiefer in eine tiefere Verzweiflung hinein. Der Verzweiflung Mißverhältnis ist nicht ein einfaches Mißverhältnis, sondern ein Mißverhältnis in einem Verhältnisse, das sich zu sich selbst verhält, und durch ein Andres gesetzt ist, so daß das Mißverhältnis in jenem für sich seienden Verhältnis sich zugleich unendlich reflektiert in dem Verhältnis zu der Macht, welche es gesetzt hat.

Folgendes ist nämlich die Formel, welche den Zustand des Selbst beschreibt, wenn die Verzweiflung ganz und gar ausgetilgt ist: indem es sich zu sich selbst verhält, und indem es es selbst sein will, gründet sich das Selbst durchsichtig in der Macht, welche es gesetzt hat.

aus: Die Krankheit zum Tode.
   in: Gesammelte Werke. 24. und 25. Ableitung, S. 8 ff.

Grenzüberschreitungen zum Nichts –
Die menschliche ANGST

1. In seiner 'kleinen Fabel' beschreibt Franz Kafka in nur sieben Textzeilen eindringlich und präzise jene existenzielle Grundstimmung, in die der Mensch verfällt, wenn er sich ängstigt. Die Maus erfährt zunächst die angstvolle Weite der Welt, wähnt sich nur kurze Zeit geborgen, als sie einschränkende Mauern erblickt, die jedoch immmer enger und schneller aufeinanderzueilen. Im letzten Winkel steht, scheinbar unumgänglich, die Falle. 'Du mußt nur die Richtung ändern', rät ihr die Katze und frißt sie.

Angst überrascht und überwältigt den Menschen in unterschiedlichsten Situationen. Sie meint jedoch regelmäßig das gleiche: Die Bedrohung und Ankündigung der Aufhebung des Ich, die dem Einzelnen unmöglich erscheinende Abwendung des Unerträglichen, die Schwierigkeit ihrer Begründung und Erfassung ihrer Ausrichtung. Im Wort 'Angst' verbirgt sich das Gefühl der Enge (Wortstamm). Diese Enge wird für den von ihr Betroffenen im mehrfachen Sinne spürbar. Der Körper reagiert mit einer einschnürenden Verkrampfung der Gefäße und Luftwege; der Mensch verharrt bewegungslos; seine Antriebe sind nur noch auf ein Ziel ausgerichtet, auf die Flucht. Die Weite und Gelassenheit des seelischen Grundgefühls geht ebenso verloren wie die Klarheit der Orientierung, das uneingeschränkte Vertrauen und die unausgesprochene Lebenssicherheit.

2. Wir müssen unterscheiden zwischen der Angst im engeren Sinne, dem psychiatrischen Problem, und der Angst im weiteren Sinne, dem philosophischen Problem, um das es uns hier geht.

Die Angstaffekte des psychisch kranken Menschen, seine Phobien oder generalisierten, frei flottierenden Ängste sowie entsprechendes Vermeidungsverhalten basieren jedoch auf der grundsätzlichen Möglichkeit der Angst, die der Mensch mit seiner Geburt erwirbt. Der Mensch ist von Natur aus 'unbehaust'. Da er keinen festgeschriebenen Sinn kennt, hat er seinem Wesen nach Angst. Er weiß nicht um sich, weder um seine Herkunft, noch um seine Lebenserwartung (en), noch um sein Ziel und ist sich dessen bewußt. Freiheit und Bewußtsein in ihrer jeweils negativen Ausprägung, dem Scheitern und der Orientierungslosigkeit stellen die Quellen der menschlichen Angst dar. Es gibt daher keinen Menschen, der sich nicht ängstigt. Er mag die Angst verbergen, verdrängen oder zeitweise vergessen können, spätestens mit der eindringlichen Erinnerung an seine Sterblichkeit holt sie ihn ein. Denn in dem Gefühl der Angst sieht der Betroffene den unaufhaltsamen Verlust seiner/der Welt als seinen Lebensraum unmittelbar vor Augen. Er spürt, daß er keinen Anspruch mehr erheben darf, auf die gewählte Weise zu existieren. Ihm wird die Möglichkeit verweigert, Welt für sich zu fordern. Seine Daseinsräume werden wie die der Maus in Kafkas Fabel enger und enger. Ohne daß der Mensch sich selbst schuldig gemacht haben muß – außer in der Ursünde, seine Freiheit und Erkenntnismöglichkeiten eingefordert zu haben – wartet er auf seinen Urteilsspruch, auf Entscheidungen, die nicht er selbst treffen wird. Vor der Nichtung seiner eigenen Entscheidungsfreiheit fühlt sich der Mensch ausgeliefert und ohnmächtig. Die Erfahrung des Engwerdens, schließlich der absoluten Enge – des Sterbens – bedeutet Vernichtung der Welt für den Einzelnen. Angst ist Ausgeliefertsein an das Nichts. Denn das sich selbst entwerfende Individuum ist seine Welt. Verlustangst repräsentiert Weltentzug. Erst die eingegangene Beziehung und damit das Akzeptieren des Nichts bedeutet das Ende der Angst. Wer die totale Auflösung seiner Welt hinnehmen und sich in eine absolute Unfreiheit einfinden kann, der verliert seine Angst. Sein Wesen gleicht dann aber nicht mehr der vor- und aufgegebenen Struktur des Menschlichen. Vor der Realität der Angst, die den Preis für seine Daseinsoffenheit darstellt, darf der Mensch nicht kapitulieren. In der Haltung der falschen Unterwürfigkeit stellt er selbst seine Autonomie, seinen selbst zu bestimmenden Lebensauftrag sowie seinen Daseins- und Weltanspruch infrage.

Die Angst fordert den durch sie Betroffenen heraus zur Lebensentscheidung. Sie verlangt das Tätigwerden des sich (beschränkt) selbst setzenden Geistes im Angesicht des Abgrunds und der Leere.

3. Kierkegaard betont das unmittelbare Hereinbrechen der Angst aus dem Zustand des Friedens und der Unschuld. Die vormoralische totale Verunsicherung hängt zusammen mit dem ersten Erwachen des Menschen. Sie ist damit Voraussetzung der christlich-jüdischen Erbsünde. Der träumende Geist 'Adam' lebte in der paradiesischen Unschuld und Ruhe des Gemüts. In der Erkenntnis des Möglichen sowie in der Gefahr, sich im Möglichen selbst zu verlieren, wird die Angst geboren. Für Kierkegaard bedeutet Angst demnach eine Zwischenbestimmung zwischen Möglichkeit (Können) und Wirklichkeit (Sein). Sie unterscheidet sich damit fundamental von dem Gefühl der Furcht. Angst entspringt aus und mündet in der Grundlosigkeit. Ihr Charakteristikum ist die Gegenstandslosigkeit. Furcht bezieht sich stets auf ein Objekt. Es gibt immer ein Wovor der Furcht, niemals ein Wovor der Angst. Furcht läßt sich konkret angehen, Angst nur über den Existenz- und Sinnentwurf des Menschen.

Dazu führte Martin Heidegger aus: „Wovor die Angst sich ängstigt, ist das in-der-Welt-sein selbst" (Sein und Zeit). Sie ist demnach zu verstehen als ausgezeichnete Befindlichkeit, in der das Dasein vor sich selbst gebracht wird. In der Angst entdeckt der Einzelne die Beschränktheit und Unerfülltheit seines 'besorgenden' Alltags. Er findet sich selbst lediglich als 'Man'. Die Angst vereinzelt und bietet daher auch die Chance, sich selbst als Möglichkeit einer spezifisch sinnerfüllten Existenz zu entdecken.

Die Befindlichkeit der Angst ist immer eine Angst um .... Sie setzt daher persönliche Selbsterhaltungskräfte frei. Weil sich der Einzelne unheimlich (= nicht zu Hause) fühlt, sucht er die Veränderung der Situation. Sartre beurteilt die Angst weniger in letzter Konsequenz positiv, eher als unvermeidbar wiederkehrende Momente der erfahrenen Möglichkeit des Scheiterns. Der Mensch ängstigt sich sowohl vor seinen eigenen unvorhersehbaren Verhaltensweisen als auch vor der Aufgabe, selbst sein Dasein bestimmen zu müssen. Auch die Tatsache, den Anderen ausgeliefert zu sein, ihren Taten und ihren Blicken, nicht allein Objekt des eigenen Wollens zu sein, macht Angst. Sartre betrachtet die Grundstrukturen der menschlichen Existenz als ein 'Durchgehalten-sein-müssen'. Aufgrund seiner Geworfenheit ins Dasein, muß sich jeder selbst finden und läuft ständig Gefahr, absolut zu scheitern.

4. *Ähnlich wie Sartre entdeckte auch Freud in der Angst eine bedrohliche Einengung der menschlichen Existenz, hier insbesondere der Entscheidungsmöglichkeiten. Er betrachtet jedoch Angst konkreter, als Resultat unbefriedigter Bedürfnisse oder nicht abbaubarer psychischer Spannungen. Freud unterschied die Realangst als spezifische Gefahr des möglichen Verlusts an Zuneigung oder Bestätigung, die depressive bzw. schizoide Angst als Angst vor Näheverlust bzw. vor Nähe sowie die zwanghafte bzw. die hysterische Angst als Angst vor Wandel bzw. vor Beständigem und Gleichbleibendem. Jede unbearbeitete Angst führt nach Freud notwendig zur Neurose. Überdies teilt er mit den meisten übrigen Denkern die Einstellung, daß eine grundsätzliche Angstbewältigung bzw. -vermeidung nicht möglich ist. Angst kann lediglich soweit wie möglich beantwortet und frei verantwortet angenommen werden. Mit der Lerntheorie wurde dem psychoanalytischen Modell der Angst – Angst als Ich-Es-Konflikt / Ich als eigentliche Quelle - ein grundsätzlich anderes Modell gegenübergestellt. Skinner bezeichnet Angst als konditioniertes Verhalten. Der Mensch lernt infolge negativer Erfahrungen, die er macht, ängstlich zu sein. Damit können die Lerntheoretiker auch behaupten, da Angst durch Belohnungen und Bestrafungen aufgebaut worden sei, könne sie auch wieder verlernt werden über den Abbau von Vermeidensverhalten sowie Belohnungen und Bestrafungen in entgegengesetzter Richtung. Die Psychologen kennen verschiedenste Aspekte der menschlichen Angst, mit der sich Theoretiker unterschiedlicher Schulen auseinandergesetzt haben. Sie untersuchen:*
Angst als Verhaltenskonstrukt (wie verhalten sich Menschen, die Angst haben?); als Zustand (wie stellt sich Angst im menschlichen Körper dar?); als Erfahrung (welche traumatischen Lebenserfahrungen wurden gemacht?); als Eigenschaft (was macht das eigentliche des 'Ängstlichen' aus?); als Anlaß (welche Beziehungen werden wie, aufgrund erfahrener Angst aufgebaut?); als Bezug (wie sieht eine Partnerschaft, ein Eltern-

Kind-Verhältnis, eine Betriebsstruktur aus, die von Angst getragen ist?);
als Wahrnehmungsgegenstand (wie wird die gleiche Situation unterschiedlich angstauslösend oder nicht erfahren?); als Reaktion (auf welche Reize unter welchen Bedingungen reagieren Menschen mit
Angst?).

5. Fritz Riemann (Grundformen der Angst, München 1961) gelingt der
Übergang von der psychologischen zur philosophischen Betrachtungs-
weise sowie die Verknüpfung entsprechender Gedanken. Er entwik-
kelte die Freud'schen Kategorien der neurotischen Angst zu je besonderen Weisen des Menschen weiter, sich existenziell ausgeliefert zu finden:
In der Angst vor der Selbsthingabe. Der Einsatz der Person bedeutet
Ich-Verlust und unerträgliche Abhängigkeit von Anderen bzw. von der
als Bedrohung erfahrenen Welt.
In der Angst vor der Selbstwerdung. Auf sich selbst verwiesen, fühlt der
herausgeforderte Mensch Ungeborgenheit und verunsichernde Isola-
tion.
In der Angst vor der Veränderung. Sie beginnt mit zunehmender Unsicherheit allem Neuen und jedem Neubeginn gegenüber und leitet die
stete Flucht vor der Erkenntnis der eigenen Vergänglichkeit ein.
In der Angst vor der Notwendigkeit. Sie bedeutet Endgültigkeit, zu sich
selbst und zur Welt unbedingt ja sagen zu können, auch in der Unfreiheit.

6. Wie wir erwähnten, stellt jeder Versuch der Beseitigung der Angst
eine Verneinung der Tatsache der eigenen unbestimmten Existenz dar.
Weder der häufig geforderte Lebensmut, noch echte oder symbolische
(Krankheit, Karriere) Fluchtversuche, können geeignete Antworten des
Menschen darstellen. Auch die Umkehr des Gefühls in aggressive oder
selbstzerstörerische Verhaltensweisen oder seine verschleiernde Kom-
pensation in Konsum oder vielfältigen Zerstreuungen bringen den Menschen weg von seiner Wesensbestimmung. Die Herausforderung durch
die Angst gibt vielmehr auch die Möglichkeit der Annäherung an Ver-
borgenes. Wenn sie ausgesprochen und zum Thema des gemeinsamen
Nachsinnens gemacht wird, führt sie Menschen zusammen. In ihrer wahren Erfahrung besitzt die Angst eine Erkenntnisfunktion. Sie läßt den
Menschen zweifeln an seinem Ich- und Weltentwurf. Sie muß aber nicht
notwendigerweise zur Verzweiflung führen. Über die Angst kann sich
der Betroffene selbst herausführen aus seiner Abhängigkeit von scheinbaren Lebensidealen. Jede Angst und jeder Zweifel sind neben der
individuellen Verunsicherung gleichzeitig als Forderung nach einer
neuen Erkenntnis- und Existenzgrundhaltung zu begreifen.

Jean-Jacques Rousseau: Ein nächtliches Erlebnis

Ich wohnte einmal bei einem Landpfarrer namens Lambercier. Mein Pensionskamerad war ein Vetter von mir, der reicher war als ich und den man als Erben behandelte, während ich, von meinem Vater getrennt, nur ein armes Waisenkind war. Vetter Bernard war ein ausgemachter Feigling, besonders in der Nacht. Ich machte mich über seine Angst so lange lustig, bis Herr Lambercier meiner Prahlerei überdrüssig wurde und meinen Mut auf die Probe stellen wollte. An einem dunklen Herbstabend gab er mir den Kirchenschlüssel und bat mich um die Bibel, die auf der Kanzel liegengeblieben war. Um mich an der Ehre zu packen, fügte er noch einige Worte hinzu, die mir ein Zurückweichen unmöglich machten.

Ich ging ohne Licht. Hätte ich eines gehabt, wäre es vielleicht noch schlimmer gewesen. Ich mußte über einen Friedhof gehen: herzhaft überquerte ich ihn. Denn solange ich im Freien war, hatte ich vor der Finsternis keine Angst.

Als ich die Kirchentür aufmachte, hörte ich im Gewölbe ein Geräusch, das ich für Stimmen hielt, und das meinen Römermut ins Wanken brachte. Ich wollte durch die geöffnete Türe eintreten, aber kaum hatte ich ein paar Schritte gemacht, da blieb ich stehen. Ich bemerkte die tiefe Dunkelheit in dem weiten Raum, bekam plötzlich so Angst, daß mir die Haare zu Berge standen. Ich weiche zurück, trete hinaus und fliehe zitternd davon. Im Hof stieß ich auf Sultan, unseren kleinen Hund, dessen Zärtlichkeiten mich wieder beruhigten. Voller Scham über meine Angst drehe ich mich um und versuche Sultan mitzunehmen, der mir aber nicht folgen wollte. Hastig trete ich über die Schwelle in die Kirche. Kaum war ich eingetreten, erfaßt mich wieder die Angst, diesmal so stark, daß ich den Kopf verlor. Ohne es zu bemerken, hatte ich mich gedreht, und obwohl ich es genau wußte, daß die Kanzel rechts stand, suchte ich sie lange links, verirrte mich in den Bänken, bis ich nicht mehr wußte, wo ich war und in meiner unbeschreiblichen Verwirrung weder die Kanzel noch die Türe fand. Endlich finde ich die Türe und laufe wie das erste Mal davon, diesmal fest entschlossen, nur bei Tageslicht wieder hineinzugehen.

So komme ich zum Haus zurück. Im Begriff einzutreten, erkenne ich die Stimme des Herrn Lambercier an seinem schallenden Gelächter. Ich weiß, daß es mir gilt, und zögere voller Scham, die Türe zu öffnen. In dem Augenblick höre ich, wie sich Fräulein Lambercier um mich sorgt, der Magd befiehlt, eine Laterne zu holen, und Herr Lambercier sich anschickt, mich in Begleitung meines kühnen Vetters zu suchen, dem man dann unausbleiblich den Erfolg des Unternehmens zugeschrieben hätte. In dem Augenblick wich die Angst. Ich fürchtete nur mehr, auf meiner Flucht ertappt zu werden. Ich renne, ich fliege zur Kirche und gelange, ohne mich zu verlaufen oder herumzutappen, bis zur Kanzel.

Ich eile hinauf, nehme die Bibel und stürze wieder hinunter. Mit drei Sätzen bin ich aus der Kirche, deren Türe ich in der Eile zu schließen vergaß. Außer Atem stürze ich in das Zimmer, werfe die Bibel auf den Tisch, verstört zwar, aber zitternd vor Genugtuung, der Hilfe, die man mir zugedacht hatte, zuvorgekommen zu sein.

aus: Emile oder: Über die Erziehung
Paderborn 1983

Franz Kafka: Der Schlag ans Hoftor

Es war im Sommer, ein heißer Tag. Ich kam auf dem Nachhauseweg mit meiner Schwester an einem Hoftor vorüber. Ich weiß nicht, schlug sie aus Mutwillen ans Tor oder aus Zerstreutheit oder drohte sie nur mit der Faust und schlug gar nicht. Hundert Schritte weiter an der nach links sich wendenden Landstraße begann das Dorf. Wir kannten es nicht, aber gleich nach dem ersten Haus kamen Leute hervor und winkten uns, freundschaftlich oder warnend, selbst erschrocken, gebückt vor Schrecken. Sie zeigten nach dem Hof, an dem wir vorübergekommen waren, und erinnerten uns an den Schlag ans Tor. Die Hofbesitzer werden uns verklagen, gleich werde die Untersuchung beginnen. Ich war sehr ruhig und beruhigte auch meine Schwester. Sie hatte den Schlag wahrscheinlich gar nicht getan, und hätte sie ihn getan, so wird deswegen nirgends auf der Welt ein Beweis geführt. Ich suchte das auch den Leuten um uns begreiflich zu machen, sie hörten mich an, enthielten sich aber eines Urteils. Später sagten sie, nicht nur meine Schwester, auch ich als Bruder werde angeklagt werden. Ich nickte lächelnd. Alle blickten wir zum Hofe zurück, wie man eine ferne Rauchwolke beobachtet und auf die Flamme wartet. Und wirklich, bald sahen wir Reiter ins weit offene Hoftor einreiten. Staub erhob sich, verhüllte alles, nur die Spitzen der hohen Lanzen blinkten. Und kaum war die Truppe im Hof verschwunden, schien sie gleich die Pferde gewendet zu haben und war auf dem Wege zu uns. Ich drängte meine Schwester fort, ich werde alles alleine ins reine bringen. Sie weigerte sich, mich allein zu lassen. Ich sagte, sie solle sich aber wenigstens umkleiden, um in einem besseren Kleid vor die Herren zu treten. Endlich folgte sie und machte sich auf den langen Weg nach Hause. Schon waren die Reiter bei uns, noch von den Pferden herab fragten sie nach meiner Schwester. Sie ist augenblicklich nicht hier, wurde ängstlich geantwortet, werde aber später kommen. Die Antwort wurde fast gleichgültig aufgenommen, wichtig schien vor allem, daß sie mich gefunden hatten. Es waren hauptsächlich zwei Herren, der Richter, ein junger, lebhafter Mann, und sein stiller Gehilfe, der Aßmann genannt wurde. Ich wurde aufgefordert in die Bauernstube einzutreten. Langsam, den Kopf wiegend, an den Hosenträgern rückend, setzte ich mich unter den scharfen Blicken der Herren in Gang. Noch glaubte ich fast, ein Wort werde genügen, um mich den Städter, sogar noch unter Ehren, aus diesem Bauernvolk zu befreien. Aber als ich die Schwelle der Stube überschritten hatte, sagte der Richter, der vorgesprungen war und mich schon erwartete: „Dieser Mann tut mir leid." Es war aber über allen Zweifeln, daß er damit nicht meinen gegenwärtigen Zustand meinte, sondern das, was mit mir geschehen würde. Die Stube sah einer Gefängniszelle ähnlicher als einer Bauernstube. Große Steinfliesen, dunkel, ganz kahle Wand, irgendwo eingemauert ein eiserner Ring, in der Mitte etwas, das halb Pritsche, halb Operationstisch war.

Könnte ich noch andere Luft schmecken als die des Gefängnisses? Das ist die große Frage oder vielmehr, sie wäre es, wenn ich noch Aussicht auf Entlassung hätte.

aus: Ges. Erzählungen, Frankfurt/M. 1968

Søren Kierkegaard: Der Begriff Angst

Die Unschuld ist Unwissenheit. In der Unschuld ist der Mensch nicht als Geist bestimmt, sondern seelisch bestimmt in unmittelbarer Einheit mit seiner Natürlichkeit. Der Geist ist träumend im Menschen.

In diesem Zustand ist Friede und Ruhe; aber da ist zu gleicher Zeit noch etwas Anderes, welches nicht Unfriede und Streit ist; denn es ist ja nichts da, damit zu streiten. Was ist es denn? Nichts. Aber welche Wirkung hat Nichts? Es gebiert Angst. Das ist die tiefe Heimlichkeit der Unschuld: sie ist zugleich Angst. Träumend spiegelt der Geist seine eigene Wirklichkeit hin, aber diese Wirklichkeit ist Nichts, aber dieses Nichts sieht die Unschuld fort und fort außerhalb ihrer. ...

Man sieht den Begriff Angst nahezu niemals in der Psychologie behandelt, ich muß daher darauf aufmerksam machen, daß er ganz und gar verschieden ist von Furcht und ähnlichen Begriffen, die sich auf etwas Bestimmtes beziehen, wohingegen Angst die Wirklichkeit der Freiheit als Möglichkeit für die Möglichkeit ist. Man wird darum beim Tier Angst nicht finden, eben weil es in seiner Natürlichkeit nicht als Geist bestimmt ist. ...

Die Angst, welche in der Unschuld gesetzt ist, ist denn fürs erste keine Schuld, zum andern ist sie keine beschwerliche Last, kein Leiden, welches sich nicht in Einklang bringen ließe mit der Seligkeit der Unschuld.

Bei der Beobachtung von Kindern wird man diese Angst bestimmter angedeutet finden als ein Trachten nach dem Abenteuerlichen, dem Ungeheuerlichen, dem Rätselhaften. Daß es Kinder gibt, bei denen sie sich nicht findet, beweist nichts; denn das Tier hat sie auch nicht, und je weniger Geist desto weniger Angst. Diese Angst ist dem Kinde so wesentlich eigen, daß es sie nicht entbehren mag; ob sie gleich es ängstigt, sie verstrickt es doch in ihre süße Beängstigung. Unter allen Nationen, bei denen das Kindliche sich erhalten hat als des Geistes Träumen, ist diese Angst; und je tiefer sie ist, umso tiefer ist die Nation. Allein prosaische Albernheiten kann meinen, dies sei eine Desorganisation. Angst hat hier die gleiche Bedeutung wie Schwermut an einem weit späteren Punkte, wo die Freiheit, nachdem sie die unvollkommenen Gestalten ihrer Geschichte durchlaufen, im tiefsten Sinne zu sich selber kommen soll. Gleichwie also das Verhältnis der Angst zu ihrem Gegenstande, zu etwas, das Nichts ist (der Sprachgebrauch sagt dann auch prägnant: sich ängstigen um nichts), ganz und gar zweideutig ist, so wird auch der Übergang, der hier von Unschuld zu Schuld gemacht werden kann, eben so dialektisch sein, daß er zeigt, die Erklärung sei, was sie sein solle, psychologisch. Der qualitative Sprung steht außerhalb aller Zweideutigkeit, aber der, welcher durch Angst hindurch schuldig wird, er ist ja unschuldig; denn er ist es nicht selbst gewesen, sondern die Angst, eine fremde Macht, welche ihn gepackt, eine Macht, die er nicht liebte, nein, vor der er sich ängstigte; – und doch ist er ja schuldig, denn er versank in der Angst, welche er dennoch liebte, indem er sie fürchtete. ...

Welches ist also des Menschen Verhältnis zu dieser zweideutigen Macht, wie verhält der Geist sich zu sich selbst und seiner Bedingung? Er verhält sich als Angst. Seiner selbst ledig werden kann der Geist nicht; sich selber ergreifen kann er auch nicht, so lange er sich selbst außerhalb seiner hat; ins Vegetative versinken kann der Mensch auch nicht; denn er ist ja bestimmt als Geist; die Angst fliehen kann er nicht, denn er liebt sie; eigentlich lieben kann er sie nicht, denn er flieht sie. Nun ist die Unschuld auf ihrer Spitze. Sie ist Unwissenheit, aber keine tierische Rohheit, sondern eine Unwissenheit, die geistbestimmt ist; welche aber eben Angst ist, weil ihre Unwissenheit auf Nichts geht. Hier ist kein Wissen von Gut und Böse usw.; sondern die gesamte Wirklichkeit des Wissens spiegelt sich in der Angst als das ungeheuerliche Nichts der Unwissenheit.

aus: Auswahl aus dem Gesamtwerk
   hrsg. v. Emanuel Hirsch, Wiesbaden 1979, S. 376 ff.

Sigmund Freud: Neurotische und reale Ängste

Meine Damen und Herren! Jene Zerlegung der seelischen Persönlichkeit in ein Über-Ich, Ich und Es, die ich Ihnen in der letzten Vorlesung vorgetragen, hat uns auch eine neue Orientierung im Angstproblem aufgenötigt. Mit dem Satz, das Ich ist die alleinige Angststätte, nur das Ich kann Angst produzieren und verspüren, haben wir eine neue, feste Position bezogen, von der aus manche Verhältnisse ein anderes Ansehen zeigen. Und wirklich, wir wüßten nicht, was für Sinn es hätte, von einer „Angst des Es" zu sprechen, oder dem Über-Ich die Fähigkeit zur Ängstlichkeit zuzuschreiben. Hingegen haben wir es als eine erwünschte Entsprechung begrüßt, daß die drei Hauptarten der Angst, die Realangst, die neurotische und die Gewissensangst sich so zwanglos auf die drei Abhängigkeiten des Ichs, von der Außenwelt, vom Es und vom Über-Ich, beziehen lassen. Mit dieser neuen Auffassung ist auch die Funktion der Angst, als Signal zur Anzeige einer Gefahrsituation, die uns ja vorher nicht fremd war, in den Vordergrund getreten, die Frage, aus welchem Stoff die Angst gemacht wird, hat an Interesse verloren und die Beziehungen zwischen Realangst und neurotischer Angst haben sich in überraschender Weise geklärt und vereinfacht. Es ist übrigens bemerkenswert, daß wir jetzt die anscheinend komplizierten Fälle von Entstehung der Angst besser verstehen als die für einfach gehaltenen.

Und jetzt nur noch eine Bemerkung zum Angstproblem! Die neurotische Angst hat sich uns unter unseren Händen in Realangst verwandelt, in Angst vor bestimmten äußeren Gefahrsituationen. Aber dabei kann es nicht bleiben, wir müssen einen weiteren Schritt machen, der aber ein Schritt zurück sein wird. Wir fragen uns, was ist denn eigentlich das Gefährliche, das Gefürchtete an einer solchen Gefahrsituation? Offenbar nicht die objektiv zu beurteilende Schädigung der Person, die psychologisch gar nichts zu bedeuten brauchte, sondern was von ihr im Seelenleben angerichtet wird. Die Geburt z. B., unser Vorbild für den Angstzustand, kann doch kaum an sich als eine Schädigung betrachtet werden, wenngleich die Gefahr von Schädigungen dabei sein mag. Das Wesentliche an der Geburt wie an jeder Gefahrsituation ist, daß sie im seelischen Erleben einen Zustand von hochgespannter Erregung hervorruft, der als Unlust verspürt wird und dessen man durch Entladungen nicht Herr werden kann. Heißen wir einen solchen Zustand, an dem die Bemühungen des Lustprinzips scheitern, einen traumatischen Moment, so sind wir über die Reihe neurotischer Angst-Realangst-Gefahrsituation zu dem einfachen Satz gelangt: das Gefürchtete, der Gegenstand der Angst, ist jedesmal das Auftreten eines traumatischen Moments, der nicht nach der Norm des Lustprinzips erledigt werden kann. Wir verstehen sofort, durch die Begabung mit dem Lustprinzip sind wir nicht gegen objektive Schädigungen gesichert worden, sondern nur gegen eine bestimmte Schädigung unserer psychischen Ökonomie. Vom Lustprinzip zum Selbsterhaltungstrieb ist noch ein weiter Weg, es fehlt viel daran, daß beider Absichten sich vom Anfang an decken. Wir sehen aber auch noch etwas anderes; vielleicht ist dies die Lösung, die wir suchen. Nämlich, daß es sich hier überall um die Frage der relativen Quantitäten handelt. Nur die Größe der Erregungssumme macht einen Eindruck zum traumatischen Moment, lähmt die Leistung des Lustprinzips, gibt der Gefahrensituation ihre Bedeutung. Und wenn es sich so verhält, wenn sich diese Rätsel durch eine so nüchterne Auskunft beheben, warum sollte es nicht möglich sein, daß derartige traumatische Momente sich im Seelenleben ohne Beziehung auf die angenommenen Gefahrsituationen ereignen, bei denen also die Angst nicht als Signal geweckt wird, sondern neu mit frischer Begründung entsteht? Die klinische Erfahrung sagt mit Bestimmtheit aus, daß es wirklich so ist. Nur die späteren Verdrängungen zeigen den Mechanismus, den wir beschrieben haben, bei dem die Angst als Signal einer früheren Gefahrsituation wachgerufen wird; die ersten und ursprünglichen entstehen direkt bei dem Zusammentreffen des Ichs mit einem übergroßen Libidoanspruch aus traumatischen Momenten, sie bilden ihre Angst neu, allerdings nach dem Geburtsvorbild. Dasselbe mag auch für die Angstentwicklung bei Angstneurose durch somatische Schädigung der Sexualfunktion gelten. Daß es die Libido selbst ist, die dabei in Angst verwandelt wird, werden wir nicht mehr behaupten. Aber gegen eine zweifache Herkunft der Angst, einmal als direkte Folge des traumatischen Moments, das andere Mal als Signal, daß die Wiederholung eines solchen droht, sehe ich keinen Einwand.

aus: Neue Folgen der Vorlesungen zur Einführung in die Psychoanalyse 32. Vorlesung: Angst und Triebleben; Frankfurt/M. 1969, S. 68 ff.

Jean Paul Sartre: Mit dem Rücken zur Wand

Tom fing mit leiser Stimme an zu reden. Er mußte immer reden, sonst fand er sich nicht in seinen Gedanken zurecht. Ich denke, daß er mich anredete, aber er sah mich nicht an. Wahrscheinlich hatte er Angst, mich so zu sehen, wie ich war, grau und schwitzend: wir waren gleich und schlimmer als Spiegel füreinander. Er sah den Belgier an, den Lebenden.

„Begreifst du das?", sagte er. „Ich begreife das nicht." Ich fing auch leise an zu sprechen. Ich sah den Belgier an.

„Was denn, was ist los?"

„Es wird etwas mit uns geschehen, was ich nicht begreifen kann."

Ein merkwürdiger Geruch war um Tom. Mir schien, daß ich geruchsempfindlicher war als sonst. Ich feixte:

„Du wirst bald begreifen."

„Das ist nicht klar", sagte er eigensinnig. „Ich will gerne mutig sein, aber ich müßte zumindest wissen ... Hör zu, man führt uns in den Hof. Die Typen stellen sich in einer Reihe vor uns auf. Wie viele werden es sein?"

„Ich weiß nicht. Fünf oder acht. Mehr nicht."

„Na schön. Also acht. Man wird ihnen zurufen: „Legt an!", und ich werde die acht Gewehre auf mich gerichtet sehen. Ich denke, ich werde mich in die Wand verziehen wollen, ich werde mit dem Rücken mit aller Kraft gegen die Wand drücken, und die Wand wird nicht nachgeben, wie im Alptraum. Das alles kann ich mir vorstellen. Ach, wenn du wüßtest, wie gut ich mir das vorstellen kann."

„Na schön", sagte ich, „ich stell's mir auch vor."

„Das muß saumäßig weh tun. Du weißt, daß sie auf die Augen und den Mund zielen, um einen zu entstellen", fügte er bösartig hinzu. „Ich fühle schon die Wunden; seit einer Stunde habe ich Schmerzen im Kopf und im Hals. Keine wirklichen Schmerzen; es ist schlimmer: das sind die Schmerzen, die ich morgen früh spüren werde. Aber danach?" Ich verstand sehr wohl, was er meinte, aber ich wollte es mir nicht anmerken lassen. Was die Schmerzen anging, so trug auch ich sie an meinem Körper wie eine Vielzahl kleiner Schrammen. Ich konnte mich nicht daran gewöhnen, aber ich war wie er, ich nahm sie nicht wichtig.

„Danach", sagte ich grob, „ wirst du ins Gras beißen." Er fing an, Selbstgespräche zu führen: er ließ den Belgier nicht aus den Augen. Der sah nicht so aus, als hörte er zu. Ich wußte, weshalb er hierhergekommen war; was wir dachten, interessierte ihn nicht; er war hier, um unsere Körper anzuschauen, Körper, die bei lebendigem Leibe starben.

„Es ist wie ein Alptraum", sagte Tom.

aus: Die Wand
    in: Kindheit eines Chefs; Ges. Erzählungen, Gütersloh 1983

Jean Paul Sartre: Angst spüren und Angst sein

Gelingt es uns, mit Hilfe dieser verschiedenen Konstruktionen unsere Angst zu ersticken oder zu verbergen? Sicherlich können wir sie nicht unterdrücken, denn wir sind Angst. Was das Verschleiern betrifft, so muß man sich – abgesehen davon, daß die Eigentümlichkeit des Bewußtseins und seine Durchschaubarkeit es uns verbieten, den Ausdruck im Wortsinne aufzufassen – den besondern Typus von Verhaltensweise vor Augen führen, den wir damit bezeichnen: wir können einen zur Außenwelt gehörenden Gegenstand verbergen, weil er unabhängig von uns existiert; aus demselben Grunde können wir unseren Blick oder unsere Aufmerksamkeit von ihm abwenden, das heißt, wir können den Blick einfach auf etwas anderes heften; von diesem Augenblick an gewinnt jede Wirklichkeit – die meine und die des Gegenstandes – ihr eigenes Leben zurück, und die zufällige Verbindung, die das Bewußtsein mit dem Gegenstand vereinte, hört auf, ohne das eine oder andere Dasein zu beeinträchtigen. Aber wenn ich das bin, was ich verbergen will, bekommt die Frage ein ganz anderes Aussehen: denn ich kann ja einen bestimmten Aspekt meines Seins nur dann „nicht sehen" wollen, wenn ich mit dem Aspekt, den ich nicht sehen will, genau Bescheid weiß. Das bedeutet, daß ich ihn in meinem Sein aufweisen muß, um mich von ihm abwenden zu können; mehr noch: ich muß ständig an ihn denken, um mich davor hüten zu können, an ihn zu denken. Darunter darf man nicht nur verstehen, daß ich genötigt bin, das, vor dem ich fliehen will, ständig mit mir herumzutragen, sondern auch, daß ich das Wovor meiner Flucht anvisieren muß, um es fliehen zu können, was wiederum bedeutet, daß die Angst selbst, dann ein intentionales Anvisieren der Angst und endlich eine Flucht vor der Angst in Richtung auf beruhigende Mythen in der Einheit ein und desselben Bewußtseins gegeben sein müssen. Kurz, ich fliehe, um nichts davon zu wissen, aber ich kann nicht nichts davon wissen, daß ich fliehe, und die Flucht vor der Angst ist nichts anderes als eine Weise, sich der Angst bewußt zu werden. So kann sie eigentlich weder verborgen noch vermieden werden. Indessen kann es doch nicht ganz dasselbe sein, vor der Angst zu fliehen oder Angst zu sein: wenn ich meine Angst bin und zugleich vor ihr fliehe, so setzt das voraus, daß ich in bezug auf das, was ich bin, eine ungewöhnliche Einstellung haben kann, daß ich also Angst sein kann in Gestalt „es nicht zu sein" und daß ich über eine in der Tiefe der Angst nichtende Gewalt verfügen kann. Diese nichtende Gewalt nichtet die Angst, insoweit ich sie fliehe, und vernichtet sich selbst, insoweit ich sie bin, um sie zu fliehen. Das ist das, was man die Unwahrhaftigkeit nennt. Es handelt sich also nicht darum, die Angst aus dem Bewußtsein zu vertreiben oder aus ihr ein unbewußtes psychisches Phänomen zu machen, sondern ganz einfach darum, daß ich mich als ein Unwahrhaftiger an die Auffassung der Angst, die ich bin, mache und daß diese Unwahrhaftigkeit (die den Zweck hat, das Nichts, das ich in meiner Beziehung zu mir selbst bin, auszufüllen) gerade jenes Nichts, das sie beseitigt, in sich enthält.

aus: Das Sein und das Nichts
      Hamburg 1962, S. 88 f.

Martin Heidegger: Sichängsten erschließt die Welt

In der Absicht, zum Sein der Ganzheit des Strukturganzen vorzudringen, nehmen wir den Ausgang bei den zuletzt durchgeführten konkreten Analysen des Verfallens. Das Aufgehen im Man und bei der besorgten „Welt" offenbart so etwas wie eine Flucht des Daseins vor ihm selbst als eigentlichem Selbst-sein-können. Dieses Phänomen der Flucht des Daseins vor ihm selbst und seiner Eigentlichkeit scheint aber doch am wenigsten die Eignung zu haben, als phänomenaler Boden für die folgende Untersuchung zu dienen. In dieser Flucht bringt sich das Dasein doch gerade nicht vor es selbst. Die Abkehr führt entsprechend dem eigensten Zug des Verfallens weg vom Dasein.

Das Verfallen des Daseins an das Man und die besorgte „Welt" nannten wir eine „Flucht" vor ihm selbst. Aber nicht jedes Zurückweichen vor ...., nicht jede Abkehr von ... ist notwendig Flucht. Das in der Furcht fundierte Zurückweichen vor dem, was Furcht erschließt, vor dem Bedrohlichen, hat den Charakter der Flucht. Die Interpretation der Furcht als Befindlichkeit zeigte: das Wovor der Furcht ist je ein innerweltliches, aus bestimmter Gegend, in der Nähe sich näherndes, abträgliches Seiendes, das ausbleiben kann. Im Verfallen kehrt sich das Dasein von ihm selbst ab. Das Wovor dieses Zurückweichens muß überhaupt den Charakter des Bedrohens haben; es ist jedoch Seiendes von der Seinsart des zurückweichenden Seienden, es ist das Dasein selbst. Das Wovor dieses Zurückweichens kann nicht als „Furchtbares" gefaßt werden, weil dergleichen immer als innerweltliches Seiendes begegnet. Die Bedrohung, die einzig „furchtbar" sein kann und die in der Furcht entdeckt wird, kommt immer von innerweltlichem Seienden her.

Daher „sieht" die Angst auch nicht ein bestimmtes „Hier" und „Dort", aus dem her sich das Bedrohliche nähert. Daß das Bedrohende nirgends ist, charakterisiert das Wovor der Angst. Diese „weiß nicht", was es ist, davor sie sich ängstet. „Nirgends" aber bedeutet nicht nichts, sondern darin liegt Gegend überhaupt, Erschlossenheit von Welt überhaupt für das wesenhaft räumliche In-Sein. Das Drohende kann sich deshalb auch nicht aus einer bestimmten Richtung her innerhalb der Nähe nähern, es ist schon „da" – und doch nirgends, es ist so nah, daß es beengt und einem den Atem verschlägt – und doch nirgends.

Im Wovor der Angst wird das „Nichts ist es und nirgends" offenbar. Die Aufsässigkeit des innerweltlichen Nichts und Nirgends besagt phänomenal: das Wovor der Angst ist die Welt als solche. Die völlige Unbedeutsamkeit, die sich im Nichts und Nirgends bekundet, bedeutet nicht Weltabwesenheit, sondern besagt, daß das innerweltlich Seiende an ihm selbst so völlig belanglos ist, daß auf dem Grunde dieser Unbedeutsamkeit des Innerweltlichen die Welt in ihre Weltlichkeit sich einzig noch aufdrängt.

Das Sichängsten erschließt ursprünglich und direkt die Welt als Welt. Nicht wird etwa zunächst durch Überlegung von innerweltlich Seiendem abgesehen und nur noch die Welt gedacht, vor der dann die Angst entsteht, sondern die Angst erschließt als Modus der Befindlichkeit allererst die Welt als Welt. Das bedeutet jedoch nicht, daß in der Angst die Weltlichkeit der Welt begriffen wird.

Die Angst offenbart im Dasein das Sein zum eigensten Seinkönnen, das heißt das Freisein für die Freiheit des Sich-selbst-wählens und -ergreifens. Die Angst bringt das Dasein vor sein Freisein für ... (propensio in ...) die Eigentlichkeit seines Seins als Möglichkeit, die es immer schon ist. Dieses Sein aber ist es zugleich, dem das Dasein als In-der-Welt-sein überantwortet ist.

aus: Sein und Zeit
     Tübingen 1972, § 40

TOD und Nicht-mehr-da-sein; Unsterblichkeit und Ewig-sein

1. Thomas von Aquin erfaßte schon vor ca. 750 Jahren jene Grundstimmung, die viele Menschen beherrscht, wenn sie an den Rand ihrer Existenz geführt werden. Sie flüchten schreckerfüllt vor der Notwendigkeit des Todes. Sie meiden sogar den Gedanken an das Unausweichliche, an die Tatsächlichkeit der eigenen Endlichkeit.

„Der Mensch flieht von Natur aus den Tod und ist deswegen traurig, und er flieht ihn nicht nur dann, wenn er ihn kommen fühlt, sondern auch dann, wenn er an ihn denkt.

Daß er nicht stirbt, kann der Mensch aber in seinem Leben nicht erreichen.

Also ist es unmöglich, daß der Mensch in diesem Leben glücklich ist." (summa contra gentiles III,48)

Wenn der erste Satz des thomistischen logischen Dreischritts als Beschreibung auch in unserer Ära der scheinbar unbegrenzten technischen Herstellbarkeit des Gewünschten passen könnte, wenn auch der zweite Satz unumstößliche Gültigkeit in allen Zeitaltern besitzen wird, an der Richtigkeit des dritten und an der logischen Berechtigung seiner Herleitung müßten wir zweifeln.

Liegt es nicht daran, daß wir die Realität des menschlichen Daseins als *„Sein zum Tode"* (Heidegger) nicht in dem Sinne erfassen können oder wollen, wie sie vom Ursprung her gemeint ist? Damit würden wir uns über Fehlinterpretationen der Existenz sowie über Fehlentwürfe des eigenen oder des kollektiven Ich selbst unglücklich machen. Der Tod kann ebenso wie andere existentielle *„Pflichtstationen"* – Geburt, Alter, Krankheit, Verlust etc. – nicht in sich Quelle der notwendig frustranen Lebenserfahrung sein, denn damit wäre jedes Leben, das entsteht, schon vom ersten Tag an ein Leben zum Unglück.

2. Natürlich hat es in der Geschichte der Philosophie immer wieder solche Auffassungen gegeben, z. B. in der buddhistischen Glaubenslehre, bei Schopenhauer oder bei Freud. Doch es überwiegen bei weitem die geistigen und Lebensentwürfe, die existenzielle Grenzerfahrungen zum Ausgangspunkt des Begreifens eines sinnvollen Menschseins machen, auch mit der Möglichkeit zur weitgehenden Glückserfahrung.

Den am weitesten pragmatischen Schritt in dieser Richtung ging Epikur. Er verurteilte die Götter- und Todesfurcht als unnötige Störung der „Beruhigtheit der Seele". Die Philosophie als „Gesundheitslehre des Lebens" habe dem Menschen deutlich zu machen, daß der Tod als schauerlichstes Übel uns nichts angeht; „denn solange wir existieren, ist der Tod nicht da, und wenn der Tod da ist, existieren wir nicht mehr" (Brief an Menoikeus). Viele Menschen werden jedoch ihre Probleme haben mit dieser allzu einfachen Lösung des Epikur. Läßt sich das Denken und Wollen über sich hinaus (Transzendenz) im „Jetzt" verdrängen? Führt ein derartiges Ignorieren der Endlichkeit nicht möglicherweise zum Aufbau falscher Lebensideale?

Heidegger bezeichnete die menschliche Existenz als „vorlaufendes Freiwerden für den eigenen Tod". Der Mensch stirbt seinen eigenen Tod nach seinem eigenen Leben. Das Sterben läßt sich nicht als immer wieder gleicher, von einem Menschen zum anderen weitergereichter letzter Akt verstehen. Genausowenig darf die Existenz als Auffüllung einer freigewordenen „Lebensstelle" begriffen werden. Im Dasein, das auf sein Ende gerichtet ist, angetrieben von der wesenhaften menschlichen Angst und der Sorge um sich selbst, hat der Mensch die Chance, sich aus dem uneigentlichen „Man" zum „Ich" zu erheben (Heidegger). Vom Tode her kommend stellen wir die Frage nach der Wesenhaftigkeit des Lebens. Die jederzeit mögliche Nichtung unserer Möglichkeiten (Sartre) muß die Anstrengungen verstärken, die Wirklichkeit zu leben und sie begreifend zu übersteigen.

3. Nur der Mensch stirbt seinen Tod, indem er ihn Jahre oder Jahrzehnte in seinem Denken und abgeleitet daraus in seinen Lebensentwürfen vorwegnehmen kann. Das übrige (tierische und pflanzliche) Leben kommt an sein Ende („verendet"), ohne diese Tatsache planend in sein Dasein einzubeziehen. Mit dem Ignorieren des Todes bliebe die unterscheidend menschliche Möglichkeit des Daseins ungenutzt. Der Mensch degradierte sich selbst zum Tier, oder abgeschwächt: zum rein biologischen Triebsystem.

Um das Phänomen „Tod" in seinen Dimensionen zu fassen, muß differenziert werden nach dem Vorgang des Sterbens und dessen leidender Vorwegnahme sowie nach dem Zustand des Totseins. Alle Errungenschaften der modernen Medizin und Fürsorge können wohl Erleichterung im Sterben verschaffen. Niemals aber ermöglichen sie Antworten auf die Fragen des sterbenden Menschen nach dem „Danach". Der Mensch steht hier vor der Grundfrage nach sich selbst.

Tod und Sinnantwort, Tod und Totalitätsauffassung gehören zusammen. Indem im Tod gefundene und aufgebaute Orientierungen und Sinnstrukturen zusammenbrechen oder aber fortbestehen können, wird die Grenzerfahrung zur grundlegenden Bestätigung oder Infragestellung der Existenz (Schelling: Essentifikation).

4. Zu allen Zeiten haben Philosophen, Theologen und Literaten ontologisch-anthropologische Grundentwürfe des Menschen in seiner Sterblichkeit vorgelegt. Dabei lassen sich zwei große Traditionen der Interpretation des Menschen und des Todes unterscheiden. Denker, die einen zweifachen Wesensgrund des Lebens annehmen, postulieren eine Auflösung der nur vorübergehend vorhandenen Einheit der Phänomene

Materie und Geist bzw. Seele an der Grenzlinie des Todes. Der Mensch repräsentiert während seines bewußten Lebens die Elemente Leiblichkeit und Geistigkeit in einer je persönlichen Entfaltung sowie in einem entsprechenden lebenslangen Balanceakt. Die Trennung der Prinzipien kann entweder eine endgültige sein oder aber nach mehr oder minder langen Zeiträumen in einer neuen Einheit wieder aufgehoben werden (Reinkarnationslehren).

Anthropologische Systeme, in denen alles Lebendige auf nur einen grundlegenden Baustein zurückgeführt wird (Materie bzw. Energie), deuten den Tod als Auseinanderfallen der Organisation. Das Ordnungsmuster alles organischen höherentwickelten Lebens, das Zusammenspiel der Vielfalt des Speziellen, wird aufgelöst. Dieser Zerfall kann dabei als endgültige Vernichtung aufgefaßt werden. Es kann aber auch die Rückführung der Bestandteile des Ganzen – in der Aufhebung des Individuums – zu sich selbst (zum Wesentlichen) bedeuten. Der unsterblichen Seele müßte dann die nicht vernichtbare Energie gegenübergestellt werden.

5. Auf diese grundlegenden Abstraktionen lassen sich nahezu alle bekannten Unsterblichkeitslehren zurückführen. Sie sind als Variationen des einen großen Themas „Fortbestand des Wesensgrundes" zu verstehen. Dostojewskij brachte dies mit den Sätzen zum Ausdruck: „Ohne das Gefühl eines Zusammenhangs im Ganzen, ohne Sinngefühl und leitende höchste Idee kann weder der einzelne noch das Volk existieren. Es gibt aber auf Erden hier eine höchste Idee: die von der Unsterblichkeit der menschlichen Seele."

Ein großer Bogen läßt sich spannen:
Von dem Skeptizismus des Sophokles, der das Nichtsein preist und als besten Zustand erachtet, nicht geboren, als zweitbesten, möglichst bald dorthin zurückzugehen, woher man gekommen ist;
über die bekannten Thesen Platons im Phaidon-Dialog – Tod als Ende des In-der-Welt-seins und Tor zur wahren Heimat der Seele;
über Descartes „geometrisch" konstruierten Beweis einer Vernunft, die in ihrer Wesenhaftigkeit unmöglich identisch mit der dahinsterbenden Materie sein kann (res extensa – res cogitans);
über Schopenhauers schlichte Behauptung, daß derjenige, der sein Dasein auf sein jetziges Leben beschränke, sich für ein belebtes Nichts halten müsse, denn kein Stäubchen, kein Atom könne zu Nichts werden;
bis hin zur Bloch'schen Kategorie der „Möglichkeit", die mit jedem Zustand der Wirklichkeit logisch gegeben ist, sodaß das gefürchtete Nichts lediglich ein Noch-nicht-haben bzw. ein Noch-nicht-sein darstellt.

6. Trotz aller Bekenntnisse und mehr oder weniger schlüssigen Argumente bleiben die Deutung des Todes als Grenzüberschreitung zu einem „Danach" sowie die „Beweisführungen" zu einer Unsterblichkeit des

Lebens Appelle einer menschlichen Vernunft, die sich selbst zu begründen und zu erhalten versucht.

Kaum ein anderer Philosoph hat dies in leidenschaftlicherer Sehnsucht zum Ausdruck bringen können wie Friedrich Nietzsche in seinem „Ja-und-Amen-Lied", in dem er siebenmal wiederholt:

„O wie sollte ich nicht nach der Ewigkeit brünstig sein und nach dem hochzeitlichen Ring der Ringe, –dem Ring der Wiederkunft?

Nie noch fand ich ein Weib, von dem ich Kinder mochte, es sei denn dieses Weib, das ich liebe: denn ich liebe dich, o Ewigkeit! Denn ich liebe dich, o Ewigkeit!"

Ob die positive Interpretation des Todes lediglich eine Technik der Leidabwehr über die Schaffung von Phantasiegebilden darstellt (Freud) oder aber die logische Fortführung der Entfaltung des Lebens von der Präexistenz (des unsterblichen Samens) über das individuelle (Er)Leben zur Postexistenz, letztlich bleibt der menschliche Übergang im Tode das größte Geheimnis der Existenz. Wäre ein Leben ohne dieses Geheimnis nicht auch jedoch einer Spur seines eigenlichen Wesens, der absoluten Offenheit, beraubt?

Gabriel Marcel wendet diese Fragestellung gar ins Positive:

„Geh, du würdest dich nicht lange mit einer Welt zufrieden geben, die das Mysterium verlassen hätte ... Ohne das Mysterium wäre das Leben unerträglich."

Hugo von Hofmannsthal: Der Tor und der Tod

Der Tod

Steh auf! Wirf dies ererbte Grau'n von dir!
Ich bin nicht schauerlich, bin kein Gerippe!
Aus des Dionysos, der Venus Sippe,
Ein großer Gott der Seele steht vor dir.
Wenn in der lauen Sommerabendfeier
Durch goldne Luft ein Blatt herabgeschwebt,
Hat dich mein Wehen angeschauert,
Das traumhaft um die reifen Dinge webt.
Wenn Überschwellen der Gefühle
Mit warmer Flut die Seele zitternd füllte,
Wenn sich in plötzlichem Durchzucken
Das Ungeheure als verwandt enthüllte,
Und du, hingebend dich im großen Reigen,
Die Welt empfingest als dein eigen:
In jeder wahrhaft großen Stunde,
Die schauern deine Erdenform gemacht,

Hab ich dich angerührt im Seelengrunde
Mit heiliger, geheimnisvoller Macht.

aus: Ges. Werke, Bd II, Tübingen 1961, S. 118

Ernst Bloch: Hoffnungsvolle Neugier auf den Tod

Forschende Reise in den Tod

Kommt man um die letzte Angst herum, indem sie überhaupt keine ist?
In der Tat lebt zuweilen, wenn ein gesunder Mensch ans Ende sieht,
noch ein ganz anderes Gefühl auf. Die Angst wird durch ein seltsames
Gefühl der Neugier verändert, durch die Lust zu wissen, was es mit dem
Sterben auf sich habe. Dieser Affekt wird gereizt durch die große Veränderung, welche der Tod auf alle Fälle mit sich bringt. Die Neugier verwandelt den fallenden Vorhang in einen ebenso entzweireißenden;
das Ende des Lebens ist ihr zugleich der Anfang eines völlig Unerhörten,
sei es auch das Nichts. Die Neugier kann sich bis zu einer Art Forschungs-
und Erkenntniswunsch verbessern, sie ist auf den Akt des Sterbens wie
auf den einer Enthüllung gespannt. Dieser Forschungstrieb setzt freilich
ein Ich voraus, das während des Sterbens, ja nach ihm erhalten bleibt,
um den Tod beobachten zu können. Schopenhauer spottet sehr bemerkenswert hierüber, er vergleicht den Menschen, der im Tod besondere Aufschlüsse erwartet, einem Gelehrten, der einer wichtigen Entdeckung auf der Spur ist, doch im gleichen Augenblick, wo er die
Lösung zu sehen meint, wird ihm das Licht ausgeblasen. Trotzdem kreist
das Subjekt, bevor ihm das Licht ausgeblasen wird, mit unleugbarer
Erwartung um die Geheimnisse der Bahre; diese Erwartung besteht noch
neben der Todesangst (solange sie keine akute ist) und setzt Wißbegier
für Angst. Grübelnde Pubertät, philosophisches Naturell, das sich erhalten hat, heben so vor allem den Wunsch, sich nach Torschluß durch
Erkenntnis überraschen zu lassen. Wobei nicht zu vergessen ist, daß sich
genau an dieser Stelle auch die billigste metaphysische Art angesiedelt
hat. Geisterseherei im Stil Cagliostros, Spiritismus leben von der Neugier,
vorher einen Zustand zu wissen, den jeder ohnehin früher oder später
erfahren wird. Immerhin ist die Erwartung, die an so finsterem Ort auftritt,
allemal eine auffallende Gabe, besonders wenn sie, wie hier zumeist,
sich unter dem Ende ein Unerhörtes vorstellt. Sich gar einen Schlüssel
zu ihm hinzudenkt, der innere Türen aufschließt und Türen zu dem gleichen leichten, leuchtenden Zustand, worin geliebte Tote erinnert werden und worin eine Rückkehr zu ihnen möglich ist. Die Erwartung inten-
diert dann den Tod als eine Art Reise, sowohl in das eigene Subjekt wie
in das übermächtige Daseinsgeheimnis. Vom Subjekt scheint ihr im

Augenblick des „Abscheidens" die Hülle des Inkognito zu fallen, vom Daseinsgeheimnis die sogenannte äußere Schale. Jede Reise kann von hier aus ein Stück der letzten vorwegnehmen, ein Stück der nördlichen, doch bunten Sterbenacht, als der äußersten Exotik. Sicherer als die Liebesnacht nach Seite des Versinkens mit dem Tod umschlungen ist, ist die Liebesreise nach Seite des Sezessionierens mit ihm verschlungen, nach Seite der großen Expedition. Das ist ein Trieb, welcher die letzte Angst recht wunschhaft durchdringt und ihr, als ausfahrender, gerade eines ihrer wesentlichen Merkmale nimmt: angustia, die Enge.

aus: Das Prinzip Hoffnung, Frankfurt/M. 1959, S. 1384 ff.

Sokrates: Das Glück des Todes

Wir wollen aber auch in folgender Weise erwägen, wie stark die Hoffnung ist, der Tod sei etwas Gutes. Von zwei Möglichkeiten ist der Tod die eine: entweder ist er gleichsam ein Nichtsein und ein Fehlen jeglicher Empfindung, oder er ist, nach der Volksmeinung, eine Verwandlung und eine Wanderung der Seele an einen anderen Ort. Besteht er nun in völliger Empfindungslosigkeit gleich dem Schlaf, in dem der Schlafende nicht einmal einen Traum hat, dann wäre ja der Tod ein wunderbarer Gewinn. Denn ich glaube, wenn einer neben eine solche Nacht, in der er so tief geschlafen hat, daß er nicht einmal träumte, alle übrigen Tage und Nächte seines Lebens stellen und nach reiflicher Überlegung sagen sollte, wie viel Tage und Nächte er in seinem Leben besser und angenehmer verlebt hat als diese Nacht, – dann, glaub' ich, würde nicht nur irgendein Privatmann, sondern sogar der Perserkönig diese Nächte und Tage viel leichter überzählen können als die übrigen. Ist also der Tod von der genannten Art, so nenne ich ihn einen Gewinn: Denn die ganze Ewigkeit ist ja dann nichts weiter als eine einzige Nacht. Ist dagegen der Tod gleichsam eine Auswanderung von hier an einen anderen Ort und ist die Volksmeinung wahr, daß dort alle Toten beisammen sind, was für ein größeres Glück könnte es dann geben, ihr Richter, als dies? Denn wenn man, im Hades angelangt, statt dieser angeblichen Richter hier, von denen man dort befreit wäre, die wahren Richter fände, die dort richten sollen: den Minos, Rhadamanthys, Aiakos, Triptolemos und die anderen Halbgötter, die in ihrem Leben gerecht waren, wäre das eine schlechte Auswanderung?

aus: Platon:
Apologie 39 E–41 E

Platon: Warum man den Tod nicht fürchten sollte

Denn der Leib macht uns tausenderlei zu schaffen wegen der Notwendigkeit seiner Ernährung, dann auch, wenn uns Krankheiten zustoßen, verhindern uns diese, das Wahre zu erjagen, und auch mit Gelüsten und Begierden, Ängsten und mancherlei Trugbildern und allerlei Possen erfüllt er uns; so daß recht in Wahrheit, wie man auch zu sagen pflegt, wir um seinetwillen nicht einmal dazu kommen, auch nur irgend etwas richtig zu erkennen.

Sondern es ist uns wirklich ganz klar, daß, wenn wir je etwas rein erkennen wollen, wir uns von ihm losmachen und mit der Seele selbst die Dinge selbst schauen müssen. Und dann erst, wie es scheint, wird uns das zuteil werden, was wir wünschen und worauf, wie wir behaupten, unser Streben gerichtet ist: Erkenntnis; dann nämlich, wenn wir gestorben sind, im Leben aber nicht, wie dieser Gedankengang zeigt. Denn wenn wir nicht imstande sind, in Verbindung mit dem Leibe irgend etwas rein zu erkennen, so gibt es nur zwei Möglichkeitn, entweder wir können überhaupt nie zu einem Wissen gelangen, oder aber erst nach dem Tode.

... In der Tat also, Simmias, üben sich die wahren Philosophen im Sterben, und der Tod ist ihnen unter allen Menschen am wenigsten furchtbar. Erwäge weiter folgendes. Wenn sie auf alle Weise mit dem Leib entzweit sind und begehren, die Seele für sich allein zu haben, und dann, wenn dies eintritt, sich fürchten und grämen sollten, wäre das nicht die helle Unvernunft, wenn die dann nicht mit Freuden dahingehn wollten, wo sie Hoffnung haben, dasjenige zu erlangen, wonach sie im Leben trachteten? Sie trachteten aber nach Erkenntnis, und des Zusammenseins mit demjenigen entledigt zu werden, was ihnen zuwider war. Oder sollten nur viele, denen menschliche Geliebte und Weiber und Kinder gestorben sind, freiwillig haben in die Unterwelt gehen wollen, von dieser Hoffnung getrieben, daß sie die, nach denen sie sich sehnten, wiedersehn und mit ihnen zusammensein würden? Wer aber wahrhaft nach Erkenntnis trachtet und leidenschaftlich erfaßt hat, daß er sie nirgends sonst in nennenswertem Maße erreichen werde als in der Unterwelt, der sollte sich wegen des Sterbens grämen, und er sollte nicht freudig dorthin gehn? Das ist doch unglaublich, Freund, sofern er wirklich ein Philosoph ist. Denn es wird seine feste Überzeugung sein, daß er nirgend anders die Wahrheit rein antreffen werde als nur dort. Wenn sich aber dies so verhält, wie ich eben sagte, wäre es nicht große Unvernunft, wenn ein solcher den Tod fürchtete? – Gar große, beim Zeus, sagte jener. – Falls du also einen Mann sich grämen siehst, weil er sterben soll, ist dir das dann nicht ein ausreichender Beweis, daß er demnach kein Philosoph war, sondern seinen Körper liebte?

aus: Phaidon, 107d–109d

Johann Gottlieb Fichte:
Über unsern Glauben an die ewige Fortdauer

Es ist ganz klar, daß derjenige, welcher nicht ist, auch keinen Schmerz fühlt. Vernichtung, wenn sie da ist, ist also in dieser Hinsicht gar kein Übel. Aber, möchte man sagen, die Furcht vor Vernichtung sei ein Übel. Auch mit dieser Furcht hat es keine Not, denn Vernichtung kann man gar nicht denken. Was ist es also, das den Menschen beunruhigt? Dieses, daß sich die Menschen denken, wie unangenehm es sein müsse, nicht zu sein. Es ist dies zwar eine widersinnige Täuschung, aber doch allgemein, und es könnte mithin doch etwas richtiges darinnen liegen. Indem man sich nämlich die Peinlichkeit der Vernichtung denkt, so setzt man sich als existierend, gleichsam als den Zustand seiner Vernichtung beschauend; man fürchtet eben die peinliche Lage des Mangels an Wirksamkeit und Tätigkeit, – wir denken uns als fortdauernd in der äußersten Beschränktheit, und dies ist es eigentlich, was uns quält. Um Fortdauer seines Ichs als eines solchen hat der Mensch gar keine Sorge, er setzt sie ganz sicher voraus und daran hat er recht, das Ich hat sein Dasein in sich selbst, – es kann gar nicht vernichtet werden. ...

Das reine Ich ist gar nicht in der Zeit, – es ist die reine Ewigkeit. Die Zeit wird durch das empirische Ich selbst gemacht, denn sie ist eine Form unserer Anschauung, d. h. die Art und Weise, wie das Ich das Endliche, Mannigfaltige auffaßt. In der Zeit, die es selbst macht, ist es also notwendig, und es gibt keine Zeit, in der es nicht sei, folglich kann es keine Zeit setzen, ohne sich selbst hinzuzusetzen.

Indessen, nicht über die Fortdauer des Ich an sich ist man in Sorgen, sondern über das Fortwirken und Fortempfinden, beides aber ist bedingt durch die Fortdauer unserer Beschränkung. Mein Bewußtsein ist bedingt dadurch, daß ich mir eine Welt außer mir als mich beschränkend setze, und es ist daher um den Beweis der Fortdauer der Welt für uns zu tun, – dieser Fortdauer möchten wir gerne sicher sein, denn wir verlangen das Nämliche von der Identität unseres Bewußtseins, in dem wir, die wir jetzt sind, in alle Ewigkeit hinaus wirken wollen und fordern, daß unsere jetzige Wirkungsweise mit unserer Zukunft im Zusammenhang stehen soll, mithin muß es also für uns eine fortdauernde Reihe von Erscheinungen geben.

**aus: Kollegnachschrift von 1795
mitgeteilt von E. Bergmann, Vaduz 1981**

Arthur Schopenhauer:
Nachträge zur Lehre vom Leiden in der Welt

Wenn man, soweit es annäherungsweise möglich ist, die Summe von Not, Schmerz und Leiden jeder Art sich vorstellt, welche die Sonne in ihrem Laufe bescheint; so wird man einräumen, daß es viel besser wäre, wenn sie auf der Erde sowenig wie auf dem Monde hätte das Phänomen des Lebens hervorrufen können, sondern, wie auf diesem, so auch auf jener die Oberfläche sich noch im kristallinischen Zustande befände. Man kann auch unser Leben auffassen als eine unnützerweise störende Episode in der seligen Ruhe des Nichts. Jedenfalls wird selbst der, dem es darin erträglich ergangen, je länger er lebt, desto deutlicher inne, daß es im ganzen, a disappointment, nay, a cheat' (eine Enttäuschung, sogar eine Täuschung) ist oder, deutsch zu reden, den Charakter einer großen Mystifikation, nicht zu sagen: einer Prellerei trägt. Wenn zwei Jugendfreunde nach der Trennung eines ganzen Menschenalters sich als Greise wiedersehn, so ist das vorherrschende Gefühl, welches ihr eigener Anblick, weil an ihn sich die Erinnerung früherer Zeit knüpft, gegenseitig erregt, das des gänzlichen disappointment über das ganze Leben, als welches, ehemals im rosigen Morgenlichte der Jugend so schön vor ihnen lag, so viel versprach und so wenig gehalten hat. Dies Gefühl herrscht bei ihrem Wiedersehn so entschieden vor, daß sie gar nicht einmal nötig erachten, es mit Worten auszudrücken, sondern, es gegenseitig stillschweigend voraussetzend, auf dieser Grundlage weitersprechen.

Wer zwei oder gar drei Generationen des Menschengeschlechts erlebt, dem wird zumute wie dem Zuschauer der Vorstellungen der Gaukler aller Art in Buden während der Messe, wenn er sitzen bleibt und eine solche Vorstellung zwei- oder dreimal hintereinander wiederholen sieht: die Sachen waren nämlich nur eine Vorstellung berechnet, machen daher keine Wirkung mehr, nachdem die Täuschung und die Neuheit verschwunden ist.

Man möchte toll werden, wenn man die überschwenglichen Anstalten betrachtet, die zahllosen flammenden Fixsterne im unendlichen Raum, die nichts weiter zu tun haben, als Welten zu beleuchten, die der Schauplatz der Not und des Jammers sind und im glücklichsten Fall nichts abwerfen als Langeweile – wenigstens nach dem uns bekannten Probestück zu urteilen.

Sehr zu beneiden ist niemand, sehr zu beklagen unzählige. –

Das Leben ist ein Pensum zum Abarbeiten: in diesem Sinne ist defunctus (tot) ein schöner Ausdruck. –

Man denke sich einmal, daß den Zeugungsakt weder ein Bedürfnis noch von Wollust begleitet, sondern eine Sache der reinen, vernünftigen Überlegung wäre: könnte wohl dann das Menschengeschlecht noch bestehn? Würde nicht vielmehr jeder soviel Mitleid mit der kommenden Generation gehabt haben, daß er ihr die Last des Daseins lieber erspart oder wenigstens es nicht hätte auf sich nehmen mögen, sie kaltblütig ihr aufzulegen? –

Die Welt ist eben die Hölle, und die Menschen sind einerseits die gequälten Seelen und andererseits die Teufel darin.

aus: Parerga und Paralipomena II (1851) § 156

Max Scheler:
Systematische Aufarbeitung der Todesproblematik

Des Todes letzter Sinn (1927/28)

1. Der Tod ist die Erscheinung, die resultiert, wenn das überindividuelle Artleben sich endgültig bereichert mit dem, was es in diesem Individuum an neuen Funktionen erworben hat (Ernte) und zugleich sich von einem bestimmten Stoff- und Energiekomplex (als Folge der absoluten Kraftzentren und -felder) zurückzieht, um sich von einem andern neu erfrischt zu betätigen. Er ist der Erneuerer, die revolutionäre Macht, die das Leben von Erstarrung und Erhaltung behütet – er ist die Wegspur, die das sich stets in der Fortpflanzung erneuernde, wachsende Leben zurückläßt. Stoff-Gruppe ganz oder teilweise (Leiche).

Wenn die gynokratische Welt den Tod als Vermehrung der Gesamtzahl und Macht der toten Seelen feierte und in der Zeugung nur ein auf dieses Telos des Todes hingeordnetes Geschehen sah, so hat sie eben damit die höchste Verehrung des Allebens ausgedrückt, die denkbar ist. Der Tod ist die Ernte des Allebens am Einzelleben, die natürliche Auflösung des individuellen Lebens in den großen wachsenden Lebensstrom, der in purpurner Tiefe hinter den Erscheinungen seines Daseins rauscht – in dessen Wellen nichts verlorengeht.

2. Die Auferstehungsmystik hat den Ernst des Todes in einen Mummenschanz verwandelt und die egoistischen Triebe bis zur Leiberhaltung (Christi, Auferstehung des Fleisches) verherrlicht.

3. Der Tod ist nicht nur das Opfer, das die höher differenzierten Lebewesen zahlen für ihre höhere Organisation (Minot); er ist das einzige Mittel zu möglicher Hinaufpflanzung des Lebens und der Triumph der geistigen Person – die erst ihre reine ganze Wirkung hat.

4. Alle Libido ist intraindividuell und interzellular (im Wachstumsalter), ehe sie interindividuell wird. Darum ist der Autoerotismus stets Infantilismus (Fixierung der Libidorolle im Wachstumsalter).

5. Das Schicksal ist eine Tatsache, die in die Gottheit hineinreicht. Sie, die Tatsache, ist Determination des Lebens – ohne Wiederkehr dersel-

ben Zustände und stets mit dem Primat der ersten Lebensperiode des lebendigen individuellen oder kollektiven Subjekts.

6. Wenn die Teile des Organismus sich nicht mehr genug „lieben", altert und stirbt schließlich der Organismus – daher die steigenden Mißgefühle des Alterns: die Disgregation der Bewegungen, die Erscheinung der Zunahme der Dissimilation über Assimilation; die Fettkörperansammlung in den Zellen, die Erstickung des Wachstums.

7. In jedem Tod erstirbt die Gottheit als „Leben", um im neuen Gebilde wieder aufzuerstehen.

8. Nicht die Zeugung, der Tod ist die „Ernte" des Allebens. Vom Alleben aus gesehen ist der Tod das Fest der Anreicherung, die Abgabe dessen, was das individuelle Leben in seinem Gange erworben hat. Der Tod ist der ewige Sieg des Allebens über seine partielle Gestaltung, die ewige Bergung dessen, was es in seinem partikularen Ringen im Einzelindividuum erwarb; die Einkehr des Allebens in sich selbst.

**aus: ges. Werke; Schriften aus dem Nachlaß, Bd III
Bonn, 1987**

Träumen von einer besseren Zukunft!?
Die HOFFNUNG

1. *„Sehen Sie der Zukunft eher mit Hoffnung oder eher mit Befürchtungen entgegen?". Mit dieser Frage (selbstverständlich unter vielen anderen) versucht ein großes Meinungsforschungsinstitut gegen Ende eines jeden Jahres die Stimmungslage der Menschen zu erfragen. Die Antworten spiegeln persönliche Situationsbeschreibungen wieder, sind aber auch durch politische Ereignisse oder gesellschaftliche Trends mitbeeinflußt. Spricht jemand von seinen Hoffnungen, so meint er vielleicht Ereignisse seiner persönlichen Zukunft. Er hofft auf die Erhaltung seines Arbeitsplatzes, die glückliche Geburt eines Kindes, auf die Überwindung einer Partnerschaftskrise oder die Genesung von einer schweren Krankheit. Die Hoffnungen können sich auf die Erhaltung des Friedens, mehr Gerechtigkeit oder die Bewahrung der Schöpfung ausweiten. Hier hofft er nicht nur für sich, sondern proklamiert eine Solidarität der Hoffnung. Die Hoffnung kann sich auch beziehen auf eine grundsätzliche Aussage zum Ganzen der eigenen Existenz, etwa wenn ich darauf hoffe, daß mein Leben angesichts des Todes nicht ins Nichts zurückfällt, sondern noch jenseits der Todesgrenze eine Zukunft hat.*
Wie immer die Hoffnung inhaltlich gefaßt wird, sie hat etwas mit der Sinn- und Lebensperspektive des Menschen zu tun. Die Hoffnung zielt auf eine zukünftig Wirklichkeit, die - im Gegensatz zur Angst - als positiv erwartet wird, und auf die als ein Gutes sich der Mensch hin ausstreckt. Die Hoffnung umfaßt also immer das Erhoffte und das von ihm bewegte Hoffen. Anders ausgedrückt: Bei der Hoffnung - in Struktur und inhaltlicher Ausfaltung mit dem Glauben vergleichbar - gilt es, eine wichtige Unterscheidung vorzunehmen: Da ist einmal der reine Akt oder die Grundhaltung der Hoffnung (spes qua). Sie hängt mit der grundsätzlichen Offenheit des Menschen und seiner Ausrichtung auf Zukunft zusammen. Sie geht vom einzelnen Menschen aus, schließt aber durchaus andere mit ein und weitet sich in der Solidarität der Hoffnung aus. Daneben verstehen wir unter Hoffnung immer auch das erhoffte Ziel (spes quae). Je nach Inhalt des Erhofften hat die Hoffnung einen verschiedenen Stellenwert.
Thomas von Aquin gibt eine klassische Definition der Hoffnung, in der er die verschiedenen Traditionsstränge (aristotelische, stoische, augustinische und mittelalterliche Überlieferungen) zusammenfaßt. Sie ist für ihn eine Bewegung der Strebekraft mit vierfacher Bestimmtheit: „Erstens geht die Hoffnung auf ein Gut; dadurch unterscheidet sie sich von der Furcht. Zweitens geht sie auf ein künftiges Gut; dadurch unterscheidet sie sich von Freude oder Lust. Drittens geht sie auf ein Steilgut (hierunter versteht Thomas einen hochstehenden Wert); dadurch unterscheidet sie sich vom (bloßen) Verlangen. Viertens geht sie auf ein mögliches

(erreichbares) Gut; dadurch unterscheidet sie sich von der Verzweiflung. " (De spe a.1).

Die Hoffnung zielt auf ein Mögliches und ist so vom Vorhandenen grundsätzlich verschieden. Sie ist keine Variation des schon Gewesenen und immer Wiederkehrenden, resultiert also nicht einfach aus dem Erfahrenen und ist keine Extrapolation der Gegenwart allein. Die Zukunft, auf welche die Hoffnung abzielt, steht noch aus, sie ist deshalb immer ein kritisches Korrektiv, ein überbietender Widerspruch zur erfahrbaren Wirklichkeit. „So macht Hoffnung nicht ruhig, sondern unruhig" (J.Moltmann). Die Rede von Hoffnung hat nur Sinn in der Dimension von Geschichte.

Es gibt zwei „Sünden" gegen die Hoffnung: einmal die Vermessenheit oder eigenwillige Vorwegnahme der Erfüllung dieser Hoffnung; zum anderen die Verzweiflung als die eigenwillige Vorwegnahme der Nichterfüllung. Beides hebt den Wegcharakter der Hoffnung und damit den Status des Menschen als „homo viator" (G. Marcel) auf. Beides hebt auch an der Hoffnung das Moment der Freiheit und des unverfügbaren Ereignisses auf.

2. *Im Hinblick auf die inhaltliche Ausfaltung der Hoffnung muß unterschieden werden zwischen den vielen, innerweltlichen, vorläufigen Hoffnungen, die das menschliche Leben oder auch die Gesellschaft insgesamt auf erreichbare Ziele und sichtbare Veränderungen ausrichtet, und der letzten Hoffnung, die alle Einzelaspekte und Vorstufen transzendiert und ein letztes anzielt. (Anm.: Eine vergleichbare Unterscheidung ergibt sich beim Phänomen „Sinn". Vgl. den Gedankengang bei diesem Stichwort). Vom Menschen her erweisen sich alle innergeschichtlichen Einzelziele als vorläufig und ungenügend. Letzte Erfüllung ist nur von einer Transzendenz her zu begründen. Eine solche transzendente Zukunft und ein solcher Hoffnungsimpuls entzieht sich aber der empirischen Verifikation. Es kann hierüber kein garantiertes Wissen um ausgemachte Fakten, erst recht keine Beweise, geben. Da die Hoffnung sich nicht mit der ausgemachten Wirklichkeit abfindet, bleibt sie als „antizipierendes" oder „noch nicht Bewußtsein" (Ernst Bloch) unabgefunden bis zur letzten Erfüllung der Verheißung. So erweisen sich die Hoffnungsziele, wie das Leben des Menschen insgesamt als vor-läufig (im doppelten Sinn des Wortes). Hoffnungen gehen zurück auf Verheißungen, die in der Geschichte erfahrbar werden, sie setzen das Wagnis voraus, sich auf solche Zusagen hin einzulassen! Der Hoffnungsstruktur ist deshalb neben der Erwartungshaltung immer auch der aktive Akzent des Aufbruchs wesentlich. Die Bibel erzählt z.B. im Buch Exodus von solchen Erfahrungen des Volkes Israel, in denen Verheißungen und wagender Aufbruch zur Antriebsquelle der Geschichte und der Gotteserfahrungen werden. In der Erfahrung muß sich zeigen und muß gezeigt werden, daß die Ausrichtung auf Hoffnung nicht durch die Tatsachen des Lebens selbst um ihren Sinn gebracht sind. Die in der Hoffnung sich ausdrückenden Verheißungen lassen sich in der menschlichen Sprache nicht ausschöpfen, geschweige denn auf den Begriff bringen. Eine der Hoffnung angemessene Sprache redet in Bildern und Chiffren.*

3. *Gerade in diesen grundlegenden Perspektiven ergibt sich eine große Nähe zur Religion, vor allem im Hinblick auf die Geschichtsreligionen. Insbesondere Juden- und Christentum sprechen zentral von der Hoffnung, ja in vielen Passagen der Bibel ist die Rede von Gott und von der Hoffnung identisch (so in Eph 2.12: „Ihr hattet keine Hoffnung und lebtet ohne Gott") Das Volk Israel vertraut der Treue Jahwes und überläßt ihm die Leitung der Geschichte. Die Hoffnung - zunächst des Volkes, später dann auch des Einzelnen - zielt darauf, daß er seine Verheißungen (z. B. die Gabe des Landes, in dem Milch und Honig fließt, das unvergängliche Königtum, den endgültigen Heilsbringer, das neue Leben, das den Tod übersteigt) realisiert, weil er treu ist und zu seinem Wort steht. Garant der Hoffnung sind Erfahrungen aus der Geschichte, so die immer wieder neu in Erinnerung gerufene Befreiung aus dem Sklavenhaus Ägyptens.*

Für die Christen wird die Person Jesu Christi zum Hoffnungszeichen. Was an ihm (schon) geschehen ist (etwa in der Auferstehung), ist das, worauf der Gläubige (noch) hofft. Dieser sogenannte eschatologische Vorbehalt, also die Spannung zwischen dem „schon" (angebrochenen) und „noch nicht" (vollendeten) Reich Gottes eröffnet die Hoffnung als Grundspannung christlicher Existenz und Weltverantwortung.

Es wird hier eine große Nähe in Struktur und inhaltlicher Ausfaltung zwischen Hoffnung und Glauben deutlich. Einige klassische Definitionen des Glaubens greifen ausdrücklich die Hoffnung auf, etwa wenn Hebr. 11,1 sagt, Glaube sei ein Feststehen in dem, was man erhofft, oder wenn Paulus in 1 Thess 4,13 sagt, der Christ sei jemand, der Hoffnung habe, die anderen dagegen (gemeint sind Menschen ohne Glauben) seien verheißungslos und hätten keine Hoffnung.

4. *Die neuzeitlichen säkularisierten Hoffnungen sind auch deshalb in kritischer Absetzung zur christlichen Tradition formuliert worden, weil diese ihre biblisch begründete Hoffnungsstruktur in der Verkündigungspraxis aus dem Leben ausschied und sie als „letzte Dinge" in ein Jenseits hin transportierte. So wurden, in Verkennung der eigenen Impulse, die religiös begründete Hoffnung zur Vertröstung auf ein besseres Jenseits, zur Flucht aus dem irdischen Jammertal und seinen Herausforderungen. Dies wiederum provozierte die Vorwürfe der neuzeitlichen Religionskritik. Marx etwa bezeichnet die Hoffnung der Religion als Ausdruck des Elends und gleichzeitig als Protestation gegen das wirkliche Elend. „Die Religion ist der Seufzer der bedrängten Kreatur, das Gemüt einer herzlosen Welt, wie sie der Geist geistloser Zustände ist. Sie ist das Opium des Volkes." (in: Die Kritik der Hegelschen Rechtsphilosophie S. 378)*

Mitangestoßen durch diese Kritik hat die moderne Theologie (so bei J. Moltmann im protestantischen oder bei K. Rahner und J.B. Metz im katholischen Raum) neu herausgearbeitet, daß die Hoffnung nicht nur ein Teilbereich sondern die eigentliche Mitte jeder Theologie ist. Gerade auch in der kritischen Rezeption von Ernst Blochs „Prinzip Hoffnung" wurde deutlich gemacht, daß Gott immer ein „Gott vor uns" (Metz) ist. Er ist die absolute Zukunft des Menschen und das Woraufhin der transzendierenden Bewegung des Menschen.

So ist der Mensch, getrieben von der Hoffnung, immer unterwegs. Die Rede von der Hoffnung bewahrt dabei vor einer Idealisierung und Verabsolutierung des gegenwärtigen Status quo. Ihr wohnt ein kritisches Element inne. Das bedeutet gerade keine Vertröstung, sondern die Freisetzung der Kräfte für die Veränderung der Gegenwart auf die noch ausstehende Zukunft hin. Hoffnung ist so immer Antriebsmotor geschichtlichen Handelns.Nicht die Verdoppelung der Hoffnungslosigkeit durch Religion ist in der gegenwärtigen Situation gefordert, sondern das Gegengewicht, die Sprengkraft gelebter Hoffnung. Hier fordert etwa die moderne Theologie auf, etwa in dem bekannten Synoden-Dokument „Unsere Hoffnung" (1975), Zeichen zu setzen,die exemplarisch solche Hoffnung vorwegnehmen und so helfen, „das Defizit anschaulich gelebter Hoffnung auszugleichen". Dies ist deutlich eine Gegenposition zu existenzphilosophischen Auffassungen, in denen eher die Gegenbegriffe zur Hoffnung, also etwa Angst, Verzweiflung, Absurdität, Einsamkeit mit ihrer entsprechenden Sicht des menschlichen Daseins bestimmend sind.

5. Das Zurücktreten der heilsgeschichtlichen Eschatologie im Glaubensbewußtsein schuf den Leerraum für die säkularisierten Hoffnungen der Aufklärung, den dialektischen Materialismus und die verschiedenen Fortschrittsutopien und das Machbarkeitsdenken der Neuzeit. Sie verlegen ihre Erfüllung in die Geschichte und verstehen sie als Produkt menschlichen Tuns. Hierdurch wird aber das Prinzip Hoffnung außen vorgelassen, denn mit seiner Antizipation des Unvorhergesehenen widerspricht es der wissenschaftlichen Gesetzmäßigkeit etwa der Geschichtsauffassung im dogmatischen Marxismus - Leninismus genauso wie der Fortschrittsideologie des berechnend-sichernden Herrschaftsdenkens des wissenschaftlich-technischen Zeitalters. Überhaupt scheint das Grundproblem heute zu sein, daß das herrschende Wirklichkeitsverständnis und Wahrheitsbewußtsein die Dimension der Hoffnung nicht zu erreichen vermag, so wie es in der Frage Ernst Blochs ausgedrückt ist: „Was weiß der selbstgefällige Positivist von den Gefahren der Hoffnung, die ihr Festland verläßt und sich auf das Meer der Möglichkeiten im unausgemachten Weltprozeß begibt, der Alles oder Nichts enthält?"

Ernst Bloch: Hoffen als überschreitendes Denken

Wer sind wir? Wo kommen wir her? Wohin gehen wir? Was erwarten wir? Was erwartet uns?

Viele fühlen sich nur als verwirrt. Der Boden wankt, sie wissen nicht warum und von was. Dieser ihr Zustand ist Angst, wird er bestimmter, so ist er Furcht.

Einmal zog einer weit hinaus, das Fürchten zu lernen. Das gelang in der eben vergangenen Zeit leichter und näher, diese Kunst ward entsetzlich beherrscht. Doch nun wird, die Urheber der Furcht abgerechnet, ein uns gemäßeres Gefühl fällig.

Es kommt darauf an, das Hoffen zu lernen. Seine Arbeit entsagt nicht, sie ist ins Gelingen statt ins Scheitern. Hoffen, über dem Fürchten gelegen, ist weder passiv wie dieses, noch gar in ein Nichts gesperrt. Der Affekt des Hoffens geht aus sich heraus, macht die Menschen weit, statt sie zu verengen, kann gar nicht genug von dem wissen, was sie inwendig gezielt macht, was ihnen auswendig verbündet sein mag. Die Arbeit dieses Affekts verlangt Menschen, die sich ins Werdende tätig hineinwerfen, zu dem sie selber gehören. Sie erträgt kein Hundeleben, das sich ins Seiende nur passiv geworfen fühlt, in undurchschautes, gar jämmerlich anerkanntes. Die Arbeit gegen die Lebensangst und die Umtriebe der Furcht ist die gegen ihre Urheber, ihre großenteils sehr aufzeigbaren, und sie sucht in der Welt selber, was der Welt hilft; es ist findbar. Wie reich wurde allzeit davon geträumt, vom besseren Leben geträumt, was möglich wäre. Das Leben aller Menschen ist von Tagträumen durchzogen, darin ist ein Teil lediglich schale, auch entnervende Flucht, auch Beute für Betrüger, aber ein anderer Teil reizt auf, läßt mit dem schlecht Vorhandenen sich nicht abfinden, läßt eben nicht entsagen. Dieser andere Teil hat das Hoffen im Kern, und er ist lehrbar. Er kann aus dem ungeregelten Tagtraum wie aus dessen schlauem Mißbrauch herausgeholt werden, ist ohne Dunst aktivierbar. Kein Mensch lebte je ohne Tagträume, es kommt aber darauf an, sie immer weiter zu kennen und dadurch unbetrüglich, hilfreich, aufs Rechte gezielt zu halten. Möchten die Tagträume noch voller werden, denn es bedeutet, daß sie genau um den nüchternen Blick bereichern; nicht im Sinn der Verstockung, sondern des Hellwerdens. Nicht im Sinn des bloß betrachtenden Verstands, der die Dinge nimmt, wie sie gerade sind und stehen, sondern des beteiligten, der sie nimmt, wie sie gehen, also auch besser gehen können. Möchten die Tagträume also wirklich voller werden, das ist, heller, unbeliebter, bekannter, begriffener und mit dem Lauf der Dinge vermittelter. Damit der Weizen, der reifen will, befördert und abgeholt werden kann.

Denken heißt Überschreiten. So jedoch, daß Vorhandenes nicht unterschlagen, nicht überschlagen wird. Weder in seiner Not, noch gar in der Bewegung aus ihr heraus. Weder in den Ursachen der Not, noch gar im Ansatz der Wende, der darin heranreift. Deshalb geht wirkliches Überschreiten auch nie ins bloß Luftleere eines Vor-uns, bloß schwärmend, bloß abstrakt ausmalend. Sondern es begreift das Neue als eines, das im bewegt Vorhandenen vermittelt ist, ob es gleich, um freigelegt zu werden, aufs Äußerste den Willen zu ihm verlangt. Wirkliches Überschreiten kennt und aktiviert die in der Geschichte angelegte, dialektisch verlaufende Tendenz. Primär lebt jeder Mensch, indem er strebt, zukünftig, Vergangenes kommt erst später, und echte Gegenwart ist fast überhaupt noch nicht da. Das Zukünftige enthält das Gefürchtete oder das Erhoffte. Funktion und Inhalt der Hoffnung werden unaufhörlich erlebt, und sie wurden in Zeiten aufsteigender Gesellschaft unaufhörlich betätigt und ausgebreitet. Einzig in Zeiten einer niedergehenden alten Gesellschaft, wie der heutigen im Westen, läuft eine gewisse partielle und vergängliche Intention nur abwärts. Dann stellt sich bei denen, die aus dem Niedergang nicht herausfinden, Furcht vor der Hoffnung und gegen sie. Dann gibt sich Furcht als subjektivistische, Nihilismus als objektivistische Maske des Krisenphänomens; des erduldeten, aber nicht durchschauten, des beweinten, aber nicht gewendeten.

Das Desiderium, die einzig ehrliche Eigenschaft aller Menschen, ist unerforscht. Das Noch-Nicht-Bewußte. Noch-Nicht-Gewordene, obwohl es den Sinn aller Menschen und den Horizont alles Seins erfüllt, ist nicht einmal als Wort, geschweige als Begriff durchgedrungen. Dies blühende Fragengebiet liegt in der bisherigen Philosophie fast sprachlos da. Träumen nach vorwärts, wie Lenin sagt, wurde nicht reflektiert, wurde nur mehr sporadisch gestreift, kam nicht zu dem ihm angemessenen Begriff. Erwarten und Erwartetes, im Subjekt hier, im Objekt dort, das Heraufziehende insgesamt hat bis zu Marx keinen Weltaspekt erregt, worin es Platz findet, gar zentralen. Das ungeheure utopische Vorkommen in der Welt ist explizite fast unerhellt. Von allen Seltsamkeiten des Nichtwissens ist diese eine der auffälligsten. M. Terentius Varro soll in seinem ersten Versuch einer lateinischen Grammatik das Futurum vergessen haben; philosophisch ist es bis heute noch nicht ganz adäquat bemerkt. Das macht: ein überwiegend statisches Denken nannte, ja verstand diese Beschaffenheit nicht, und immer wieder schließt es das ihm Gewordene fertig ab. Ist als betrachtendes Wissen per definitionem einzig eines von Betrachtbarem, nämlich der Vergangenheit, und über dem Ungewordenen wölbt es abgeschlossene Forminhalte aus der Gewordenheit. Folgerichtig ist diese Welt, auch wo sie geschichtlich erfaßt wird, eine Welt der Wiederholung oder des großen Immer-Wieder; sie ist ein Palast der Verhängnisse, wie Leibniz das nannte, ohne es zu durchbrechen. Geschehen wird Geschichte, Erkenntis, Wiedererinnerung, Festlichkeit das Begehen eines Gewesenen. So hielten es alle bisherigen Philosophen, mit ihrer als fertig-seiend gesetzten Form, Idee oder Substanz, auch beim postulierenden Kant, selbst beim dialektischen Hegel. ...

Darum: besonders ausgedehnt ist in diesem Buch der Versuch gemacht, an die Hoffnung, als eine Weltstelle, die bewohnt ist wie das beste Kulturland und unerforscht wie die Antarktis, Philosophie zu bringen. ...

Sehnsucht, Erwartung, Hoffnung also brauchen ihre Hermeneutik, die Dämmerung des Vor-uns verlangt ihren spezifischen Begriff, das Novum verlangt seinen Frontbegriff. ... Erwartung, Hoffnung, Intention auf noch ungewordene Möglichkeit: das ist nicht nur ein Grundzug des menschlichen Bewußtseins, sondern, konkret berichtigt und erfaßt, eine Grundbestimmung innerhalb der objektiven Wirklichkeit insgesamt.

... Philosophie wird Gewissen des Morgen, Parteilichkeit für die Zukunft, Wissen der Hoffnung haben, oder sie wird kein Wissen mehr haben.

aus: Das Prinzip Hoffnung, Frankfurt/Main
Vorwort

Gabriel Marcel, Der prophetische Charakter der Hoffnung

So gelangen wir zu der wichtigen Schlußfolgerung, daß wir das Wesentliche der Hoffnung aus dem Auge verlieren, wenn wir sie beurteilen – und verdammen – wollen aus dem Gesichtspunkt einer festgelegten Erfahrung, deren Belehrungen, und mögen sie noch so endgültig sein, sie mit einer verblüffenden Harmlosigkeit ablehnen würde. Die Wahrheit ist vielmehr, daß die Hoffnung in das Gewebe einer im Werden begriffenen Erfahrung oder, anders ausgedrückt, eines noch nicht abgeschlossenen Abenteuers eingeflochten ist. Das steht im Widerspruch nicht etwa zu einem echten Empirismus, sondern zu einem gewissen Dogmatismus, der sich ausschließlich auf die Erfahrung beruft und eben dadurch deren Wesen tief verkennt – genau so wie der Szientismus der in ihrem Leben, in ihrem schöpferischen Werden erfaßten Wissenschaft entgegensteht. ...

Wer denkt hier nicht an den im eigentlichen Sinne hoffnungslosen Eindruck, den jedes Kind, jeder Jüngling erfahren hat, wenn er die Erwachsenen irgendeinen jener Kernsprüche von sich geben hörte, die angeblich der Ausdruck „unbestreitbarer" und fest gegründeter „Wahrheiten" sind, die aber alle seine Ahnungen, all sein verworrenes Sehnen wie eine Nichtigkeit treffen, weil er seine Erfahrung noch nicht gemacht hat und sich darum weigert, eine sogenannte Beweisführung, an der er nicht beteiligt war, für triftig zu erachten. Im übrigen müßte man sich fragen, vermöge welcher sonderbaren optischen Wirkung der gleiche Kernspruch dem, dem man ihn aufpfropfen will, so trostlos vorkommt, während er dem, der ihn von sich gibt, ich weiß nicht was für eine eingebildete Befriedigung zu verschaffen scheint. ...

146

Und so führt uns denn dieses alles zu der Erkenntis, daß die Verzweiflung in einem bestimmten Sinne nichts anderes ist als das Bewußtsein der geschlossenen Zeit oder, noch genauer gesagt, der Zeit als Gefängnis – während die Hoffnung als ein Durchbruch durch die Zeit erscheint; alles geht dann so vor sich, als ob die Zeit, anstatt sich um das Bewußtsein zusammenzuschließen, noch etwas durch sich hindurch gehen ließe. Von diesem Gesichtspunkt aus konnte ich vor kurzem den prophetischen Charakter der Hoffnung aufzeigen. Man kann gewiß nicht sagen, die Hoffnung sehe das, was sein wird; aber sie besteht darauf, als ob sie es sähe; man könnte sagen, daß sie ihre Autorität aus einer verdeckten Vision schöpft, auf die sie rechnen darf, ohne sie zu besitzen.

Von dieser allgemeinen Beobachtung müssen wir ausgehen, um zu erkennen, daß es zugleich wahr und falsch ist, wenn man sagt, es hänge von uns ab, ob wir hoffen. An der Wurzel der Hoffnung liegt etwas, das uns buchstäblich angeboren wird; aber wir können uns der Hoffnung verweigern, wie wir uns der Liebe verweigern können; und ohne Zweifel können wir die Hoffnung auch verleugnen, wie wir unsere Liebe verleugnen und entwerten können. Hier scheint es die Rolle des Kairos zu sein, unserer Freiheit die Gelegenheit zu geben, daß sie sich auswirke und sich entfalte, wie sie es nicht zu tun vermöchte, wenn sie sich selbst überlassen bliebe.

Daraus ist zu ersehen, warum es berechtigt ist, die Hoffnung als eine Tugend zu betrachten; darum nämlich, weil jede Tugend die Besonderung einer bestimmten inneren Kraft ist, und weil „in der Hoffnung leben" bedeutet, daß wir es fertig bringen, in den Stunden der Dunkelheit dem treu zu bleiben, was ursprünglich vielleicht nur eine Inspiration, eine Begeisterung, eine Verzückung war. ...

Um die Natur der Hoffnung noch vollständiger zu beleuchten – wenigstens soweit eine solche Beleuchtung überhaupt möglich ist –, müßten wir uns vielleicht unmittelbar an die Beantwortung der Frage wagen, welche Beziehung zwischen der Hoffnung und den Gründen zur Hoffnung besteht. Vielleicht ist es am besten, das Problem folgendermaßen zu formulieren: können wir auch dann noch hoffen, wenn die Gründe für das Hoffen unzureichend sind oder gar vollkommen fehlen? ...

Zunächts einmal ist der Sinn des Wortes „können" zweideutig; soll man sagen:

a) Kann es wirklich vorkommen, daß jemand hofft, ohne daß er Gründe zum Hoffen hat?

Oder vielmehr:

b) Hat man das Recht, auch dann noch zu hoffen, wenn die Gründe dafür unzureichend sind oder fehlen?

Wir bemerken zunächst, daß man in beiden Fällen stillschweigend voraussetzt, daß der Satz „es gibt keine Gründe oder wenigstens keine ausreichenden Gründe für das Hoffen" einen Sinn hat. Wir dürfen uns aber von den Worten nicht täuschen lassen: man kann nicht von der

Existenz oder Nicht-Existenz solcher Gründe sprechen, wie man von der Existenz oder Nicht-Existenz einer Sache spricht, die in der Erfahrung von jedermann gegeben sein kann; hier steht das „es gibt" oder das „es gibt nicht" in notwendiger Beziehung zu einem bestimmten Subjekt; in den Augen von X sind ausreichende Gründe für das Hoffen vorhanden oder nicht vorhanden. Welcher Art ist aber in unserem Problem das vorausgesetzte Subjekt? Wir wollen zunächst die Formel a) eingehender betrachten: Bedeutet sie: „Kann es wirklich vorkommen, daß jemand in einer Situation noch hofft, die für mich, der ich die Frage stelle, keine Gründe für das Hoffen enthält?" oder vielmehr: „...in einer Situation, die für das Subjekt selbst keine solchen Gründe enthält?"

Die erste Frage müssen wir offenbar mit ja beantworten: es ist vollkommen einleuchtend, daß der andere auch da noch Hoffnung bewahren kann, wo der Beobachter der Meinung ist, es gäbe keine Gründe für das Hoffen, das heißt, sie entzögen sich seinem Blick. Die erste Frage ist also müßig und bedeutungslos.

Ist nun die zweite Frage sinnvoller? Kann jemand auch da noch hoffen, wo er selbst zugibt, daß die Gründe für das Hoffen unzureichend sind oder fehlen? Aber wenn er wirklich aufrichtig davon überzeugt ist, daß diese Gründe fehlen oder unzureichend sind, dann gesteht er damit selbst, daß er in Wirklichkeit gar nicht hofft ...

Die Verwendung des Wortes „ausreichend" bedingt außerdem einen Widerspruch, denn wenn das Subjekt hofft, dann geschieht es doch nur darum, weil die Gründe zum Hoffen für es ausreichend sind, was auch der Beobachter darüber denken mag. ...

Vielleicht können wir nun auf Grund dieser Betrachtungen endlich die Definition aussprechen, die wir nicht an den Anfang unserer Analyse stellen wollten: Die Hoffnung, könnte man sagen, ist vom Wesen die Verfügbarkeit einer Seele, die sich in eine Erfahrung der Gemeinschaft innerlich genug eingelassen hat, um gegen den Widerstand des Willens und der Erkenntnis jenen transzendierenden Akt zu verwirklichen, durch den sie die lebendige Dauer bestätigt, für die jene Erfahrung zugleich Unterpfand und Anfang ist.

aus: Homo viator. Philosophie der Hoffnung, Düsseldorf 1949, S. 64 ff., 80 ff., 87

Josef Pieper, Hoffnung und Verzweiflung

Es ist kaum eine Aussage möglich, die tiefer in die innerste Zone geschöpflicher Existenz eindränge, als die: daß der Mensch bis zu seinem Tode in statu viatoris, im Zustand des Auf-dem-Wege-Seins ist. ...

Der Zustand des Auf-dem-Wege-Seins ist nicht im nächstliegenden, äußerlichen Sinne eine Bestimmung des Ortes. Dieser Zustand bezeichnet vielmehr die innerste Seinsverfassung der Kreatur. Er ist das innere, seinshafte „Noch nicht" des Geschöpfes.

Das „Noch nicht" des status viatoris schließt ein Negatives und ein Positives in sich: das Nichtsein der Erfüllung und die Richtung auf die Erfüllung.
...

Der status viatoris wird beendet durch den Zeit-Punkt, in dem die Widerruflichkeit an die Unwiderruflichkeit grenzt. Dieser Zeit-Punkt besiegelt nicht nur die Erfüllung, sondern auch die Nicht-Erfüllung. Auch die Entscheidung für das Nichts wird in diesem Augenblick endgültig. Der Zustand des Auf-dem-Wege-Seins wird im einen wie im anderen Fall aufgehoben. ...

Die Hoffnung ist, wie die Liebe, eine der ganz einfachen Ur-Gebärden des Lebendigen. In der Hoffnung reckt der Mensch sich „unruhigen Herzens" in vertrauend auslangender Erwartung empor nach dem bonum arduum futurum, nach dem steilen „Noch nicht" der Erfüllung, der natürlichen wie der übernatürlichen.

Das Auslangen der triebhaft-geistigen Hoffnung des natürlichen Menschen hat, wie schon gesagt wurde, aus sich nicht die Sicherheit der Richtung auf das wahrhaft Gute, die das begriffliche Wesen der Tugend ausmacht. Aber dieses natürliche Auslangen ist – als formbarer Stoff, als bereite materia – wesenhaft hingeordnet auf die Siegelung durch das formende Richtmaß der Tugend, damit es aus dieser Prägung auch selbst Anteil gewinne an der Ausrichtung auf das Gute. ...

Es gibt zwei Formen der Hoffnungslosigkeit. Die eine ist die Verzweiflung, die andere die praesumptio. Praesumptio wird gewöhnlich durch „Vermessenheit" übersetzt, obwohl die Verdeutschung durch „Vorwegnahme" nicht nur wortgemäßer ist, sondern auch den Sinn sehr genau trifft. Die praesumptio ist die seinswidrige Vorwegnahme der Erfüllung. Auch die Verzweiflung ist Vorwegnahme. Sie ist die seinswidrige Vorwegnahme der Nicht-Erfüllung: „Verzweifeln heißt in die Hölle hinabsteigen".

Die Benennung der Verzweiflung und der Vermessenheit als „Vorwegnahme" offenbart den Sachverhalt, daß beide den Weg-Charakter des menschlichen Daseins im status viatoris zerstören. Beide heben das echte Werden auf. Das „Noch nicht" wird wirklichkeitswidrig umgedeutet entweder in das „Nicht" oder in das „Schon" der Erfüllung. In der Verzweiflung wie in der Vermessenheit erstarrt und gefriert das eigentlich Menschliche, das die Hoffnung allein in strömender Gelöstheit zu bewahren vermag. Beide Formen der Hoffnungslosigkeit sind im eigentlichen Sinne unmenschlich und tödlich. „Diese beiden Dinge töten die Seele: die Verzweiflung und die verkehrte Hoffnung" sagt Augustinus. Und Ambrosius: „Der scheint überhaupt kein Mensch zu sein, der nicht auf Gott hofft."

Wenn wir heute Verzweiflung sagen, dann denken wir meist an einen seelischen Zustand, in den man, fast wider den eigenen Willen, „gerät". Hier aber ist unter Verzweiflung eine willentliche Entscheidung verstanden. Nicht eine Stimmung, sondern ein geistiger Akt. Also nicht etwas, in das man gerät, sondern etwas, das man setzt. Die Verzweiflung, von der hier gesprochen werden soll, ist Sünde. Und zwar eine Sünde, die durch das Merkmal einer besonderen Nachdrücklichkeit und einer gesteigerten Aktivität im Bösen ausgezeichnet ist.

Die Hoffnung sagt: es wird gut ausgehen; näherhin und eigentlicher: es wird gut ausgehen mit dem Menschen; noch eigentlicher; es wird gut ausgehn mit uns selbst und mit mir selbst. Diesen Eigentlichkeitsgraden der Hoffnung entsprechen die der Verzweiflung. Die eigentlichste Form der Verzweiflung besagt: es wird schlecht enden mit uns und mit mir selbst.

Dabei ist es wesentlich für die Hoffnung wie für die Verzweiflung, daß jene Sätze nicht nur „theoretisch" gemeint werden. Der Hoffende wie der Verzweifelnde steht mit seinem Wollen zu ihnen, und er läßt sie sein Tun bestimmen.

Hoffnung und Verzweiflung können je verschiedene Grade des Tiefgangs besitzen.

Oberhalb einer Hoffnung, die in der innersten Seinstiefe der Seele wurzelt, kann es, näher der Oberfläche sozusagen, mancherlei Verzweiflungen geben. Aber sie berühren die tiefere Hoffnung nicht, und sie haben keine endgültige Bedeutung. Anderseits: ein im letzten Grunde verzweifelter Mensch kann in den vorletzten Seinsbereichen etwa des Natürlich-Kulturellen durchaus als „Optimist" erscheinen, andern und sich selbst, falls er nur die innerste Kammer der Verzweiflung radikal abzudichten versteht, so daß kein Schmerzenslaut nach außen dringen kann (und es spricht vieles dafür, daß der zeitgenössische Weltmensch es darin zu einer wahrhaften Virtuosität gebracht hat).

aus: Über die Hoffnung - München, 1949, S. 13 ff., S. 51 ff.

Jürgen Moltmann, Hoffnung zwischen Glauben und Denken

Die Hoffnung des Glaubens

Im Widerspruch des Verheißungswortes zur erfahrbaren Wirklichkeit des Leidens und des Todes stemmt sich der Glaube auf die Hoffnung und „eilt über diese Welt hinaus", sagte Calvin. Er meinte damit nicht, daß der christliche Glaube weltflüchtig, wohl aber daß er zukunftssüchtig sei. Glauben, das heißt in der Tat Grenzen überschreiben, transzendieren und im Exodus stehen. So jedoch, daß damit die bedrückende Wirklichkeit nicht unterschlagen oder überschlagen wird. Der Tod ist wirklicher Tod und die Verwesung ist stinkende Verwesung. Schuld bleibt Schuld und das Leiden bleibt auch für den Glauben ein Aufschrei ohne fertige Antwort. Der Glaube überschreitet diese Realitäten nicht ins Himmlische und Utopische, er träumt sich nicht in eine andere Wirklichkeit. Er kann die in Leid, Schuld und Tod vermauerten Grenzen des Lebens nur dort überschreiten, wo sie real durchbrochen sind. Nur in der Nachfolge des vom Leiden, vom Sterben in der Gottverlassenheit und vom Grabe auferweckten Christus gewinnt er Aussicht ins Weite, wo keine Bedrängnis mehr ist, in die Freiheit und in die Freude. Dort, wo in der Auferweckung des Gekreuzigten die Grenzen durchbrochen sind, an denen alle menschlichen Hoffnungen sich brechen, dort kann und muß sich der Glaube zur Hoffnung weiten. ...

Das aber bedeutet umgekehrt nichts anderes, als daß der so Hoffende sich niemals wird abfinden können mit den Gesetzen und Zwangsläufigkeiten dieser Erde, weder mit der Unausweichlichkeit des Todes noch mit dem fortzeugend Böses gebärenden Bösen. Die Auferweckung Christi ist ihr nicht nur ein Trost in einem angefochtenen und zum Sterben verurteilten Leben, sondern auch der Widerspruch Gottes gegen das Leiden und Sterben, gegen die Erniedrigung und Beleidigung, gegen die Bosheit des Bösen. Christus ist der Hoffnung nicht nur Trost im Leiden, sondern auch der Protest der Verheißung Gottes gegen das Leiden. ...

Der Glaube tritt in diesen Widerspruch ein und wird darum selber ein Widerspruch gegen die Welt des Todes. Darum macht der Glaube, wo immer er sich zur Hoffnung entfaltet, nicht ruhig, sondern unruhig, nicht geduldig, sondern ungeduldig. Er besänftigt nicht das cor inquietum, sondern ist selber dieses cor inquietum im Menschen. Wer auf Christus hofft, kann sich nicht mehr abfinden mit der gegebenen Wirklichkeit, sondern beginnt an ihr zu leiden, ihr zu widersprechen. Frieden mit Gott bedeutet Unfrieden mit der Welt, denn der Stachel der verheißenen Zukunft wühlt unerbittlich im Fleisch jeder unerfüllten Gegenwart . . .

Daß wir uns aber nicht abfinden, daß es zwischen uns und der Wirklichkeit zu keiner freundlichen Harmonie kommt, das macht die unauslöschliche Hoffnung. Sie hält den Menschen unabgefunden bis zur großen Erfüllung aller Verheißungen Gottes. Sie hält ihn in statu viatoris, in jener Weltoffenheit, die, da sie durch die Verheißung Gottes in der Auferstehung Christ geöffnet ist, durch nichts als durch die Erfüllung eben dieses Gottes aufgehoben werden kann. Diese Hoffnung macht die christliche Gemeinde zu einer beständigen Unruhe in menschlichen Gesellschaften, die sich zur „bleibenden Stadt" stabilisieren wollen. Sie macht die Gemeinde zum Quellort immer neuer Impulse für die Verwirklichung von Recht, Freiheit und Humanität hier im Lichte der angesagten Zukunft, die kommen soll.

Hoffen und Denken

Nun könnte alles bisher über die Hoffnung gesagte nichts anderes als ein hymnischer Lobpreis auf einen guten Affekt des Herzens sein. Es könnte die christliche Eschatologie auch ihre tonangebende Rolle im

Ganzen der Theologie wiedergewinnen und bliebe doch ein steriles Theologumenon, wenn es nicht gelingt, die Konsequenzen für ein neues Denken und Handeln im Umgang mit den Dingen und Verhältnissen dieser Welt daraus zu ziehen. Solange die Hoffnung nicht das Denken und Handeln von Menschen umgestaltend ergreift, bleibt sie auf dem Kopf stehen und unwirksam. Darum muß die christliche Eschatologie den Versuch machen, Hoffnung ins weltliche Denken und Denken in die Hoffnung des Glaubens zu bringen. ...

Wenn es die Hoffnung ist, die den Glauben erhält, trägt und nach vorne zieht, wenn es die Hoffnung ist, die den Glaubenden in das Leben der Liebe hineinzieht, dann wird es auch die Hoffnung sein, die das Denken des Glaubens, sein Erkennen und Bedenken des Menschseins, der Geschichte und der Gesellschaft mobilisiert und antreibt. Er hofft, um zu erkennen, was er glaubt. Darum wird alle seine Erkenntnis als eine vorgreifende, fragmentarische, die verheißende Zukunft präludierende Erkenntnis auf die Hoffnung aufgetragen sein. Darum wird umgekehrt die Hoffnung, die der Glaube an Gottes Verheißung öffnet, zum Querulanten im Denken, zur Triebkraft, zur Unruhe und zur Qual des Denkens werden. Durch die von der Verheißung Gottes immer weiter gezogene Hoffnung wird die eschatologische Ausrichtung und die eschatologische Vorläufigkeit alles Denkens in der Geschichte aufgedeckt. Führt die Hoffnung den Glauben ins Denken und ins Leben hinein, so kann sie sich als eschatologische Hoffnung nicht länger so von den kleinen, auf erreichbare Ziele und sichtbare Veränderungen im menschlichen Leben gerichteten Hoffnungen dadurch distanzieren, daß sie diese in ein anderes Reich verweist, ihre eigene Zukunft aber für überirdisch und rein geistlicher Natur hält. Die christliche Hoffnung richtet sich auf ein novum ultimum, auf Neuschöpfung aller Dinge durch den Gott der Auferstehung Christi. Sie eröffnet damit einen umfassenden, auch den Tod umfassenden Zukunftshorizont, in den hinein sie weckend, relativierend und ausrichtend auch die begrenzten Hoffnungen auf Erneuerung des Lebens nehmen kann und muß. Sie wird die Vermessenheit in diesen Hoffnungen auf bessere Freiheit des Menschen, auf gelungenes Leben, auf Recht und Würde für den Mitmenschen; auf Beherrschung der Möglichkeiten der Natur, zerstören, weil sie in diesen Bewegungen das von ihr erwartete Heil nicht findet, weil sie sich durch diese Utopie und ihre Verwirklichung nicht mit dem Dasein versöhnen läßt. Sie wird also diese Zukunftsvisionen auf eine bessere, menschlichere, friedlichere Welt überholen auf Grund ihrer „besseren Verheißungen" (Hebr. 8, 6), weil sie weiß, daß solange noch nichts „sehr gut" ist, wie nicht „alles neu" geworden ist.

aus: Theologie der Hoffnung, München 1968, S. 15 f., 27 f.

Gott unserer Hoffnung

Der Name Gottes ist tief eingegraben in die Hoffnungs- und Leidensgeschichte der Menschheit. In ihr begegnet uns dieser Name, aufleuchtend und verdunkelt, verehrt und verneint, mißbraucht, geschändet und doch unvergessen. Der „Gott unserer Hoffnung" (vgl. Röm 15,13) ist „der Gott Abrahams, Isaaks und Jakobs" (Ex 3,6; Mt 22,32), „der Himmel und Erde geschaffen hat" (Ps 121,2) und den wir mit dem jüdischen Volk und auch mit der Religion des Islams öffentlich bekennen, so wie wir alte Hoffnungsrufe bis in unsere Tage weiterbeten: „Ich irre umher in meiner Klage. Ich bin in Unruhe wegen des Lärmes der Feinde, des Schreiens der Gottlosen. ... Mein Herz ängstigt sich in meiner Brust, und die Schrecken des Todes befallen mich. Furcht und Zittern kommt mich an, und Grauen bedeckt mich. Hätte ich doch Flügel wie eine Taube! ... Ich rufe zu Gott, und der Herr wird mir beistehen" (Psalm 55,3-7 a; 17)! Wenn wir solche Hoffnungsworte heute weitersprechen, dann stehen wir nicht allein und abgesondert: dann räumen wir vielmehr der Geschichte der Menschheit, die schließlich bis in unsere Gegenwart immer auch Religionsgeschichte ist, ein Stimmrecht, sozusagen ein Mitspracherecht bei dem ein, was wir von uns selbst zu halten haben und worauf wir vertrauen dürfen.

Der Gott unseres Glaubens ist der Grund unserer Hoffnung, nicht der Lückenbüßer für unsere Enttäuschungen. Nun versteht sich die Gesellschaft, in der wir leben, immer mehr als eine reine Bedürfnisgesellschaft, als ein Netz von Bedürfnissen und deren Befriedigung. Wo jedoch die gesellschaftlichen und öffentlichen Interessen ausschließlich von dieser Bedürfnisstruktur geprägt sind, hat unsere christliche Hoffnung nur ein verschwindendes Dasein. Denn in dieser Hoffnung drückt sich eine Sehnsucht aus, die alle unsere Bedürfnisse übersteigt. Wer sich vom Zwang eines reinen Bedürfnisdenkens nicht freimachen kann, wird den „Gott unserer Hoffnung" letztlich nur als vergebliche Vorspiegelung, als eingebildete Erfüllung vereitelter Bedürfnisse, als Täuschung und falsches Bewußtsein kritisieren können, und er wird die Religion der Hoffnung leicht als eine inzwischen durchschaute und eigentlich schon überholte Phase in der Geschichte menschlicher Selbstgestaltung ansehen. Die Gottesbotschaft unserer christlichen Hoffnung widersetzt sich einem schlechthin geheimnisleeren Bild vom Menschen, das nur einen reinen Bedürfnismenschen zeigt, einen Menschen ohne Sehnsucht, das heißt aber auch ohne Fähigkeit zu trauern und darum ohne Fähigkeit, sich wirklich trösten zu lassen und Trost anders zu verstehen denn als reine Vertröstung. Die Gottesbotschaft unserer Hoffnung widersteht einer totalen Anpassung der Sehnsucht des Menschen an seine Bedürfniswelt.

Dadurch wird der Name Gottes nicht zum Deckwort für eine gefährliche Beschwichtigung oder vorschnelle Aussöhnung mit unserer leidvoll zerrissenen Wirklichkeit. Denn gerade diese Hoffnung auf Gott ist es ja, die uns an sinnlosem Leiden immer wieder leiden macht. Sie ist es, die in uns immer neu den Hunger nach Sinn, das Dürsten nach Gerechtigkeit für alle, für die Lebenden und die Toten, die Kommenden und Gewesenen, weckt und die es uns verwehrt, uns ausschließlich innerhalb der verkleinerten Maßstäbe unserer Bedürfniswelt einzurichten.

aus: Synode der deutschen Bistümer. Beschluß: Unsere Hoffnung
Gesamtausgabe. Freiburg 1976, Teil I, 1 S. 87 f.

Vom Weltentwurf in der Möglichkeit: Das SCHÖNE

1. Das Schöne kann nicht als Gegenstand der Erörterung und gedanklichen Zergliederung erschlossen werden. Sprache reicht nicht aus zu erfassen, was überwiegend die Sinnlichkeit des Menschen anspricht. Schönheit zeigt jeweils Facetten ihrer überwältigenden Fülle nur dem absichtslosen Betrachter. Wenn wir beschreibend eine Annäherung suchen, geht es um die Vorbereitung des Geistes, um eine Um- und Einstimmung auf andere Qualitäten der Erkenntis.
Schönheit drückt nichts aus und doch offenbart sie alles, stellte Oscar Wilde fest. Vielleicht zeigt sie den Weg zu tiefsten Wahrheiten gerade deshalb, weil sie beeindruckt, jenseits der Beschränktheit des menschlichen Sprachvermögens. Das Schöne bemüht in der Sprache, mit der es „spricht", eine universale Symbolik, die von jedem Menschen verstanden wird. Hier gilt es, ein häufiges Mißverständnis aufzuzeigen. Schönheit ist relativ, behaupten viele; jeder hat seinen eigenen Geschmack; deshalb wird es nicht möglich sein, allgemeingültige Aussagen über die Schönheit zu machen. Aber: schon der letzte Teilsatz macht einen Unterschied der Betrachtung deutlich. Wir können nach den ihnen zukommenden Eigenschaften der Dinge fragen – ist der/die/das schön? Hier geht es in der Tat um ästhetische Urteile. Ebenso läßt sich aber auch „Das Schöne" in seinem eigentümlichen Geheimnis zum Ziel philosophischer Annäherung machen. Wir gehen dann eines der großen philosophischen Themen der Antike und des 18./19. Jahrhunderts an. Schiller sah im menschlichen lebensspielerischen Umgang mit dem Schönen eine der bedeutendsten Antworten auf die Frage nach dem wahren Menschsein. Das Schöne und der Mensch gehören ihrem Wesen nach zusammen. Im Spiel mit dem Schönen kommt der Mensch zu sich selbst.

2. Sich auf das Schöne einzulassen, bedeutet, eine andere Form der Wirklichkeitserfahrung zu suchen. Baumgarten unterschied das Erkenntnisvermögen des Intellekts und das Einsichtsvermögen der Sinnlichkeit. In der öffnenden „extensiven" Erkenntnis des Schönen bleibt die Welt unberührt. Das Schöne wird in seiner Darstellungskraft geschwächt, wenn es interpretiert oder gar aufgrund menschlicher Maßstäbe „vervollkommnet" werden soll. Die ästhetische Erfahrung bietet gleichzeitig einen Zugang zur lebendigen Ganzheit der Schöpfung in ihrer Vielheit sowie zu den gegebenen Gesetzen der Harmonie und sinnvollen Gliederung. Dies wußten schon die Pythagoräer, als sie in den Naturerscheinungen mathematische Relationen wiederzufinden suchten. Äußere Fülle und innere Logik kennzeichnen das Schöne. Der Mensch, der zulassen kann, was ihm Schönheit präsentiert, gelangt über das Schönheitsgefühl zum umfassenden Lebensgefühl. Die Verbindung von innerem und äußerem Schönen sowie Liebens- und Erstrebenswertem versuchte Schiller über den Begriff der „Anmut" zu erfassen. Anmut vereint Grazie, Würde und „schöne Seele" auch jenseits des schönen Körpers und der reinen Äußerlichkeit. Das nur im deutschen Sprachgebrauch benutzte Wort „Anmut" bedeutet im Ursprung des Begriffs den an etwas gesetzten Sinn. Das Liebreizende, Anziehende weckt und fesselt die Sinne des Menschen, es vermag die Kraft zu entwickeln zur positiven Deutung der Welt und seiner Existenz. Das Anmutige gibt Lebensmut und -energien. So wie der Verliebte der anmutigen Geliebten mit allen erdenklichen Anstrengungen, Selbstentwürfen und Spielen nahezukommen versucht, handelt auch der in die Schönheit der Welt einbezogene Mensch. Er möchte über sich hinausgehen, sich verschenken und ergießen. Das Objekt der Begierde wird zum anmutigen Subjekt, das den ihm ergebenen Menschen zum Objekt umgestaltet. Nur vor diesem Hintergrund konnte Schiller zu seiner begeisterten Beschreibung der Schönheit gelangen, der er zubilligte, der Ort für das Bewußtsein des Menschen zu sein, wo Vernunft, Sinnlichkeit, Pflicht und Neigung zusammenfallen.

3. In der Geschichte der abendländischen Philosophie hatte neben Pythagoras vor allem Platon das Schöne als eine der obersten Ideen des Kosmos gedeutet. Es repräsentiere, so führt er insbesondere im bekannten „Gastmahl" aus, die Einheit von Glanz, Feinheit, Güte, Sinnerfülltheit und Liebe. Im schönen Gegenstand, im liebreizenden Menschen oder im Glanz der Natur ließe sich das Urbild der Idee des Schönen wiederfinden, auf das der Mensch ausgerichtet sein Leben zu erfüllen sucht. Die geglückte Übereinstimmung (lies: Über-Einstimmung) mit dem Schönen stellt damit einen Schritt zu dem im Leben stets unerreichbaren Ziel dar, der Trias von Wahrem – Gutem – Schönem.
Jahrhunderte später machten Kant und die Philosophen des deutschen Idealismus (Fichte, Schelling, Hegel) Schönheit wieder zum Gegenstand ausführlicher, tiefer Analysen. Kant, der im Trachten der menschlichen Vernunft ein Besitzergreifen des Menschen von der Natur, gar ihre Neuschöpfung im menschlichen Geist sah, deutete und wies den Weg der ästhetischen Erfahrung als friedvollen Pfad zur Einrichtung in der Welt. Der Mensch, der diese Richtung einschlägt, vermag die Dinge „sein zu lassen". Das Schöne erwecke, wenn es erkannt werden will, ohne das Unterwerfungsstreben der Vernunft unmittelbar zu berühren, ein nicht anrührendes „interesseloses Wohlgefallen". „Schön ist, was ohne Begriff allgemein gefällt" (Kant) Im Interesse für die Dinge (lat. „inter-esse" = dazwischensein) mischt der Mensch sich ein, vermengt Vorhandenes mit seinen eigenen Vorstellungen und Zielsetzungen.

4. Die Beziehung zum Schönen basiert jedoch auf den Verhaltensweisen des Gewährens und Genießens. Die Absicht besteht nicht im Ergreifen sondern im Wunsch nach Verschmelzung. Unter anderem konnten auf dieser Grundlage im deutschen Idealismus die Ideen der Entwicklung, der Reifung und der Entfaltung des Geistes eine solche Bedeutung erlangen. In der Ästhetik der Darstellung sowie Welt- und Selbsterfahrung fallen Endliches und Unendliches ebenso zusammen wie menschlich bzw. göttlich Vernünftiges und sinnlich Erscheinendes. Geist, Wille und Natur präsentieren sich auf einer einigen Identitätsstufe. So konnte Hegel behaupten, daß der "Schein des Schönen" als Erscheinen bzw. Erscheinungsform der wahren Wirklichkeit zu begreifen ist. Der ursprüngliche Wille offenbart sich im Naturschönen. Das alles durchwaltende geistige Grundprinzip gewinnt Gestalt im Kunstschönen, das heißt, im Gemälde, in der Statue, in der Komposition oder auch in der Dichtung. Hier gerät der Mensch jedoch an eine gefährliche Grenze seines Schaffens. Sofern er, der sich dazu berufen und in die Lage versetzt sieht, Schönes selbst produktiv-gestaltend hervorzubringen, Wahnvorstellungen der eigenen Größe und Macht verfällt, löst er die Einheit von Wahrem – Gutem – Schönem auf. Das Schöne entartet zur Zielgröße einer planenden und entwerfenden menschlichen Vernunft. Es wird zum Serienprodukt, verliert seine Einzigartigkeit und Anmut. Bedürfnis- und absatzorientierte massenproduzierte Schönheit hat nichts mehr gemein mit dem, was einst Plotin als „das Einhafteste, Lauterste und Seiendste" zu beschreiben versuchte. Das Schöne ist nicht nützlich, denn jedem Nutzen wohnt eine äußere Zweckgebung inne.

Dem Menschen, dem sich Schönheit offenbart, wird allein um ihrer selbst willen am Erhalt des ihm Zuteilgewordenen gelegen sein. Er wird den Zustand der Gelöstheit von den nur dem Anderen wichtigen Alltagsverrichtungen suchen und schauend versinken wollen. Das Schöne, Glänzende, Schauenswerte führt den Betrachter im zweifachen Sinn zu seinem Grund – zum Grund seines Daseins bzw. zum Grund des Seins. In diesem Sinne erkannte Goethe das Schöne als „Scheinen aus dem Ursprung", suchte es selbstständig und verstand sein Werk entsprechend als Abbild der ans Licht gelangten Grundwahrheiten.

5. Die einzige Methode der Annäherung des Menschen an das Schöne besitzt seit Menschengedenken überzeitliche und überkulturelle Gültigkeit. Das Schöne im Ergriffenwerden präsentiert sich im sich selbst für die Weltgegenstände öffnenden und verlierenden Erkennen. Der begierdenhafte Weltbezug wird aufgehoben in der Kontemplation. Die Methode der Kontemplation verbindet offen sein, staunen können, absolute Hinwendung und Vertrauen miteinander. Sie liegt daher sehr nahe sowohl dem Gebet der Christen als auch der meditativen Welterfahrung der Asiaten. Der Mensch in der Kontemplation läßt, wie Pieper formuliert, den Gegenstand in seiner Reinheit anwesend sein. Der Schauende findet, indem er zuläßt. Die feine, graziöse Inständigkeit des Schönen – in seinem ständigen Vorhandensein – vermag menschliche

Bewußtseinsstrukturen nahezu selbsttätig zu verändern. Voraussetzung hierfür wird jedoch sein, daß Menschen Augenblicke der Kontemplation suchen und finden sowie nicht weiter sich selbst und die Welt ausschließlich zum Gegenstand ihrer kalkulierenden und spekulativen Vernunft machen.

Platon: Dimensionen des Schönen

Du aber magst versuchen, ob du mir folgen kannst. Wer nämlich auf die rechte Art diese Sache angreifen will, der muß in der Jugend zwar damit anfangen, schönen Gestalten nachzugehen, und wird zuerst freilich, wenn sein Führer ihn richtig führt, nur einen solchen lieben und in diesem schöne Gedanken erzeugen, hernach aber von selbst inne werden, daß die Schönheit in irgendeinem Körper der in jedem andern verschwistert ist, und es also, wenn er dem in der Idee Schönen nachgehen soll, großer Unverstand wäre, nicht die Schönheit in allen Körpern für eine und dieselbe zu halten. Wenn er dessen innegeworden ist, wird er zum Liebhaber aller schönen Körper werden, in seiner Leidenschaft für den Einen nachlassen und darauf als auf etwas Geringfügiges herabsehen. Nächstdem aber muß er die Schönheit in den Seelen für weit herrlicher halten, als die in den Körpern, so daß, wenn einer, dessen Seele rechter Art ist, auch nur wenig körperliche Anmut besitzt, ihm das doch genug ist und er ihn liebt und pflegt, indem er solche Gedanken in ihm erzeugt und zu wecken sucht, welche die Jünglinge besser zu machen vermögen. Dadurch wird er selbst veranlaßt werden, das Schöne in den Handlungen und Grundsätzen zu erfassen und erkennen, daß auch dieses überall verwandt ist, um schließlich die körperliche Schönheit als etwas Geringfügiges zu betrachten. Von den Handlungen aber muß er ihn dann weiter führen zu den Erkenntnissen, damit er auch die Schönheit der Erkenntnisse schaue. Dann wird er, schon den Blick auf vielfältiges Schöne gerichtet, nicht mehr in sklavischer Minderwertigkeit und Kleinlichkeit, das Schöne in einem einzelnen Wesen suchen und in knechtischer Weise mit der Schönheit Eines Knäbleins oder Eines Menschen oder Einer Handlung sich zufrieden geben, sondern er wird auf die hohe See des Schönen hinausfahren, sich dort umschauen und viele schöne und hohe Gedanken und Einsichten erzeugen in unerschöpflichem Weisheitsstreben, bis er hierdurch gestärkt und vervollkommnet, eine einzige solche Erkenntnis erblicke, welche auf ein Schönes folgender Art geht. ...

Das ist jenes Schöne, Sokrates, um deswillen er alle bisherigen Anstrengungen gemacht hat, welches fürs erste immer ist und weder entsteht noch vergeht, weder wächst noch schwindet, ferner auch nicht etwa nur in einer Hinsicht schön, in einer andern aber häßlich ist, noch auch jetzt schön und dann nicht, noch im Vergleich mit diesem schön, mit jenem aber häßlich, noch auch hier schön, dort aber häßlich, als ob es nur für einige schön, für andere aber häßlich wäre. ...

Und an dieser Stelle unserer Lebensbahn, lieber Sokrates, sagte die Mantineische Fremde, wenn irgendwo, wird das Leben dem Menschen erst lebenswert, wo er das Schöne selbst schaut. Wenn du dieses einmal erblickt hast, wirst du es nicht vergleichen wollen mit köstlichem Gerät oder Schmuck oder mit schönen Knaben und Jünglingen, bei deren Anblick du jetzt entzückt bist und wohl gern, du wie viele andere, um nur den Liebling zu sehn und immer mit ihm vereinigt zu sein, wenn es möglich wäre, weder essen noch trinken möchtest, sondern nur ihn anschauen und mit ihm verbunden sein.

aus: Das Gastmahl, 203a-210a
in: Sämtliche Werke, Bd 2, Hamburg 1980

Plotin: Über die Wahrnehmung des Schönen

Das Schöne beruht zunächst auf den Gesichtswahrnehmungen, dann aber auch auf denen des Gehörs, z. B. bei Satzgebilden und in der gesamten Musik; denn auch Melodien und Rhythmen sind schön. Wenn man dann von der sinnlichen Wahrnehmung weiter aufwärts steigt, so nennt man auch Sitten schön und Einrichtungen, Zustände, Wissenschaften und endlich auch Tugenden. Ob es aber eine noch höhere Schönheit gibt, das wird sich zeigen. Was ist nun die Ursache, daß die Körper uns schön erscheinen, daß dem Gehör gewisse Töne angenehm klingen, daß alles, was mit der Seele zusammenhängt, schön ist? Ist all das aus ein und demselben Grund schön, oder ist die Schönheit eines Körpers anderer Art als die Schönheit einer anderen Sache? Wo liegen die Gründe dafür oder der Grund? ...

Worin besteht nun die Ähnlichkeit zwischen dem diesseitigen Schönen und dem Schönen im Reich des Geistes? Darin, behaupten wir, daß es Anteil hat an der Idee. Denn alles Gestaltlose, dessen Bestimmung doch ist, Gehalt und Idee aufzunehmen, ist so lange häßlich und bar des göttlichen Logos, als es der Vernunft und Idee entbehrt; und zwar ist dies schlechthin häßlich; häßlich ist aber auch das, was von dem formgebenden Logos nicht durchdrungen ist, indem die Materie sich nicht durchweg formen ließ. Wenn nun die Idee zu dem, was aus vielen Teilen zu einer Einheit zusammengesetzt werden soll, hinzutritt, so ordnet sie es, führt es zu einer realen Zweckbestimmtheit und macht es durch innere Übereinstimmung zu einem Einheitlichen, da sie selbst eins war und auch das zu Gestaltende eins werden sollte, soweit dies bei seiner ursprünglichen Vielheit möglich ist. Sobald es nun zur Einheit zusammengefaßt ist, thront die Schönheit in ihm und teilt sich selbst den Teilen und dem Ganzen mit. Trifft sie aber auf ein schon von Natur Einheitliches und aus ähnlichen Teilen Bestehendes, so verbreitet sie sich über das Ganze. So verleiht z. B. die Kunst einem ganzen Gebäude mit all seinen Teilen oder die Natur einem einzelnen Stein Schönheit. So entsteht also der schöne Körper dadurch, daß er Anteil hat an dem von den Göttern kommenden Logos ...

Die leiblichen Augen muß man schließen und ein anderes dafür eintauschen und öffnen, das wir zwar alle besitzen, das aber nur die Wenigsten gebrauchen.

Aber was schaut denn jenes innere Auge? Im Augenblick, da es erwacht, kann es das allzu starke Licht noch nicht ertragen; sondern allmählich muß man die Seele daran gewöhnen: zuerst muß man auf eine schöne Lebensweise blicken, dann auf schöne Werke, aber nicht die Werke der Kunst, sondern Werke, wie sie von guten Männern vollbracht werden, dann auf jene Seelen selbst, die die guten Werke vollbringen. Wie willst du aber sehen, welche Schönheit einer guten Seele eigen ist? Zieh dich in dich selbst zurück und schau dich an. Und wenn du dich selbst noch nicht schön siehst, so mache es wie der Bildhauer: wie er von dem, was schön werden soll, bald hier, bald da etwas abschlägt und abschleift, bald hier glättet, bald dort säubert, bis er an seiner Statue ein schönes Antlitz zustande bringt, so nimm auch du alles weg, was überflüssig ist, mache das Krumme gerade, erhelle das Dunkle und laß es rein werden, kurz, laß nicht ab an deinem Bilde zu arbeiten, bis an dir der göttliche Glanz der Tugend erstrahlt, bis du die Weisheit erblickst, die auf heiligem Grunde wandelt.

aus: Das Schöne;
1. Enneade VI, 1–9

Immanuel Kant: Schöne Kunst als Kunst des Genies

Genie ist das Talent (Naturgabe), welches der Kunst die Regel gibt. Da das Talent, als angeborenes produktives Vermögen des Künstlers, selbst zur Natur gehört, so könnte man sich auch so ausdrücken: Genie ist die angeborene Gemütsanlage (ingenium), durch welche die Natur der Kunst die Regel gibt.

Was es auch mit dieser Definition für eine Bewandtnis habe, und ob sie bloß willkürlich, oder dem Begriffe, welchen man mit dem Worte Genie zu verbinden gewohnt ist, angemessen sei oder nicht (welches in dem folgenden Paragraphen erörtert werden soll), so kann man doch schon zum voraus beweisen, daß, nach der hier angenommenen Bedeutung des Worts, schöne Künste notwendig, als Künste des Genies betrachtet werden müssen.

Denn eine jede Kunst setzt Regeln voraus, durch deren Grundlegung allererst ein Produkt, wenn es künstlich heißen soll, als möglich vorgestellt wird. Der Begriff der schönen Kunst aber verstattet nicht, daß das Urteil über die Schönheit ihres Produktes von irgend einer Regel abgeleitet werde, die einen Begriff zum Bestimmungsgrund habe, mithin einen Begriff von der Art, wie es möglich sei, zum Grunde lege. Also kann die schöne Kunst sich selbst nicht die Regel ausdenken, nach der sie ihr Produkt zustande bringen soll. Da nun gleichwohl ohne vorhergehende Regel ein Produkt niemals Kunst heißen kann, so muß die Natur im Subjekte (und durch die Stimmung der Vermögen desselben) der Kunst die Regel geben, d. i. die schöne Kunst ist nur als Produkt des Genies möglich.

Man sieht hieraus, daß Genie 1. ein Talent sei, dasjenige, wozu sich keine bestimmte Regel geben läßt, hervorzubringen, nicht Geschicklichkeitsanlage zu dem, was nach irgend einer Regel gelernt werden kann; folglich , daß Originalität seine erste Eigenschaft sein müsse. 2. Daß, da es auch originalen Unsinn geben kann, seine Produkte zugleich Muster, d. i. exemplarisch sein müssen; mithin, selbst nicht durch Nachahmung entsprungen, anderen doch dazu, d. i. zum Richtmaße oder Regel der Beurteilung dienen müssen. 3. Daß es, wie es sein Produkt zustande bringe, selbst nicht beschreiben oder wissenschaftlich anzeigen könne, sondern daß es als Natur die Regel gebe; und daher der Urheber eines Produkts, welches er seinem Genie verdankt, selbst nicht weiß, wie sich in ihm die Ideen dazu herbeifinden, auch es nicht in seiner Gewalt hat, dergleichen nach Belieben oder planmäßig auszudenken und anderen in solchen Vorschriften mitzuteilen, die sie instand setzen, gleichmäßige Produkte hervorzubringen. (Daher denn auch vermutlich das Wort Genie von genius, dem eigentümlichen, einem Menschen bei der Geburt mitgegebenen schützenden und leitenden Geist, von dessen Eingebung jene originalen Ideen herrührten, abgeleitet ist.) Daß die Natur durch das Genie nicht der Wissenschaft sondern der Kunst die Regel vorschreibe; und auch dieses nur, insofern diese letztere schöne Kunst sein soll.

aus: Kritik der Urteilskraft § 46

Arthur Schopenhauer:
Die Musik als höchste Kunst, die Welt eine Symphonie

Die adäquate Objektivation des Willens sind die (Platonischen) Ideen; die Erkenntnis dieser durch Darstellung einzelner Dinge (denn solche sind die Kunstwerke selbst doch immer) anzuregen (welches nur unter einer diesem entsprechenden Veränderung im erkennenden Subjekt möglich ist), ist der Zweck aller anderen Künste. Sie alle objektivieren also den Willen nur mittelbar, nämlich mittels der Ideen: und da unsere Welt nichts anderes ist, als die Erscheinung der Ideen in der Vielheit, mittels Eingang in das principium individuationis (die Form der dem Individuo als solchem möglichen Erkenntnis), so ist die Musik, da sie die Ideen übergeht, auch von der erscheinenden Welt ganz unabhängig, ignoriert sie schlechthin, könnte gewissermaßen, auch wenn die Welt gar nicht wäre, doch bestehen: was von den anderen Künsten sich nicht sagen läßt. Die Musik ist nämlich eine so unmittelbare Objektivation und Abbild des ganzen Willens, wie die Welt selbst es ist, ja wie die Ideen es sind, deren vervielfältigte Erscheinung die Welt der einzelnen Dinge ausmacht. Die Musik ist also keineswegs, gleich den anderen Künsten, das Abbild der Ideen; sondern Abbild des Willens selbst, dessen Objektivität auch die Ideen sind; deshalb eben ist die Wirkung der Musik so sehr viel mächtiger und eindringlicher, als die der anderen Künste: denn diese reden nur vom Schatten, sie aber vom Wesen. Da es inzwischen derselbe Wille ist, der sich sowohl in den Ideen als in der Musik, nur in jedem von beiden auf ganz verschiedene Weise objektiviert, so muß zwar durchaus keine unmittelbare Ähnlichkeit, aber doch ein Parallelismus, eine Analogie sein zwischen der Musik und den Ideen, deren Erscheinung in der Vielheit und Unvollkommenheit die sichtbare Welt ist. Die Nachweisung dieser Analogie wird als Erläuterung das Verständis dieser durch die Dunkelheit des Gegenstandes schwierigen Erklärung erleichtern.

Ich erkenne in den tiefsten Tönen der Harmonie, im Grundbaß, die niedrigsten Stufen der Objektivation des Willens wieder, die unorganische Natur, die Masse des Planeten. Alle die hohen Töne, leicht beweglich und schneller verklingend, sind bekanntlich anzusehen als entstanden durch die Nebenschwingungen des tiefen Grundtones, bei dessen Anklang sie immer zugleich leise miterklingen, und es ist Gesetz der Harmonie, daß auf eine Baßnote nur diejenigen hohen Töne treffen dürfen, die wirklich schon von selbst mit ihr zugleich ertönen (ihre sons harmoniques) durch die Nebenschwingungen. Dieses ist nun dem analog, daß die gesamten Körper und Organisationen der Natur angesehen werden müssen als entstanden durch die stufenweise Entwickelung aus der Masse des Planeten: dieses ist, wie ihr Träger, so ihre Quelle: und dasselbe Verhältnis haben die höheren Töne zum Grundbaß. – Die Tiefe hat eine Grenze, über welche hinaus kein Ton mehr hörbar ist:

dies entspricht dem, daß keine Materie ohne Form und Qualität wahrnehmbar ist, d. h. ohne Äußerung einer nicht weiter erklärbaren Kraft, in der eben sich eine Idee ausspricht, und allgemeiner, daß keine Materie ganz willenlos sein kann: also wie vom Ton als solchem ein gewisser Grad der Höhe unzertrennlich ist, so von der Materie ein gewisser Grad der Willensäußerung. ...

Man könnte demnach die Welt ebensowohl verkörperte Musik als verkörperten Willen nennen: daraus also ist es erklärlich, warum Musik jedes Gemälde, ja jede Szene des wirklichen Lebens und der Welt, sogleich in erhöhter Bedeutsamkeit hervortreten läßt; freilich um so mehr, je analoger ihre Melodie dem innern Geiste der gegebenen Erscheinung ist ...

aus: Die Welt als Wille und Vorstellung, III. Buch § 52

Wilhelm Dilthey: Die dichterische Phantasie

Die Phantasie tritt uns als ein Wunder, als ein von dem Alltagstreiben der Menschen gänzlich verschiedenes Phänomen gegenüber, ist aber doch nur eine mächtigere Organisation gewisser Menschen, welche in der seltenen Stärke bestimmter elementarer Vorgänge gegründet ist; von diesen aus baut sich dann das geistige Leben seinen allgemeinen Gesetzen gemäß zu einer ganz von dem Gewöhnlichen abweichenden Gestalt.

Schon wenn die Wahrnehmung aus gleichzeitigen Empfindungen Gestalten im Raum oder aus ihrer Abfolge Rhythmen, Melodien, Lautgebilde aufbaut, macht sich dabei die Eigenart des Dichters geltend; vor allem wirken in ihm auf die Wahrnehmungsbildung mit ursprünglicher Macht seine Lebensbezüge, Stimmungen, Leidenschaften. Die Erinnerungsbilder haben dann in verschiedenen Individuen unter sonst gleichen Bedingungen einen ganz verschiedenen Grad von Helle und Stärke, von Sinnfälligkeit und Bildlichkeit. Von den Vorstellungen als farb- und lautlosen Schatten bis zu den im Sehraum bei geschlossenen Augen projizierbaren Gestalten der Dinge und Menschen erstreckt sich eine Reihe ganz verschiedener Formen von Reproduktion. Mit der Begabung für darstellende Poesie ist nun eine außerordentliche Fähigkeit, reproduzierten oder frei gebildeten Vorstellungen Augenscheinlichkeit und hellste Sinnfälligkeit zu erhalten oder zu verleihen, verknüpft. Bedarf doch das In-Gestalten-Denken des Dichters überall des Sinnfälligen, der Bewegung von scharf umrissenen Bildern als seiner Grundlage. Zugleich verlangt es Fülle der erworbenen Eindrücke und Vollständigkeit der Erinnerungsbilder: daher sind auch Dichter meist gewaltige Erzähler.

Welches ist nun das Verhältnis zwischen der angesammelten Erfahrung und der freischaffenden Phantasie, zwischen der Reproduktion von Gestalten, Situationen und Schicksalen und ihrer Schöpfung? ...

aus: Das Erlebnis und die Dichtung; Abschnitt: Goethe und die dichterische Phantasie, Studienausgabe Bd 3, Frankfurt/M. 1962, S. 113 f.

Josef Pieper: Lieben und Betrachten

Die lateinischen Worte contemplatio, contemplari entsprechen den griechischen Worten theoria, theorein. Sie sind durch Cicero, Seneca und zweifellos viele andere, Unbekannte, diesen früher geprägten Worten zugeordnet worden, im Vollzug jenes umfassenden Übersetzungsvorgangs, der die Frühgeschichte des lateinischen Westens, des Abendlandes, kennzeichnet.

Theoria bezeichnet die rein empfangende, von aller „praktischen" Bezweckung des tätigen Lebens durchaus unabhängige Zuwendung zur Wirklichkeit. Man mag diese Zuwendung „uninteressant" nennen – wenn hiermit nichts anderes ausgeschlossen sein soll als jegliches auf Dienlichkeiten und Belange gerichtete Absehen. Im übrigen ist hier auf höchst entschiedene Weise Interesse, Beteiligung, Aufmerksamkeit, Zielsetzung. Theoria und contemplatio zielen mit ihrer vollen Energie dahin – freilich: ausschließlich dahin –, daß die ins Auge gefaßte Wirklichkeit offenbar und deutlich werde, daß sie sich zeige und enthülle; sie zielen auf Wahrheit und nichts sonst. Dies ist ein erstes Element des Begriffes „Kontemplation": schweigendes Vernehmen von Wirklichkeit.

Ein zweites ist das folgende: Kontemplation ist nicht denkendes, sondern schauendes Erkennen. Sie ist nicht der ratio zugeordnet, nicht der Kraft des schlußfolgernden und beweisenden Denkens, sondern dem intellectus, dem Vermögen des „einfachen Schaublicks". Schauen ist die vollkommene Gestalt von Erkennen schlechthin. Schauen nämlich ist die Erkenntnis dessen, was anwesend und gegenwärtig ist – genau ebenso wie die geringere, sozusagen „unreine" Gestalt von Erkenntnis. Denken ist Erkenntnis des Abwesenden oder auch nur Bemühung um solche Erkenntis: der Sachverhalt wird erschlossen auf Grund von etwas anderem, das dem Geiste unmittelbar gegenwärtig ist; aber jener Sachverhalt zeigt sich nicht als er selbst. Thomas sagt, die Gewißheit des Denkens beruhe auf dem, was wir unmittelbar schauend einsehen; die Unumgänglichkeit des Denkens aber habe ihren Grund in dem Versagen der Schaukraft. Die Denkkraft ist eine Mangelform der Kraft des Schauens. Kontemplation also ist Schauen, das heißt, eine Weise der Erkenntis, die sich nicht erst auf ihren Gegenstand zu bewegt, sondern in ihm ruht. Der Gegenstand ist anwesend – so wie dem Auge ein Antlitz oder eine Landschaft gegenwärtig ist, indem der Blick „darauf ruht". Es ist im Schauen nicht die „futuristische Spannung", das in die Zukunft gerichtete Verlangen, das der Natur des Denkens entspricht. Der Schauende hat gefunden, wonach der Denkende sucht; es ist anwesend und „vor Augen" – Die Gegenwärtigkeit, die Präsenz aber mag eines Augenblicks umschlagen in die Bedeutung von „Gegenwart", „Präsenz" – welches die „Zeit"-Form der Ewigkeit ist.

Noch ein drittes Element ist zu nennen. In der Überlieferung wird die Kontemplation als ein von Staunen begleitetes Erkennen bezeichnet.

In der Kontemplation kommt ein mirandum zu Gesicht, das heißt, eine Realität, die Staunen hervorruft, indem sie, obwohl unmittelbar geschaut, unser Begreifen übersteigt. Staunen kann nur, wer noch nicht das Ganze sieht; Gott staunt nicht. Es ist ein Merkmal der irdischen Kontemplation, daß ihr diese Beunruhigung durch das Unerreichbare beigegeben ist. Ganz abgesehen noch von der „Störung" durch die Notdürfte des leibhaftigen Lebens, die gleichfalls unvermeidbar ist und heilsam zugleich – es kann nicht anders sein, als daß mitten in die Ruhe des Schauens der lautlose Anruf zu einer noch unendlich tieferen, unbegreiflichen „ewigen" Ruhe dringt. Das ist „der Ruf des Vollkommenen an das Unvollkommene, den wir Liebe nennen". Sie neigt sich jener anderen Liebe entgegen, von der wir gesagt haben, es sei das Unterscheidende der Kontemplation, durch sie entfacht zu werden.

aus: Glück und Kontemplation
München 1957, S. 75 ff.

SPIELE, um selbst zu sein

1. In seinem Gedichtbändchen „Der zunehmende Mond" behandelt der bengalische Dichterphilosoph Rabindranath Tagore die kleine Welt des Kindes. Das Spiel des Kindes, seine Fragen und Kommentare spiegeln gefühlvolle Sinnantworten sowie verborgene Lebensphilosophien wider. „Kind wie glücklich bist du, wenn du sitzest und den ganzen Morgen mit einem zerbrochenen Zweig spielst. Ich lächle über dein Spiel ... In meinem schwankenden Boot kämpfe ich, der Sehnsucht Meer zu durchkreuzen und vergesse, daß auch ich ein Spiel spiele." Das Leben ein Spiel, der Mensch ein „homo ludens" (seinem Wesen nach ein Spieler), diese Komponente seines Daseins führt den Menschen zurück zur Übereinstimmung mit dem Spiel der Natur und der übrigen Kreatur.

2. Alle Lebewesen spielen, behaupten die Biologen. Ihre motorische Energie tobt sich aus. Ihre emotionale Energie sucht sich sensible Felder der Betätigung. Spielen bedeutet weitaus mehr als Zeitvertreib, illusionäre Welt- und Ichentwürfe oder künstliche Regelwerke. Der Spielende projeziert und erlebt sich in eine(r) besondere(n) Existenzform und Wirklichkeit. Er ist nur scheinbar paradoxerweise mit Konzentration und Ernst bei der Sache. Das Spiel findet in sich selbst eine Begründung. Sein Ablauf, seine Ausrichtung und die Intensität seiner Erfahrungs-Spiel-Räume spiegelt eine besondere Verbindung von Notwendigkeit und Freiheit der in es versunkenen Lebewesen wider. Es gibt keine Kultur, in der das Spiel nicht auf hervorgehobener Lebensstufe Berücksichtigung findet. Der Mensch scheint auf dieser Ebene des Lebensvollzugs eher und umfassender einen Zugang zu sich selbst und zur Wahrheit zu finden als über die Anstrengungen des Intellekts, der ihn allzuoft mit dem Zusammenbruch seiner Konstruktionen scheitern ließ und vor die Möglichkeit der Nichtung stellte. Vielleicht muß man wählen, nichts zu sein oder zu spielen, was man ist, stellte J. P. Sartre fest, nachdem er an den Erkenntnismöglichkeiten des Menschen zweifelte.

3. Wenn eine Annäherung an die zentrale Sinnkategorie der Existenz über das Spiel möglich erscheint, so geschieht damit gleichzeitig eine Umwertung des Lebens. Es gäbe keine praktischen Erwägungen hinsichtlich eines Lebensziels oder Lebenszwecks. Leben erfüllte sich in der Freude an sich selbst. Im Spiel ereignet sich die unbeabsichtigte Selbstausübung des Lebewesens (K. Groos). Es präsentiert sich in der freien Handlung und Regelsetzung. Es steht außerhalb des gewöhnlichen Lebens und nimmt doch den Menschen völlig in Anspruch. In ihm werden eigene Zeit- und Raumkategorien sowie jeweilige Gemeinschaftsverbände formuliert und es umgibt sich mit dem Schimmer des Geheimnisses, der Spannung und der verlustfreien Wiederholbarkeit des Schönen (J. Huizinga). Die Offenheit des echten Spiels macht die Freiheit des Spielers deutlich. Er spielt, wie, mit wem, wann und mit welchem Ziel er möchte. Damit findet sich das/der Spielerische unversehens wieder in umfassenden Lebensakten des Suchens, Hoffens, Entwerfens und der Annäherung. Denn „Spielen ist verwandeln, obzwar im Sicheren, das wiederkehrt" (E. Bloch). Der Mensch geht auf ungebundende und selbstgesetzte Art und Weise um mit seinen formgebenden Fähigkeiten in kreativ-tätiger und sinnlicher Auseinandersetzung mit dem Stoff des „Ich" und der „Welt" (Schiller).

4. Die historische und gesellschaftliche Verfassung der Arbeit, der zweiten fundamentalen Weise der Selbstschöpfung, bestimmt dabei weitgehend die Bedeutung des Spielerischen in der Kultur. Die zunehmende Entfremdung des Menschen vom Produkt seines Tätigseins drängt ihn zu spielerischen Formen der Entfaltung. Wo Kreativität, Herstellen und Freiheit der arbeitenden Selbstbestimmung zunehmend begrenzt und fremdbestimmt werden, gehen Vernunft, Sinnlichkeit und Energie auf im ästhetischen Spiel. Die „Entzauberung der Welt" (M. Weber) wird im Spiel rückgängig gemacht. Formtrieb und Stofftrieb vereinigen sich im Spieltrieb (Schiller).
Spielen hebt in vielfacher Weise menschliche Bedürfnisse und Selbstentwürfe, Lebenssystematisierungsversuche und Energieregelungen auf. Spiele stellen als Vorwegnahme aufgabenorientierter Funktionen „Probeläufe" für den Ernst des Alltags dar, (Berufespiele der Kinder, Rollenspiele der Erwachsenen). Sie reglementieren Wettkampf und Konkurrenz (Gewinnspiele). Über Spiele läßt sich ein unerwünschter Ernstfall simulierend vermeiden (Kampfspiele, Schach). Künstlerische, kultische und rituelle Spiele bringen Konturen und Farbe in den eintönigen Alltag (Zirkus, religiöse Riten, Weihespiele). Die traditionelle japanische Lebensweise ist ausgefüllt mit Elementen der Spielkultur, mit der Zielsetzung der Selbstübung und -findung (Körperspiele, Riten, Go, Zen). Spiel dient aber auch dem bedingten Ausleben negativer Emotionen, der Zügelung von Antrieben und Lustgefühlen (Mensch ärgere dich nicht, schwarzer Peter). Letztlich gelingt Menschen im Spiel die Erfahrung über sich selbst hinaus sowie die Verbindung zum Umfassenden (kosmische Spiele, Schauspiel, Mysterienspiel).

5. Roger Callois legt eine Einteilung der Spiele in vier Gruppen vor, die jeweils Grundanliegen des Menschen entsprechen (Die Spiele des Menschen, Fra/M 1982): Wettbewerb fordert die Prinzipien der Verantwortung und des Selbsteinsatzes. Zufall fordert den Verzicht auf Willensentscheidungen und passive Hingabe. Maskierung bedeutet die Auf- und Annahme einer zeitweiligen Illusion sowie Wandlungs- und Anpassungsfähigkeit. Rausch erlaubt ein Verlassen der Stabilität der

Wahrnehmung und des klaren Bewußtseins, die vorübergehende Dominanz der Lustempfindung. In jedem Fall öffnet der spielende Mensch Türen für eine andere Form zu leben. Sei es, daß er den Schwerpunkt der Geduld, den des Vergnügens, der Geschicklichkeit, der Regelhaftigkeit oder den der Verschleierung wählt. Im eigenen Spiel (G. H. Mead: play) verläßt man den Rahmen des gesellschaftlichen Spiels(G. H. Mead: game). Man gibt sich vorübergehend eigene und mißachtet die oft als Zwänge erfahrenen Regeln der Gemeinschaft. Die Zeit des Spiels wird nicht in Stunden oder Tagen gemessen sondern in Runden, Akten oder Rollen. Die gemessene Zeit zergliedert, die spielerisch erfahrene fügt zusammen; sie läßt sich nur ganzheitlich in der Verbindung von Subjekt und Tätigkeit erfahren. So konnte Schiller behaupten: „Nur das Spiel macht den Menschen vollständig und es erweitert ihn, soweit er mit der Schönheit spielerisch umgeht." (Ästh. Erz.)

6. Der Blick zurück zum Ursprung und nach vorn zur umfassenden Ordnung ist vor allem von Komponisten, Dichtern und gestaltenden Künstlern im mystisch-spielerischen Umgang mit Tönen, Worten und Farben immer wieder gesucht worden. Dort, wo die kritisch abwägende Vernunft sich aufgrund ihrer Ernsthaftigkeit selbst begrenzt, bieten Musik, Bild und dichterischer Text einen Zugang zum Ich, zur Welt und zum Urgrund, der lebenserschließend sein kann.

In Stefan Zweigs „Schachnovelle" erwächst das Spiel zur einzigen geistig-seelischen Überlebenschance des inhaftierten Menschen. Es verschafft dem voll und ganz auf seine Regeln und Möglichkeiten konzentrierten Menschen eine Stärke der Vernunft, die nahezu unbegreiflich über andere Wege aufbaubar erscheint. Hermann Hesses wohl schwierigstes und dunkelstes Alterswerk „Das Glasperlenspiel" projeziert ein Bild der spielerisch-vernünftigen geistigen Grundordnung in einer Zeit 500 Jahre nach unseren. Thomas Mann beurteilte dieses Werk: „Es gehört zu dem wenigen Wagemutigen und eigensinnig-groß Konzipierten, was unsere verprügelt, verhagelte Zeit zu bieten hat ... Es hebt das Trauliche auf eine neue geistige, ja revolutionäre Stufe."

Auf dem großen Feld der darstellenden Kunst wäre die kindlich-spielerisch anmutende fundamental richtungslenkende Malerei Marc Chagals zu nennen. Steiners Mysteriendramen setzen das künstlerisch-spielerisch-lebendige Menschsein in Gegensatz zum rationalistisch-intellektuellen. Die Spieler und mitspielenden Betrachter im Mysteriendrama lassen sich als Geist- und Lebenssucher ein auf eine neue Form der Gegenwartsverarbeitung. Die Anthroposophen sehen demnach mehr als nur ein Spiel hinter dieser energetisch und geistoffenen Kunst: die Widerspiegelung geistiger Werte, Welten und Wahrheiten im Bühnenweihspiel.

Ähnlich umfassend verstand Richard Wagner seine Werke. Die Idee des Festspiels sollte Lebens- und Weltspiel vereinen. Seine Stücke sollten nicht nur zur Ergötzung des Publikums aufgeführt werden. Die Chance, sich dem Alltagsdrang zu entziehen, sollte im vollen geistig-seelischen „Bewegungsglück" der aktiven Teilnahme genutzt werden. Wagners Musik soll Lebens- und Welt-, Raum- und Zeiterfahrung verändern. Das Spiel mit dem Ring der Nibelungen, das Weihespiel des Parsifal sollen den Menschen seinem Ursprung und Sollen nahebringen. Die Allgegenwart der schicksalhaften Entscheidung, der Werdestrom des Lebens und die Schöpfungskraft des Urgrundes werden in verschlüsselten Botschaften übermittelt.

7. Wenn die Form der gesellschaftlich durchschnittlich angebotenen Arbeit(en) der Entfaltung der Persönlichkeit kaum mehr dienen kann, muß das spielerische Element der Kultur betont werden. In der Wiedererlangung der kindlichen Existenzform wird dem Spielenden die unmittelbare Lebensweise zurückgegeben. Versunken in Jetzt, Ich und Welt geht er mit dem Gegebenen um.
Die Gefahren liegen in der Überbetonung des Wettkampfs und des berauschenden Spiels sowie in der Vernachlässigung von Vernunft und Verantwortung. Der Mensch baut dann eine Lebenshaltung auf, die Johan Huizinga „Puerilismus" nannte, die Knabenhaftigkeit. Streitend, kämpfend, allein auf die Steigerung des Selbstwertgefühls ausgerichtet, werden Überlegenheitsspiele gespielt in Worten und Taten. Das beste Gehabe und Gerede, um sich den anderen gegenüber aufzuspielen, die beste materielle Ausstattung, die beste Panzerarmee werden vorgezeigt und eingesetzt. Diese Art zu spielen scheint auch in der Welt der Erwachsenen nicht verlorengegangen, vielmehr bis zum Absurden weiterentwickelt worden zu sein. Die Tendenz zur Entfremdung umfaßt neben der Arbeit auch zunehmend das Spiel. Der Mensch vermag sich nicht länger aus Freude an sich selbst und der Welt spielend selbst zu bestimmen. Er benutzt die Welt als Spielzeug und beutet sie für seine grausamen Spiele hoffnungslos aus. Die alte Weisheit bestätigt sich in unseren Tagen: Wo echtes Spiel verlorengeht, dort geht der Menschheit auch Sinnhaftigkeit, erfüllte Alltäglichkeit, Kultur und letztlich Menschlichkeit verloren.

Adolf Portmann: Das Spiel als gestaltete Zeit

Spiel ist freier Umgang mit der Zeit, ist erfüllte Zeit; es schenkt sinnvolles Erleben jenseits aller Erhaltungswerte; es ist ein Tun mit Spannung und Lösung, ein Umgang mit einem Partner, der mit einem spielt – auch wenn dieser Partner nur der Boden ist oder die Wand, welche dem Spielenden den elastischen Ball zurückspielen. Dieses Spiel setzt etwas Besonderes im Reiche des notwendigen lebendigen Tuns voraus, einen

Zeitraum ohne Sorge – kein Wunder, daß erst sehr hohes Leben in freier Natur zuweilen diesen Zeitraum des Freiseins gibt; kein Wunder auch, daß dieser besondere Zustand gerade der behüteten Jugend hoher tierischer Gestalten geschenkt ist. Der menschliche Lebensraum, das Aquarium, das Terrarium oder die Volière und das Tiergehege schaffen auch dem erwachsenen Tier zuweilen die Möglichkeit des Spiels. Man mag über die Tierhaltung verschieden denken, mehr das Gefangensein darin betonen – aber man wird nicht darüber wegsehen dürfen, daß auch wesentliche Bedingungen des Spielens so geschaffen werden.

Durch die Geborgenheit, die so entsteht, wird Spielen auch bei Fischen möglich. Wir haben Berichte über den Nilhecht, einen der sogenannten elektrischen Fische, die jahrelang im Aquarium spielend beobachtet worden sind – 17 Jahre in einem mir genauer bekannten Fall. Wie diese relative Freiheit von Sorge und die Geborgenheit des Tiers im Raum des Menschen zum Spiel anregt, mag ein einfaches Spiel mit meinem lieben Kolkraben Tobias bezeugen, der jahrelang im Institut am Rhein gelebt hat. Er erzwang sich eines Tages über alle anderen Zuneigungen hinaus, die ihm reichlich zukamen, ganz spontan meine besondere Aufmerksamkeit, indem er mir, kaum hatte ich die Volière verlassen, einen Grashalm mit dem Schnabel durch die weiten Maschen des Gitters entgegenstreckte. Ich ging darauf ein, ergriff den Halm, gab ihn durch die Masche nebenan zurück, und prompt erhielt ich ihn wieder zurück! Ich wiederholte das Spiel, es dauerte eine Weile – wann mein Rabe jeweils genug gehabt hätte, habe ich nie ausprobiert; jedenfalls haben wir dieses Hälmchenspiel manche Jahre gepflegt.

Geborgenheit: auch der weitere menschliche Lebensraum etwa der Stadt schafft manchmal jenes Minimum an Sorgenfreiheit, das Voraussetzung für Spiel ist. Nur ein Beispiel für viele:

In Zürich – es ist noch nicht so lange her – wurde eine Verkäuferin auf ein seltsames Klirren aufmerksam, das sie nicht erklären konnte. Sie fand dann aber bald – und andere Betrachter bezeugen es –, daß es der Klang von fallenden Eisennägeln war, die auf einer Zementstiege aufschlugen. Die Nägel kamen von einer Dachtraufe herunter – dort oben saßen die eigentlichen Urheber – ein Taubenpaar! Ich folge dem damaligen Bericht: Von einem nahen, abgeräumten Bauplatz trug die eine Taube im Schnabel die Eisennägel im Steilflug zum Dach. Die andere nahm die Eisenstücke ab und drehte sie in die rechte Lage. Beide Vögel setzten sich auf die Kante der Traufe, der Nagel wurde fallen gelassen, beide sahen ihm nach und warteten mit Spannung, wenn das Eisen fünfzehn Meter weiter unten auf der Zementtreppe aufschlug. Dann übernahm die eine wieder den Zubringerdienst, und das Spiel ging weiter, den ganzen Morgen, etliche Stunden lang. Zwei- bis dreihundert Nägel lagen schließlich auf der Treppe und Zementvorplatz verstreut, als die Vorstellung zu Ende ging. Zwei Kilo schwer war die ganze Eisenlast, einer der Nägel war 20 Zentimeter lang und 25 Gramm schwer. – Tauben hantieren in der Brutzeit mit Nistmaterial. Solche Neigungen mögen beim Aufgreifen der Nägel ihre Rolle spielen. Aber das Fallenlassen, das Warten auf den Klang, die stete Wiederholung dieses Erlebens läßt kaum einen Zweifel daran aufkommen, daß hier ein Genießen des selbsterzeugten Lautes mit im Spiel ist – eben „im Spiel" ist. ...

Drei Bedingungen müssen erfüllt sein, damit beim Tier das Spielen möglich ist: 1. reiche Umweltbeziehung, gegeben durch die gesamte Organisation des Tiers (Körperorgane wie Psyche); 2. Freiheit von der unmittelbaren Erhaltungssorge; 3. echte Geborgenheit, Aufgehobensein in der Umwelt, besonders in der Gruppe.

In dieser Sicht ist Spiel nicht Gegensatz zum Ernst. Ernst ist die ganze Naturgebundenheit jeder Lebensführung: diese ermöglicht als eine ihrer Formen das Spiel, das im Lebensernst völlig aufgehoben und geborgen ist. Suchen wir nach dem Besonderen dieser Lebensform „Spiel", so sehe ich sie in der Eigenart ihres Umgangs mit der Zeit, in der Möglichkeit ihrer Zeitgestaltung: Ich grenze als „Spiel" ab, die lustvolle, von Erhaltungssorge freie, also zweckfreie, aber sinnerfüllte Zeit.

aus: Ges. Werke Bd III, Offenburg 1979, S. 518 ff.

Friedrich Schiller:
Der Mensch ist nur da ganz Mensch, wo er spielt

Aber was heißt denn ein bloßes Spiel, nachdem wir wissen, daß unter allen Zuständen des Menschen gerade das Spiel und nur das Spiel es ist, was ihn vollständig macht und seine doppelte Natur auf einmal entfaltet? Was Sie, nach Ihrer Vorstellung der Sache, Einschränkung nennen, das nenne ich, nach der meinen, die ich durch Beweise gerechtfertigt habe, Erweiterung. Ich würde also vielmehr gerade umgekehrt sagen: mit dem Angenehmen, mit dem Guten, mit dem Vollkommenen ist es dem Menschen nur ernst; aber mit der Schönheit spielt er. Freilich dürfen wir uns hier nicht an die Spiele erinnern, die in dem wirklichen Leben im Gange sind und die sich gewöhnlich nur auf sehr materielle Gegenstände richten; aber in dem wirklichen Leben würden wir auch die Schönheit vergebens suchen, von der hier die Rede ist. Die wirklich vorhandene Schönheit ist des wirklich vorhandenen Spieltriebes wert; aber durch das Ideal der Schönheit, welches die Vernunft aufstellt, ist auch ein Ideal des Spieltriebes aufgegeben, das der Mensch in allen seinen Spielen vor Augen haben soll.

Man wird niemals irren, wenn man das Schönheitsideal eines Menschen auf dem nämlichen Wege sucht, auf dem er seinen Spieltrieb befriedigt. Wenn sich die griechischen Völkerschaften in den Kampfspielen zu Olympia an den unblutigen Wettkämpfen der Kraft, der Schnelligkeit, der Gelenkigkeit und an dem edleren Wechselstreit der Talente ergötzen, und wenn das römische Volk an dem Todeskampf eines erlegten Gladiators oder seines libyschen Gegners sich labt, so wird es uns aus diesem einzigen Zuge begreiflich, warum wir die Idealgestalten einer Venus, einer Juno, eines Apolls nicht in Rom, sondern in Griechenland aufsuchen müssen. Nun spricht aber die Vernunft: das Schöne soll nicht bloßes Leben und nicht bloße Gestalt, sondern lebende Gestalt, d. i. Schönheit sein, indem sie ja dem Menschen das doppelte Gesetz der absoluten Formalität und der absoluten Realität diktiert. Mithin tut sie auch den Ausspruch: der Mensch soll mit der Schönheit nur spielen, und er soll nur mit der Schönheit spielen.

Denn, um es endlich auf einmal herauszusagen, der Mensch spielt nur, wo er in voller Bedeutung des Worts Mensch ist, und er ist nur da ganz Mensch, wo er spielt. Dieser Satz, der in diesem Augenblicke vielleicht paradox erschient, wird eine große und tiefe Bedeutung erhalten, wenn wir erst dahin gekommen sein werden, ihn auf den doppelten Ernst der Pflicht und des Schicksals anzuwenden; er wird, ich verspreche es Ihnen, das ganze Gebäude der ästhetischen Kunst und der noch schwierigeren Lebenskunst tragen.

aus: Über die ästhetische Erziehung des Menschen
Stuttgart (Reclam) 1977, 15. Brief

Johan Huizinga: Die besondere Welt des Spiels

Die Ausnahme- und Sonderstellung des Spiels wird in bezeichnender Weise darin offenbar, daß es sich so gern mit einem Geheimnis umgibt. Schon kleine Kinder erhöhen den Reiz ihres Spiels dadurch, daß sie eine kleine Heimlichkeit daraus machen. Das ist etwas für uns, nicht für die anderen. Was die anderen da draußen tun, geht uns eine Zeitlang nichts an. In der Sphäre eines Spiels haben die Gesetze und Gebräuche des gewöhnlichen Lebens keine Geltung. Wir „sind" und wir „machen" es „anders". Diese zeitweilige Aufhebung der „gewöhnlichen Welt" ist bereits im Kinderleben völlig ausgebildet, ebenso deutlich sieht man sie aber bei den großen, im Kult verankerten Spielen der Naturvölker. Während des großen Einweihungsfestes, bei dem die Jünglinge in die Männergemeinschaft aufgenommen werden, sind nicht nur sie selber von dem gewöhnlichen Gesetz und den gewöhnlichen Regeln entbunden; im ganzen Stamm ruhen die Fehden. Alle Vergeltungstaten sind vorläufig ausgesetzt. Die zeitweilige Aufhebung des gewohnten Gesellschaftslebens einer großen heiligen Spielzeit zuliebe läßt sich auch in fortgeschrittenen Kulturen noch in zahlreichen Spuren finden. ...

Das Anderssein und das Geheime des Spiels findet seinen sichtbarsten Ausdruck in der Vermummung. In dieser wird „das Außergewöhnliche" des Spiels vollkommen. Der Verkleidete oder Maskierte „spielt" ein anderes Wesen. Er „ist" ein anderes Wesen. Kinderschreck, ausgelassene Lustigkeit, heiliger Ritus und mystische Phantasie gehen in allem, was Maske und Verkleidung heißt, unauflösbar durcheinander.

Der Form nach betrachtet, kann man das Spiel also zusammenfassend eine freie Handlung nennen, die als „nicht so gemeint" und außerhalb des gewöhnlichen Lebens stehend empfunden wird und trotzdem den Spieler völlig in Beschlag nehmen kann, an die kein materielles Interesse geknüpft ist und mit der kein Nutzen erworben wird, die sich innerhalb einer eigens bestimmten Zeit und eines eigens bestimmten Raums vollzieht, die nach bestimmten Regeln ordnungsgemäß verläuft und Gemeinschaftsverbände ins Leben ruft, die ihrerseits sich gern mit einem Geheimnis umgeben oder durch Verkleidung als anders als die gewöhnliche Welt herausheben. ...

Spiel und Mysterium

Wenn es erlaubt ist, unsere Ideen über die Bedeutung und Eigenart der primitiven Kulthandlungen auf den nicht weiter rückführbaren Begriff Spiel konvergieren zu lassen, dann bleibt noch eine äußerst heikle Frage übrig. Wie, wenn wir nun von niederen religiösen Formen zu höheren aufklimmen? Von dem wüsten Spuk der Sacra bei den afrikanischen, australischen oder amerikanischen Naturvölkern wendet sich der Blick hinüber zu dem vedischen Opferkult, der schon schwanger ist von der Weisheit der Upanishaden, zu den mystischen Homologien der ägyptischen Religion, zu den orphischen oder zu den eleusinischen Mysterien. In der Praxis ist ihre Form bis in bizarre und blutige Einzelheiten der sogenanten primitiven immer noch aufs nächste verwandt. Wir erkennen aber in ihnen – oder vermuten es wenigstens – einen Gehalt von Weisheit und Wahrheit, der uns verbietet, sie mit der Überlegenheit zu betrachten, die im Grunde auch schon angesichts der sogenannten primitiven Kulturen nicht am Platze ist. Die Frage ist nun, ob man, der formalen Gleichartigkeit wegen, auch mit dem heiligen Bewußtsein, mit dem Glauben, der diese höheren Formen erfüllte, die Qualifizierung Spiel verbinden darf. Hat man sich einmal die platonische Konzeption vom Spiel zu eigen gemacht, wozu das Vorangehende uns geführt hat, dann besteht dagegen nicht das geringste Bedenken. Der Gottheit geweihte Spiele, das Höchste, dem der Mensch im Leben seinen Eifer zu widmen hat, so faßte es Plato. Die Wertung des heiligen Mysteriums als den höchsten erreichbaren Ausdruck für etwas, was dem logischen Verstande unnahbar bleibt, gibt man damit keineswegs preis. Die geweihte Handlung bleibt mit einer wichtigen Seite in der Kategorie Spiel inbegriffen, die Anerkennung ihrer Heiligkeit jedoch geht in dieser Unterordnung nicht verloren.

aus: Homo ludens, Leiden 1938, S. 19 ff.

Roger Caillois: Spiele regeln das Miteinander

Ohne Zweifel muß das Spiel als eine freiwillige Betätigung, als eine Quelle der Freude und des Vergnügens definiert werden. Ein Spiel, an dem teilzunehmen man sich gezwungen sähe, wäre eben kein Spiel mehr. Es würde zu einem Zwang, zu einer Fron, der jeder eiligst zu entgehen bestrebt wäre. Würde es obligatorisch oder würde es auch nur befohlen, so verlöre das Spiel einen seiner entscheidenden Züge, nämlich den, daß sich der Spieler dieser Beschäftigung spontan und aus Freude und Vergnügen überläßt, wobei es dem Menschen stets freisteht, zwischen Spiel und Nichtspiel zu entscheiden und gegebenenfalls das Schweigen, die Sammlung, die müßiggängerische Einsamkeit oder eine produktive Tätigkeit vorzuziehen. Daher die Definition, die Paul Valéry für das Spiel vorschlägt: es herrscht dort, „wo die Langeweile das zu entbinden vermag, was der Eifer gebunden hat". Spiel gibt es nur, wenn die Spieler Lust haben zu spielen und sei es auch das anstrengendste und erschöpfendste Spiel, in der Absicht, sich zu zerstreuen und ihren Sorgen, das heißt dem gewöhnlichen Leben zu entgehen. Vor allem aber müssen die Menschen aufhören können, wann es ihnen gefällt, müssen sagen können: Ich spiele nicht mehr.

Das Spiel ist in der Tat eine abgetrennte und sorgfältig von dem übrigen Dasein isolierte Beschäftigung und findet im allgemeinen in räumlich und zeitlich genau festgelegten Grenzen statt. Es gibt einen Spielraum, entweder das Mühle-, Schach- oder Damebrett, oder das Stadion, die Rennbahn, den Ring, die Bühne oder die Arena. Hier verliert alles, was sich außerhalb dieser idealen Grenze ereignet, seinen Wert. Jedes irrtümliche, zufällige oder zwangsläufige Verlassen der Umgrenzung, jeder Ballwurf, der über das Terrain hinausgeht, zieht entweder eine Disqualifikation oder eine Strafe nach sich.

Dann gilt es, das Spiel an der vereinbarten Grenze wieder von neuem anzufangen. Ebenso verhält es sich mit der Zeit: die Partie beginnt und endet auf ein gegebenes Zeichen. Oft ist die Dauer im voraus festgesetzt. Sie ohne zwingenden Grund aufzugeben oder sie zu unterbrechen, ist entehrend. Geschieht es dennoch, so verlängert man die Partie nach einer gegenseitigen Absprache der Partner oder einer Entscheidung des Schiedsrichters. In jedem Falle ist somit die Domäne des Spiels eine reservierte, geschlossene oder geschützte Welt: ein reiner Raum.

Die verworrenen und verwirrenden Gesetze des gewöhnlichen Lebens werden in diesem begrenzten Raum und für diese gegebene Zeit ersetzt durch neue, eigenmächtige und unwiderlegbare Regeln, die man als solche annehmen muß und die den korrekten Ablauf der Partie bestimmen. Der Falschspieler, der die Regeln verletzt, heuchelt doch zumindest, sie zu respektieren. Er stellt sie nicht in Abrede, er mißbraucht lediglich die Loyalität der übrigen Spieler. Unter diesem Gesichtspunkt muß man all jenen Autoren zustimmen, die betonen, daß das Spiel durch die Unredlichkeit des Falschspielers nicht zerstört wird. Derjenige, der es ruiniert, ist der Neinsager, der auf die Absurdität der Regeln, auf deren konventionelles Wesen hinweist, und der es ablehnt zu spielen, weil das Spiel keinen Sinn habe. Die Argumente des Neinsagers sind unwiderlegbar. Das Spiel hat seinen Sinn nur in sich selbst. Deshalb sind seine Regeln mächtig und unbedingt, über jede Diskussion erhaben. Es gibt keine Begründung, warum sie so und nicht anders sind. Wer sie nicht annimmt wie sie sind, muß sie auch noch als offensichtliche Extravaganz achten.

Man spielt nur, wenn man will, wann man will und solange man will. In diesem Sinne ist das Spiel eine freie Tätigkeit. Es ist überdies eine unbestimmte Tätigkeit. Es muß bis zum Ende ein Zweifel über den Ausgang bestehen. Wenn der Ausgang einer Partie Karten schon zu Beginn nicht mehr zweifelhaft ist, hört man auf zu spielen, jeder legt seine Karten nieder. Bei der Lotterie oder beim Roulette setzt man auf eine Nummer, die kommen oder auch nicht kommen kann. Bei einem sportlichen Wettkampf müssen die Kräfte der Teilnehmer gleichwertig sein, damit jeder seine Möglichkeit vollständig ausnützen kann. Jedes Geschicklichkeitsspiel birgt für den Spieler von vornherein das Risiko in sich, seinen Coup zu verfehlen, und die Befürchtung, sein Ziel nicht zu erreichen, sonst würde das Spiel kein Vergnügen mehr machen. Tatsächlich macht das Spiel dem, der zu eifrig oder zu geschickt ist, der ohne Mühe und unfehlbar gewinnt, auch keinen Spaß mehr.

Ein im voraus bekannter Ablauf ohne Möglichkeit des Irrtums oder der Überraschung, der eindeutig zu einem unvermeidlichen Resultat führt, wäre mit dem Wesen des Spiels unvereinbar. Es bedarf einer beständigen, nicht voraussehbaren Erneuerung der Situation, wie sie sich bei jedem Angriff oder Ausfall beim Florettfechten oder auch beim Fußballspiel ergibt, aber auch bei jedem Ballwechsel beim Tennis oder jedesmal beim Schachspiel, wenn einer der Gegner eine Figur verschiebt. Das Spiel besteht in der Notwendigkeit, unmittelbar innerhalb der Grenzen und Regeln eine freie Antwort zu finden und zu erfinden. Diese dem Spieler gegebene Möglichkeit, die seinem Handeln zugebilligte Bewegungsfreiheit gehört mit zum Spiel und erklärt zum Teil das Vergnügen, das es erzeugt. Sie erklärt auch die ebenso bemerkenswerten wie bezeichnenden Verwendungen des Wortes „Spiel". So spricht man zum Beispiel von dem Spiel eines Künstlers oder von dem Spiel eines Räderwerkes, um mit diesem Ausdruck in dem eine Falle den persönlichen Stil eines Interpreten, im anderen die mangelhafte Einpassung eines Mechanismus zu bezeichnen.

Viele Spiele bedürfen keiner Regel. So gibt es keine, zumindest keine festen und strengen Regeln, um Puppe oder Soldat, Räuber und Gendarm, Pferd, Lokomotive oder Flugzeug zu spielen, also im allgemeinen für jene Spiele, die eine freie Improvisation voraussetzen und deren

Hauptanziehungskraft in dem Vergnügen liegt, eine Rolle zu spielen, sich so zu verhalten, als ob man der oder jener oder auch dieses oder jenes sei, eine Maschine zum Beispiel. Obwohl diese Behauptung paradox klingt, würde ich sagen, daß hier die Fiktion, also das Gefühl des 'als ob' die Regel ersetzt und genau die gleiche Funktion erfüllt. Durch sich selbst erschafft die Regel eine Fiktion. Derjenige, der Schach, Barlauf, Polo oder Bakkarat spielt, sieht sich durch die Tatsache, daß er sich deren entsprechenden Regeln unterwirft, von dem gewöhnlichen Leben abgetrennt, welch letzteres nichts von dem kennt, was diese Spiele getreulich zu reproduzieren sich bemühen. Deshalb spielt man nur zum Spaß Schach, Barlauf, Polo und Bakkarat. Man tut nicht als ob. Wohingegen der Spieler jedesmal, wenn das Spiel darin besteht, das Leben nachzuahmen, einerseits Regeln erfinden und einhalten kann, wie sie die Wirklichkeit nicht in sich birgt, andererseits das Spiel aber von dem Bewußtsein begleitet wird, daß die eingenommene Haltung etwas Scheinbares oder einfach Mimik ist. Hier bewirkt das Bewußtsein der absoluten Irrealität des angenommenen Verhaltens an Stelle der willkürlichen Gesetzgebung, welche andere Spiele bestimmt, die Abtrennung vom gewöhnlichen Leben. Die Entsprechung ist so genau, daß jetzt nicht mehr wie früher derjenige, der auf die Absurdität der Regeln hinwies, der Spielverderber ist, sondern derjenige, der den Zauber bricht und sich brutal weigert, die entsprechende Illusion anzunehmen, der also den Knaben daran erinnert, daß er kein wirklicher Detektiv, kein Pirat, kein wirkliches Pferd oder kein Taucher ist, und der dem kleinen Mädchen ins Gedächtnis ruft, daß es kein wirkliches Kind wiegt und daß es in seinem Miniaturgeschirr keine richtige Mahlzeit für Gäste aufträgt.

aus: Das Spiel und die Menschen
Frankfurt/M. 1982, S. 12 ff.

Friedrich Nietzsche:
Von den Verwandlungen des Geistes

Drei Verwandlungen nenne ich euch des Geistes: wie der Geist zum Kamele wird, und zum Löwen das Kamel, und zum Kinde zuletzt der Löwe.

Vieles Schwere gibt es dem Geiste, dem starken, tragsamen Geiste, dem Ehrfurcht innewohnt: nach dem Schweren und Schwersten verlangt seine Stärke.

Was ist schwer? so fragt der tragsame Geist, so kniet er nieder, dem Kamele gleich, und will gut beladen sein.

Was ist das Schwerste, ihr Helden? so fragt der tragsame Geist, daß ich es auf mich nehme und meiner Stärke froh werde.

Ist es nicht das: sich erniedrigen, um seinem Hochmut weh zu tun? Seine Torheit leuchten lassen, um seiner Weisheit zu spotten?

Oder ist es das: von unserer Sache scheiden, wenn sie ihren Sieg feiert? Auf hohe Berge steigen, um den Versucher zu versuchen?

Oder ist es das: sich von Eicheln und Gras der Erkenntnis nähren und um der Wahrheit willen an der Seele Hunger leiden?

Oder ist es das: in schmutziges Wasser steigen, wenn es das Wasser der Wahrheit ist, und kalte Frösche und heiße Kröten nicht von sich weisen?

Oder ist es das: die lieben, die uns verachten, und dem Gespenste die Hand reichen, wenn es uns fürchten machen will?

Alles dies Schwerste nimmt der tragsame Geist auf sich: dem Kamele gleich, das beladen in die Wüste eilt, also eilt er in seine Wüste.

Aber in der einsamsten Wüste geschieht die zweite Verwandlung: zum Löwen wird hier der Geist, Freiheit will er sich erbeuten und Herr sein in seiner eignen Wüste.

Seinen letzten Herrn sucht er sich hier; Feind will er ihm werden und seinem letzten Gotte, um Sieg will er mit dem großen Drachen ringen.

Welches ist der große Drache, den der Geist nicht mehr Herr und Gott heißen mag? „Du-sollst" heißt der große Drache. Aber der Geist des Löwen sagt „ich will".

„Du-sollst" liegt ihm am Wege, goldfunkelnd, ein Schuppentier, und auf jeder Schuppe glänzt golden „du sollst"!

Tausendjährige Werte glänzen an diesen Schuppen, und also spricht der mächtigste aller Drachen: „aller Wert der Dinge – der glänzt an mir."

„Aller Wert ward schon geschaffen, und aller geschaffene Wert – das bin ich. Wahrlich, es soll kein „Ich will" mehr geben!" Also spricht der Drache.

Meine Brüder, wozu bedarf es des Löwen im Geiste? Was genügt nicht das lastbare Tier, das entsagt und ehrfürchtig ist?

Neue Werte schaffen – das vermag auch der Löwe noch nicht: aber Freiheit sich schaffen zu neuem Schaffen – das vermag die Macht des Löwen.

Freiheit sich schaffen und ein heiliges Nein auch vor der Pflicht: dazu, meine Brüder, bedarf es des Löwen.

Recht sich nehmen zu neuen Werten – das ist das furchtbarste Nehmen für einen tragsamen und ehrfürchtigen Geist. Wahrlich, ein Rauben ist es ihm und eines raubenden Tieres Sache.

Als sein Heiligstes liebte er einst das „Du-sollst": nun muß er Wahn und Willkür auch noch im Heiligsten finden, daß er sich Freiheit raube von seiner Liebe: des Löwen bedarf es zu diesem Raube.

Aber sagt, meine Brüder, was vermag noch das Kind, das auch der Löwe nicht vermochte? Was muß der raubende Löwe auch noch zum Kinde werden?

Unschuld ist das Kind und Vergessen, ein Neubeginnen, ein Spiel, ein aus sich rollendes Rad, eine erste Bewegung, ein heiliges Jasagen.

Ja, zum Spiele des Schaffens, meine Brüder, bedarf es eines heiligen Ja-sagens: seinen Willen will nun der Geist, seine Welt gewinnt sich der Weltverlorene.

Drei Verwandlungen nannte ich euch des Geistes: wie der Geist zum Kamele ward, und zum Löwen das Kamel, und der Löwe zuletzt zum Kinde. –

Also sprach Zarathustra. Und damals weilte er in der Stadt, welche genannt wird: die bunte Kuh.

aus: Von den drei Verwandlungen;
    in: Also sprach Zarathustra, Studienausgabe Bd. 4, Frankfurt/M. 1968

Die Sehnsucht nach dem ganz anderen
Die Frage nach GOTT

1. Das Wort „Gott" ist zunächst kein philosophischer Begriff. Es hat seinen ursprünglichen „Sitz im Leben" im religiösen Zusammenhang. Als mit dem 7. und 6. vorchristlichen Jahrhundert in Griechenland die Philosophie und damit auch die philosophische Reflexion über Gott begann, waren ihr der Name „Gott" und vor allem die sich in diesem Begriff spiegelnden Erfahrungen vorgegeben, von denen seit Beginn der uns bekannten menschlichen Geschichte die Mythen und Religionen künden. Nicht Gotteserkenntnis, sondern Gottesverehrung, nicht das Denken an Gott oder über Gott, sondern Anbetung und Kult standen am Anfang.

2. Seit Thales von Milet, dem wohl ersten, uns bekannten Philosophen in der europäisch-abendländischen Tradition, versucht die Philosophie, die in den Religionen zur Sprache kommenden Erfahrungen auf den Begriff zu bringen, sie kritisch zu reflektieren und/oder ihrerseits Wege des Denkens zu Gott zu entwerfen, die dieser nicht-philosophischen Erfahrung angemessen sind. Dabei sind sich die großen Entwürfe durchaus der Spannung bewußt, die zwischen dem philosophischen Gottesbegriff und dem religiösen Vollzug liegt, oder, wie Blaise Pascal es in seinem berühmten „Memorial" formuliert, zwischen dem Gott Abrahams, Isaaks, Jakobs und Jesu Christi auf der einen und dem der Philosophen und Gelehrten auf der anderen Seite. Auch Heidegger betont in seiner kritischen Sicht der abendländischen Metaphysik und des metaphysischen Gottesbegriffs: „Zu diesem Gott kann der Mensch weder beten noch kann er ihm opfern. Vor der causa sui (der Ursache seiner selbst P.A.) kann der Mensch weder aus Scheu auf die Knie fallen; noch kann er vor diesem Gott musizieren und tanzen." (Identität und Differenz S. 70 f.) Erst die Frage nach dem Sein erschließt die Dimension des Heiligen, in der erst der göttliche Gott aufscheinen kann.
In bestimmten Strömungen des protestantischen Denkens führt diese Spannung sogar zu einer Ablehnung jeder Religionsphilosophie bzw. philosophischen Theologie (Es ist hier nicht der Ort, beide Begriffe gegeneinander abzugrenzen.

3. Philosophie ist immer radikales Fragen im ursprünglichen Sinn des Wortes. Sie fragt, im Gegensatz zu den Einzelwissenschaften nach dem Ganzen des Seienden, vor allem im Hinblick auf das, was das Seiende im Ganzen einheitlich und vom Ursprung her bestimmt. In der abendländischen Tradition geschieht dieses Fragen über weite Strecken in der Grundform der Metaphysik. Sie vollzieht den Übergang vom Mythos zum Logos zunächst bei der Suche nach dem den Kosmos tragenden

Allgemeinen und Gemeinsamen und nach der arche, dem Ursprung von allem. Dieser wurde bei den Vorsokratikern zunächst in materiellen Elementen wie Wasser oder Luft, später dann im Ideell-Universalen, dem Unbegrenzten, der Zahl oder dem Geist gefunden. Nachdem es auch schon früh ausgeprägte, religionskritische Argumente gegen zu anthropomorphe (vermenschlichte) Gottesvorstellungen gab, entwarfen in der Hochblüte der griechischen Philosophie Sokrates, Platon und Aristoteles systematisch das für etwa 2000 Jahre prägend gebliebene metaphysische Denkmodell, in dem die Gottesfrage die zentrale Rolle spielt. Die Metaphysik fragt über die physis, d. h. die in der sinnlichen Erfahrung gegebene Tatsachenwelt der Einzelseienden hinaus auf das hin, was jenseits der Dinge (meta ta physika) ist. Leitend wurde vor allem die Frage nach dem Seienden, insofern es ist, und nach dem Sein, durch das alles Seiende erst ist. Die Frage „Warum ist überhaupt Seiendes und nicht vielmehr nichts" wird so zur Grundfrage der abendländischen Philosophiegeschichte. In diesem Zusammenhang gehört die philosophische Gotteslehre zum Kern einer jeden Metaphysik bis in das 20. Jahrhundert hinein - wenngleich in der Neuzeit oft auch in negativ-abgrenzender Weise. W. Weischedel (der eine umfangreiche Untersuchung über die Geschichte des philosophischen Gottesbegriffs vorgelegt hat) bezeichnet die Bemühungen um eine philosophische Theologie als das „Grundgeschehen in der Geschichte der Philosophie, und das nicht zufällig, sondern aus dem Wesen des Philosophierens heraus." Philosophische Anstrengungen, zu Aussagen über Gott zu gelangen, „begleiten nicht nur die gesamte Geschichte der Philosophie, sondern bilden auf weite Strecken deren wesentlichen Antrieb und höchsten Gegenstand." (Weischedel „Der Gott der Philosophen", Bd. 1, S. 38, XVIII.)

Die Fülle von Annäherungen an den Gottesbegriff lassen einen Überblick in dieser kurzen Hinführung als unmöglich erscheinen. Deshalb seien nur einige Begriffsbestimmungen genannt: Der eine Gott, der Gott der Offenbarung, das Göttliche, der unbewegte Beweger, das summum ens (das höchste Sein), das summum bonum (das höchste Gute), das Absolute als Prinzip der Welt, das Übersinnliche, das Unbedingte, der absolute Geist, die Transzendenz, der/das ganz Andere, das, über das hinaus Größeres nicht gedacht werden kann u.v.m.. So vielfältig die Antworten im einzelnen auch sind, sie bezeichnen offenbar etwas oder jemanden, der seinem Wesen nach einzig ist, und diese philosophischen Begriffe scheinen jeweils geeignet zu sein, inhaltlich über den etwas auszusagen, der in den „Religionen" mit Gott bezeichnet wird. Dieser Zusammenhang wird z.B. deutlich in den Schlußformeln der sogenannten Gottesbeweise des Thomas von Aquin: „Und das ist es, was alle Gott nennen."

(Anm.: Es ist hier nicht der Ort, das Thema „Gottesbeweise" zu thematisieren. Im Hinblick auf die an den Einzelwissenschaften orientierten Beweise muß betont werden, daß Gott nicht ein oberstes Seiendes in einer langen Kette von Ursächlichkeiten ist. Erst wenn die „ontologische Differenz" (also der Unterschied zwischen den einzelnen Seienden und dem Sein, das allen Einzelnen erst seinen Ermöglichungsgrund gibt) ernstgenommen wird, kann man verantwortete Wege des Denkens zu Gott gehen, so übrigens auch das Verständnis bei Thomas von Aquin.)

4. Neben der metaphysischen läßt sich durch die Geschichte noch eine andere Tradition nachzeichnen, die von der Unbegreiflichkeit Gottes ausgeht und oft auch „negative philosophische Theologie" genannt wird. Ob im Neuplatonismus, bei Dionysos Areopagita, bei den Mystikern des frühen und hohen Mittelalters, besonders bei Meister Eckhardt, bei Nikolaus von Kues und vielen anderen wird betont, daß jedwede Aussage über Gott ihm wegen der unauslotbaren Kluft zwischen Endlichkeit und Unendlichkeit nicht angemessen sei. Das führt zur radikalen Forderung, das Sprechen von Gott ganz zu überwinden und ins Schweigen zu versinken: dies gerade nicht wegen des Ausbleibens der Erfahrung Gottes oder der Sinnlosigkeit solcher Rede, sondern aufgrund der grundsätzlichen Unangemessenheit menschlicher Sprache im Hinblick auf Gott und die Einzigartigkeit seiner Erfahrung. B. Welte u. a. sprechen hier von der Zweideutigkeit des Nichts. Dieses Nichts kann einmal als leeres, nichtiges Nichts erfahren und so zum Hintergrund der atheistischen Aussage werden, Gott existiere überhaupt nicht. Es kann aber auch als verborgene Anwesenheit des unendlich Heiligen, das sich der direkten Erfahrung entzieht, gegeben sein und so auf die alle Endlichkeit übersteigende Erfahrung der absoluten Transzendenz verweisen. Für Welte läßt sich erst von einer weiteren „Grundtatsache" des menschlichen Daseins her diese Alternative klären und entscheiden. Die Verwiesenheit des Menschen auf Sinn und das Postulat, alles solle Sinn haben, zeigen, daß die leere Vergeblichkeit den Grundimpulsen des Daseins widerspricht. Gerade die Verbindung von Sinnpostulat und tatsächlichen Sinnerfahrungen und die (transzendentale) Reflexion auf sie (also das Nachdenken über die Bedingungen der Möglichkeit solcher Sinnverwiesenheit), ermöglichen einen argumentativen Weg zu Gott, der freilich nicht als mathematischer Beweis mißverstanden werden darf. Hier wird deutlich, daß jede philosophische Theologie als Lehre und Sprechen von Gott immer auch vom Menschen spricht. Sie muß danach fragen, ob und in welcher Weise Gott für den Menschen gegeben ist, sowohl in der Erfahrung als auch in der Erkenntnis. Die Reflexion auf die transzendentalen Strukturen des Menschen, der Mensch als „Hörer des Wortes" erhält besonders in der Neuzeit ein besonderes Gewicht.
Ein Grundproblem zeigt sich bei jeder philosophischen Rede von Gott. Gott als der Begriff für absolute Transzendenz, zielt auf das alle Erfahrung Übersteigende, ja diese erst Begründende, auf das was jenseits aller Kategorien des Seienden liegt, deshalb aber auch jede menschliche

Begrifflichkeit und Sprache sprengt und somit in ihr nie angemessen aussagbar ist. Thomas von Aquin u.a. sagen deshalb: Man kann über Gott eher sagen, wie er nicht ist, als wie er ist. Wenn dennoch Aussagen über Gott gewagt werden, können sie nur in Analogien möglich sein; sie sprechen von Gott in Ähnlichkeiten, bei gleichzeitiger und noch größerer Unähnlichkeit. Dieser Weg wurde vor allem im Mittelalter entwickelt und in verschiedenen Strömungen bis in unsere Zeit hinein verfolgt.

5. In der Gegenwart scheint - geschichtlich zum ersten Mal die Erfahrung Gottes und die philosophische Reflexion nicht mehr selbstverständlich zu sein. Die Rede vom Fehl oder dem Tod Gottes, vom Ausfall des Heiligen, von Säkularisierung und dem Ende der Metaphysik machen die Runde. In der wissenschaftlich-technischen Welt und in dem ihr zugrundeliegenden Denken kommt Gott nicht vor. Georg Scherer sieht hierin einen Grundzug, der vielen Erscheinungen auf dem geistig-kulturellen Feld der Gegenwart gemeinsam ist. Die Menschen vollziehen ihr Dasein heute immer stärker ohne Bezug zu einer Transzendenz. Auch in der philosophischen Fachdiskussion spielt die ausdrückliche Frage nach Gott keine zentrale Rolle. Der Neopositivismus oder die Sprachanalytik und ihre (reduzierte) Sicht der Welt als die „Gesamtheit von Tatsachen", in der alles nur „der Fall" ist (L.Wittgenstein), verbietet es, sinnvolle Aussagen über eine diese transzendierende Wirklichkeit zu machen, da - so die These - mit den Grenzen der (so verstandenen) Welt auch die Grenzen der Sprache gegeben sind. „Worüber man (im Sinne dieses „Sprachspiels") nicht sprechen kann, darüber muß man schweigen", sagt Wittgenstein im berühmten letzten Satz seines „Tractatus". Auch andere Formen der Religionskritik sind eine Herausforderung. Sie wendet sich gegen Gott als Legitimation gesellschaftlicher und politischer Verhältnisse, als Schreckgespenst im Erziehungsprozeß, als bloß krönender Abschluß einer Welthierarchie, als Lückenbüßer dort, wo menschliche und d.h. innerweltliche Erkenntnis (noch) nicht greift, als Symbol für die Vertröstung auf ein besseres Jenseits, um gerade abzulenken von der Änderung bestehender, ungerechter Verhältnisse oder als Projektion menschlicher Bedürfnisse.

Die Religionskritik gilt es ernstzunehmen gerade im Hinblick auf Einseitigkeiten oder gar Verzerrungen des Gottesbegriffs und es ist zu begrüßen, daß im Zuge der religionskritischen Diskussion und im Prozeß der Säkularisierung solche „Götzenbilder" gestürzt wurden.

Dennoch muß hier gesagt werden, daß der Gottesbegriff oder auch die in den Hochreligionen gegebenen Gotteserfahrungen damit nicht erledigt sind. Im Gegenteil: R. Schaeffler hat (in seinem Buch „Religion und kritisches Bewußtsein") gezeigt, daß der Gottesbegriff auch eine kritische Funktion zu allen ideologisierten Verabsolutierungen innerweltlicher Heilsutopien haben kann. Vielleicht ist es notwendig, eine Zeitlang bei den philosophischen Wegen zu Gott auf die überlieferten, oft zu selbstverständlich übernommenen Voraussetzungen zu verzichten, selbst auf die Voraussetzung, es gebe für den Begriff „Gott" einen sinnvollen Gebrauch. Wenn von hierher eine Neubesinnung und Neubegründung des philosophischen Gottesbegriffes gelänge, könnte dies unter Berücksichtigung kritischer Anfragen auch aus bestimmten Engführungen des gegenwärtigen Denkens herausführen.

Gregor von Nyssa, Die Grenzen der Sprache

Es ist unmöglich, das über Begreifen Gute wirklich anschaulich zu machen; und wäre einer Paulus, der im Paradies in Geheimnisse eingeweiht wurde und unsagbare Worte vernahm „die Gedanken über Gott bleiben unausdrückbar" ... Denn er sagt selbst, die Worte, die diesen Gedanken entsprechen, seien nicht säglich. Die uns also gewisse vorzügliche Überlegungen über die Einsicht in die Geschehnisse unterbreiten, unvermögend zu schildern, was diese in ihrem Wesen sind, reden von Abglanz der Herrlichkeit. Ausdruck des Wesens, Gestalt Gottes, Wort im Anfang, Wort Gott. Was alles uns, die wir jenen göttlichen Schatz nicht gesehen haben, Gold zu sein scheint. Denen aber, die die Kraft haben, zur Wahrheit aufzublicken, ist es Gold-Nachahmung, nicht bares Gold, durchscheinend durch die dünnen Pünktchen von Silber. Das Silber aber ist die Bedeutung der Worte, wie die Schrift sagt: Glühendes Silber ist die Zunge des Gerechten. Was also damit gemeint ist, ist dies: die göttliche Natur liegt jenseits aller greifenden Begriffe. Was aber an Gedanken über sie in uns hineinkommt, ist Gleichnis des Gesuchten. Denn es zeigt nicht die Gestalt dessen selbst, was keiner je sah, je sehen kann, sondern gibt durch Spiegel und Rätsel eine Art von schattenhaftem Umriß des Gesuchten, der in den Seelen nach der Weise einer Vermutung lebt. Jedes Wort aber, das Ausdruck solcher Gedanken sein will, hat nur die Macht eines unteilbaren Punktes, unfähig, so darzustellen, wie der Gedanke es möchte, so daß einerseits aller Gedanke unter dem Begreifen Gottes zurückbleibt, andererseits jedes auslegende Wort nur als der schmale Punkt erscheint, der sich nicht über die Fläche des Gedankens auszubreiten vermag. Darum wird gesagt, daß die Seele, die von solchen Gedanken zur Umgreifung des Ungreifbaren hin an der Hand geführt wird, durch den bloßen Glauben der über jeden Geist erhabenen Natur in sich selber Wohnung schenken soll.

aus: Der versiegte Quell, Auslegung des Hohen Liedes
  Hrsg. von Hans-Urs von Balthasar, Salzburg, 1939, S. 68 f.

Meister Eckhart, Von Ihm kann niemand etwas sprechen

Gott ist namenslos. Von Ihm kann niemand etwas sprechen noch verstehen. Wir können von Gott nur sprechen nach unserer Verständnisweise, und es ist ein Unterschied zwischen Gottes Sein in sich und unserem Verstehen.

Von Gott kann man nicht einmal eigentlich sagen, daß Er „ist". Das kommt vom Überschwang seines lauteren Wesens. Und sage ich: „Gott ist gut", so ist das nicht eigentlich: ich bin „gut", Gott ist es nicht. Sage ich: „Gut, besser, bestes" – Er ist über alles hinaus.

Freilich, wir denken und reden von Ihm nach unserer Verstandesweise und nach Art der Dinge, von denen unsere Erkenntnis ausgeht. In allem, was unvollkommen ist, was Zahl, Teil und Menge einschließt, kann Gott nicht in eigentlichem Sinne sein. Im „Himmel" ist Er, wie man sagen kann, aber nicht in Ort und Zeit, denn da ist Er nicht eigentlich, ist nicht drinnen und tritt nicht hinein. Doch „trägt Er alles im Worte seiner Kraft", und insofern dringt Gott und Gott allein ins innerste Wesen aller Dinge, und nichts anderes sonst dringt in ein anderes.

zitiert bei: Otto Karrer, Das System Meister Eckharts, München 1926, Kapitel 1a–d.

Thomas von Aquin, Fünf Wege zu Gott

Frage: **Gibt es einen Gott? ...**
Antwort: **Fünf Wege gibt es,** das Dasein Gottes zu beweisen. **Der erste** und nächstliegende geht von der Bewegung aus. Es ist eine sichere, durch das Zeugnis der Sinne zuverlässig verbürgte Tatsache, daß es in der Welt Bewegung gibt. Alles aber, was in Bewegung ist, wird von einem andern bewegt. Denn in Bewegung sein kann etwas nur, sofern es unterwegs ist zum Ziel der Bewegung. Bewegen aber kann etwas nur, sofern es irgendwie schon im Ziel steht. Bewegen (im weitesten Sinne) heißt nämlich nichts anderes als: ein Ding aus seinen Möglichkeiten überführen in die entsprechenden Wirklichkeiten. Das kann aber nur geschehen durch ein Sein, das bereits in der entsprechenden Wirklichkeit steht. So bewirkt z.B. etwas „tatsächlich" Glühendes wie das Feuer, daß ein anderes z.B. das Holz, zu dessen Möglichkeiten es gehört, glühend zu werden, nun „in der Tat" glühend wird. Das Feuer also „bewegt" das Holz und verändert es dadurch. Es ist aber nicht möglich, daß ein und dasselbe Ding in bezug auf dieselbe Seinsvollkommenheit „schon" ist und zugleich „noch nicht" ist, was es sein könnte. Möglich ist das nur in bezug auf verschiedene Seinsformen oder Seinsvollkommenheiten. Was z.B. in Wirklichkeit heiß ist, kann nicht zugleich dem

bloßen Vermögen nach heiß sein, sondern ist dem Vermögen nach kalt. Ebenso ist es unmöglich, daß ein und dasselbe Ding in bezug auf dasselbe Sein in einer und derselben Bewegung zugleich bewegend und bewegt sei oder – was dasselbe ist –: es ist unmöglich, daß etwas (in diesem strengen Sinne) sich selbst bewegt. Also muß alles, was in Bewegung ist, von einem anderen bewegt sein. – Wenn demnach das, wovon etwas seine Bewegung erhält, selbst auch in Bewegung ist, so muß auch dieses wieder von einem anderen bewegt sein, und dieses andere wieder von einem anderen. Das kann aber unmöglich so ins Unendliche fortgehen, da wir dann kein erstes Bewegendes und infolgedessen überhaupt kein Bewegendes hätten. Denn die späteren Beweger bewegen ja nur in Kraft des ersten Bewegers, wie der Stock nur insoweit bewegen kann, als er bewegt ist von der Hand. Wir müssen also unbedingt zu einem ersten Bewegenden kommen, das von keinem bewegt ist. Dieses erste Bewegende aber meinen alle, wenn sie von „Gott" sprechen.

Der zweite Weg geht vom Gedanken der Wirkursache aus. Wir stellen nämlich fest, daß es in der sichtbaren Welt eine Über- und Unterordnung von Wirkursachen gibt; dabei ist es niemals festgestellt worden und ist auch nicht möglich, daß etwas seine eigene Wirk- oder Entstehungsursache ist. Denn dann müßte es sich selbst im Sein vorausgehen, und das ist unmöglich. Es ist aber ebenso unmöglich, in der Über- und Unterordnung von Wirkursachen ins Unendliche zu gehen, sowohl nach oben als nach unten. Denn in dieser Ordnung von Wirkursachen ist das Erste die Ursache des Mittleren und das Mittlere die Ursache des Letzten, ob nun viele Zwischenglieder sind oder nur eines. Mit der Ursache aber fällt auch die Wirkung. Gibt es also kein Erstes in dieser Ordnung, dann kann es auch kein Letztes oder Mittleres geben. Lassen wir die Reihe der Ursachen aber ins Unendliche gehen, dann kommen wir nie an eine erste Ursache und so werden wir weder eine letzte Wirkung noch Mittel-Ursachen haben. Das widerspricht aber den offenbaren Tatsachen. Wir müssen also notwendig eine erste Wirk- oder Entstehungsursache annehmen: und die wird von allen „Gott" genannt.

Der dritte Weg geht aus von dem Unterschied des bloß möglichen und des notwendigen Sein. Wir stellen wieder fest, daß es unter den Dingen solche gibt, die geradesogut sein wie auch nicht sein können. Darunter fällt alles, was dem Entstehen und Vergehen unterworfen ist. Es ist aber unmöglich, daß die Dinge dieserart immer sind oder gewesen sind; denn das, was möglicherweise nicht ist, ist irgendwann einmal auch tatsächlich nicht da oder nicht da gewesen. Wenn es also für alle Dinge gelten würde, daß sie möglicherweise nicht da sind oder nicht da gewesen sind, dann muß es eine Zeit gegeben haben, wo überhaupt nichts war. Wenn aber das wahr wäre, könnte auch heute nichts sein. Denn was nicht ist, fängt nur an zu sein durch etwas, was bereits ist. Gab es aber überhaupt kein Sein, dann war es auch unmöglich, daß etwas anfing zu sein, und so wäre auch heute noch nichts da, und das ist offenbar falsch. Also kann nicht alles in den Bereich jener Dinge gehören, die (selbst nachdem sie sind) genausogut auch nicht sein können; sondern es muß etwas geben unter den Dingen, das notwendig (d. h. ohne die Möglichkeit des Nichtseins) ist. Alles notwendige Sein aber hat den Grund seiner Notwendigkeit entweder in einem andern oder nicht in einem anderen (sondern in sich selbst). In der Ordnung der notwendigen Wesen, die den Grund ihrer Notwendigkeit in einem anderen haben, können wir nun aber nicht ins Unendliche gehen, sowenig wie bei den Wirkursachen. Wir müssen also ein Sein annehmen, das durch sich notwendig ist und das den Grund seiner Notwendigkeit nicht in einem anderen Sein hat, das vielmehr selbst der Grund für die Notwendigkeit aller andern notwendigen Wesen ist. Dieses notwendige Sein aber wird von allen „Gott" genannt.

Der vierte Weg geht aus von den Seins- (=Wert-) Stufen, die wir in den Dingen finden. Wir stellen nämlich fest, daß das eine mehr oder weniger gut, wahr, edel ist als das andere. Ein Mehr oder Weniger wird aber von verschiedenen Dingen nur insofern ausgesagt, als diese sich in verschiedenem Grade einem Höchsten nähern. So ist dasjenige wärmer, was dem höchsten Grad der Wärme näher kommt als ein anderes. Es gibt also etwas, das „höchst" wahr, „höchst" gut, „höchst" edel und damit im höchsten Grade „Sein" ist. Denn nach Aristoteles ist das „höchst" Wahre auch das „höchst" Wirkliche. Was aber innerhalb einer Gattung das Wesen der Gattung am reinsten verkörpert, das ist Ursache alles dessen, was zur Gattung gehört, wie z. B. das Feuer nach Aristoteles als das „zuhöchst" Warme die Ursache aller warmen Dinge ist. So muß es auch etwas geben, das für alle Wesen Ursache ihres Seins, ihres Gutseins und jedweder ihrer Seinsvollkommenheiten ist: und dieses nennen wir „Gott".

Der fünfte Weg geht aus von der Weltordnung. Wir stellen fest, daß unter den Dingen manche, die keine Erkenntnis haben, wie z. B. die Naturkörper, dennoch auf ein festes Ziel hin tätig sind. Das zeigt sich darin, daß sie immer oder doch in der Regel in der gleichen Weise tätig sein und stets das Beste erreichen. Das beweist aber, daß sie nicht zufällig, sondern irgendwie absichtlich (26) ihr Ziel erreichen. Die vernunftlosen Wesen sind aber nur insofern absichtlich, d. h. auf ein Ziel hin tätig, als sie von einem erkennenden geistigen Wesen auf ein Ziel hingeordnet sind, wie der Pfeil vom Schützen. Es muß also ein geistig-erkennendes Wesen geben, von dem alle Naturdinge auf ihr Ziel hingeordnet werden: und dieses nennen wir „Gott".

aus: Summa theologica, Quaestio 2, Articulus 3, Frage: Gibt es einen Gott

Karl Marx, Die Religion ... ist das Opium des Volkes

Für Deutschland ist die Kritik der Religion im wesentlichen beendigt, und die Kritik der Religion ist die Voraussetzung aller Kritik.

Die profane Existenz des Irrtums ist kompromittiert, nachdem seine himmlische oratio pro aris et focis widerlegt ist. Der Mensch, der in der phantastischen Wirklichkeit des Himmels, wo er einen Übermenschen suchte, nur den Widerschein seiner selbst gefunden hat, wird nicht mehr geneigt sein, nur den Schein seiner selbst, nur den Unmenschen zu finden, wo er seine wahre Wirklichkeit sucht und suchen muß.

Das Fundament der irreligiösen Kritik ist: Der Mensch macht die Religion, die Religion macht nicht den Menschen. Und zwar ist die Religion das Selbstbewußtsein und das Selbstgefühl des Menschen, der sich selbst entweder noch nicht erworben oder schon wieder verloren hat. Aber der Mensch, das ist kein abstraktes, außer der Welt hockendes Wesen. Der Mensch, das ist die Welt des Menschen, Staat, Sozietät. Dieser Staat, diese Sozietät produzieren die Religion, ein verkehrtes Weltbewußtsein, weil sie eine verkehrte Welt sind. Die Religon ist die allgemeine Theorie dieser Welt, ihr enzyklopädisches Kompendium, ihre Logik in populärer Form, ihr spiritualistischer Point-d'honneur, ihr Enthusiasmus, ihre moralische Sanktion, ihre feierliche Ergänzung, ihr allgemeiner Trost- und Rechtfertigungsgrund. Sie ist die phantastische Verwirklichung des menschlichen Wesens, weil das menschliche Wesen keine wahre Wirklichkeit besitzt. Der Kampf gegen die Religion ist also mittelbar der Kampf gegen jene Welt, deren geistiges Aroma die Religion ist.

Das religiöse Elend ist in einem der Ausdruck des wirklichen Elendes und in einem die Protestation gegen das wirkliche Elend. Die Religion ist der Seufzer der bedrängten Kreatur, das Gemüt einer herzlosen Welt, wie sie der Geist geistloser Zustände ist. Sie ist das Opium des Volks.

Die Aufhebung der Religion als des illusorischen Glücks des Volkes ist die Forderung seines wirklichen Glücks. Die Forderung, die Illusionen über seinen Zustand aufzugeben, ist die Forderung, einen Zustand aufzugeben, der der Illusionen bedarf. Die Kritik der Religion ist also im Keim die Kritik des Jammertales, dessen Heiligenschein die Religion ist.

Die Kritik hat die imaginären Blumen an der Kette zerpflückt, nicht damit der Mensch die phantasielose, trostlose Kette trage, sondern damit er die Kette abwerfe und die lebendige Blume breche. Die Kritik der Religion enttäuscht den Menschen, damit er denke, handle, seine Wirklichkeit gestalte wie ein enttäuschter, zu Verstand gekommener Mensch, damit er sich um sich selbst und damit um seine wirkliche Sonne bewege. Die Religion ist nur die illusorische Sonne, die sich um den Menschen bewegt, solange er sich nicht um sich selbst bewegt.

Es ist also die Aufgabe der Geschichte, nachdem das Jenseits der Wahrheit verschwunden ist, die Wahrheit des Diesseits zu etablieren. Es ist zunächst die Aufgabe der Philosophie, die im Dienste der Geschichte steht, nachdem die Heiligengestalt der menschlichen Selbstentfremdung entlarvt ist, die Selbstentfremdung in ihren unheiligen Gestalten zu entlarven. Die Kritik des Himmels verwandelt sich damit in die Kritiken der Erde, die Kritik der Religion in die Kritik des Rechts, die Kritik der Theologie in die Kritik der Politik.

... Die Kritik der Religion endet mit der Lehre, daß der Mensch das höchste Wesen für den Menschen sei, also mit dem kategorischen Imperativ, alle Verhältnisse umzuwerfen, in denen der Mensch ein erniedrigtes, ein geknechtetes, ein verlassenes, ein verächtliches Wesen ist, Verhältnisse, die man nicht besser schildern kann als durch den Ausruf eines Franzosen bei einer projektierten Hundesteuer: Arme Hunde! Man will euch wie Menschen behandeln!

aus: Die Kritik der Hegelschen Rechtsphilosophie.
Einleitung in: Marx/Engels, Werke Band 1, S. 378 f., 385, Berlin

Friedrich Nietzsche, Der tolle Mensch

Der tolle Mensch. – Habt ihr nicht von jenem tollen Menschen gehört, der am hellen Vormittage eine Laterne anzündete, auf den Markt lief und unaufhörlich schrie: „Ich suche Gott! Ich suche Gott!" – Da dort gerade viele von denen zusammenstanden, welche nicht an Gott glaubten, so erregte er ein großes Gelächter. Ist er denn verlorengegangen? sagte der eine. Hat er sich verlaufen wie ein Kind? sagte der andere. Oder hält er sich versteckt? Fürchtet er sich vor uns? Ist er zu Schiff gegangen? ausgewandert? – so schrien und lachten sie durcheinander. Der tolle Mensch sprang mitten unter sie und durchbohrte sie mit seinen Blicken. „Wohin ist Gott?" rief er, „ich will es euch sagen! Wir haben ihn getötet – ihr und ich! Wir alle sind seine Mörder! Aber wie haben wir dies gemacht? Wie vermochten wir das Meer auszutrinken? Wer gab uns den Schwamm, um den ganzen Horizont wegzuwischen? Was taten wir, als wir diese Erde von ihrer Sonne losketteten? Wohin bewegt sie sich nun? Wohin bewegen wir uns? Fort von allen Sonnen? Stürzen wir nicht fortwährend? Und rückwärts, seitwärts, vorwärts, nach allen Seiten? Gibt es noch ein Oben und ein Unten? Irren wir nicht wie durch ein unendliches Nichts? Haucht uns nicht der leere Raum an? Ist es nicht kälter geworden? Kommt nicht immerfort die Nacht und mehr Nacht? Müssen nicht Laternen am Vormittage angezündet werden? Hören wir noch nichts von dem Lärm der Totengräber, welche Gott begraben? Riechen wir noch nichts von der göttlichen Verwesung? – auch Götter verwesen! Gott ist tot! Gott bleibt tot! Und wir haben ihn getötet! Wie trösten wir uns, die Mörder aller Mörder? Das Heiligste und Mächtigste, was die Welt bisher besaß, es ist unter unsern Messern verblutet – wer wischt dies Blut von uns ab? Mit welchem Wasser könnten wir uns reinigen? Welche Sühnefeiern, welche heiligen Spiele werden wir erfinden müssen? Ist nicht die Größe dieser Tat zu groß für uns? Müssen wir nicht selber zu Göttern werden, um nur ihrer würdig zu erscheinen? Es gab nie eine größere Tat – und wer nur immer nach uns geboren wird, gehört um dieser Tat willen in eine höhere Geschichte, als alle Geschichte bisher war!" – Hier schwieg der tolle Mensch und sah wieder seine Zuhörer an: auch sie schwiegen und blickten befremdet auf ihn. Endlich warf er seine Laterne auf den Boden, daß sie in Stücke sprang und erlosch. „Ich komme zu früh", sagte er dann, „ich bin noch nicht an der Zeit. Dies ungeheure Ereignis ist noch unterwegs und wandert – es ist noch nicht bis zu den Ohren der Menschen gedrungen. Blitz und Donner brauchen Zeit, das Licht der Gestirne braucht Zeit, Taten brauchen Zeit, auch nachdem sie getan sind, um gesehn und gehört zu werden. Diese Tat ist ihnen immer noch ferner als die fernsten Gestirne – und doch haben sie dieselbe getan!" – Man erzählt noch, daß der tolle Mensch desselbigen Tages in verschiedene Kirchen eingedrungen sei und darin sein Requiem aeternam deo angestimmt habe. Hinausgeführt und zur Rede gesetzt, habe er immer nur dies entgegnet: „Was sind denn diese Kirchen noch, wenn sie nicht die Grüfte und Grabmäler Gottes sind?"

aus: Die fröhliche Wissenschaft. Nr. 125
nach dem Text der Ausgabe Leipzig 1887 Goldmann Klassiker Nr. 7557

Bernhard Welte,
Der personale Zug des absoluten Geheimnisses

Das Absolute kann nicht geringeren Ranges sein als das, was aus ihm hervorgeht.

Wohl aber kann es und muß es die besonderen endlichen Bedingungen der Personalität übersteigen, die wir in unserem menschlichen Leben antreffen. Es wird nicht zerstreut sein ins Viele, und es wird die Welt nicht als eine Bedingung seines personalen Lebens brauchen. Davon wurde schon gesprochen.

Aber das Entscheidende, worin das unendliche Geheimnis alle Endlichkeit, auch alle Endlichkeit des Personalen übersteigt, liegt noch in einem anderen und grundsätzlicheren Punkt.

In unserem endlichen ko-personalen Kontext ist das Personale ein Grundzug des endlichen Seienden, wie wir sahen. Das Seiende ist aber solches, dem sein Sein zukommt. Auch und gerade das personale Sein kommt uns Menschen zu. Darum sind wir faktisch Personen, aber nicht notwendig. Das Zukommen des Seins oder die Eigentümlichkeit, ein Seiendes zu sein, ist der tiefste Zug der Endlichkeit auch des personalen Seienden, das wir sind.

Das Unbedingte aber ist strenggenommen kein Seiendes und also auch kein personal Seiendes. Personalität kommt ihm nicht zu. Woher sollte sie denn kommen? Es waltet schlechthin durch sich selber als das, als was es waltet. Wir dürfen es gewiß mit Martin Buber und nach dem Gesagten das ewige Du nennen. Aber es bleibt doch in seiner schlechthinnigen Transzendenz und in seinem Geheimnis. Es bleibt das Unaussprechliche und Unausdenkbare, das unter keinen Begriff fällt. Es bleibt der thomasische Satz: Deus non est in genere. Auch kein personaler Begriff, insofern er ein Gattungsbegriff ist, kann Gott fassen. Er bleibt jenseits des Begreifens, weil jenseits der Seiendheit. Er ist zwar Quelle und Ursprung alles personalen Lebens und infolgedessen erfüllt von ursprünglicher Personalität. Aber so, daß diese das unergründliche Geheimnis bleibt.

Gemäß unseren Überlegungen kann das ewige Geheimnis gewiß nicht weniger als personal sein, wohl aber kann es unergründlich mehr sein. Es bleibt auch als personal verstandenes, mit Du gerufenes das unendliche und unaussprechliche Geheimnis jenseits alles dessen, was man durch die Abwandlungen des Wortes Sein sagen kann: jenseits des „Es ist", aber auch jenseits des „Du bist". In einem Jenseits, das zwar den wesentlichen Gehalt dieser Worte und zumal des personalen „Du bist" in sich birgt, aber in einer Weise, die allem Sagen, die allem Ausdenken entzogen bleibt ins Geheimnis hinein. Es bleibt die schlechthinnige Transzendenz des ewigen Du.

Diese Überlegung muß uns vor aller falschen Vertraulichkeit im Rahmen des Personalen und beim Gebrauch des großen Wortes Du in diesem Zusammenhang bewahren. Auch durch dieses Wort vermögen wir das Geheimnis nicht zu begreifen, und wir bekommen es nicht in die Hand, und es trifft nicht auf jene unmittelbare Weise zu, die wir sonst von ihm gewöhnt sind.

Um so wunderbarer ist es, daß wir trotz dieser Transzendenz Gottes wirklich Du sagen dürfen. Und damit fängt das Absolute an, eine, ja die religiöse Größe für uns zu werden. Denn die Religion fängt an mit dem Du des Gebetes, das, indem es betend ausgesprochen wird, dabei gleichzeitig durchdrungen ist von dem Bewußtsein, damit das Unberührbare zu berühren und das Unaussprechliche anrufend auszusprechen.

aus: Religionsphilosophie, Freiburg 1978, S. 130 f.

Vom Drang und Glück zu wissen
– oder: Warum der Mensch die Weisheit sucht
(Statt eines Nachwortes)

In jenen Tagen, kurz nach Adams Geburt, war die Welt bekanntlich noch in Ordnung. Tiere und Menschen lebten in Eintracht miteinander. Adam (hebräisch: der Mensch) trieb nichts danach, den Aufenthaltsort zu verändern, an dem er lebte. Er genoß den Duft der Blüten, den Gesang der Vögel und die Früchte der Erde. Adam muß folgerichtig Vegetarier gewesen sein, denn kein Tier mußte fürchten, von ihm getötet zu werden. Adam baute kein Auto oder Flugzeug, weil das Paradies ihm alles gab, was er brauchte; er kannte kein Fernweh. Adams Wunschwelt war klein, aber ohne Probleme auffüllbar. Er mußte nicht rastlos tätig sein, um neu entdeckte Bedürfnisse zu befriedigen oder um entsprechende Waren dafür zu produzieren. Schließlich kannte Adam auch keine Bücher oder Streitgespräche über die Wahrheit, keinen Forscherehrgeiz oder wissenschaftlich-ernsthaften Betätigungseifer. Kurz: Adam „lebte" und seine Weisheit hieß „Da-Sein".

Was führte zur Zerstörung dieses Idylls? Die Bibel fand, wie wir wissen, neben dem eher kindlich-naiv handelnden Adam zwei weitere Hauptschuldige. Eva, das Weib, mußte schon damals herhalten, als Verursacherin triebhafter Handlungen des Mannes angesehen zu werden. Sie verführte den gutgläubigen Adam, was ihren Enkelinnen in der heutigen Zeit immer noch nachgesagt wird. Adam wäre damit zunächst einmal entlastet. Doch auch Evas Gutgläubigkeit und ihr Sinn für Gerechtigkeit wurden von der listigen Schlange ausgenutzt. Sie gab die Reize und Anregungen, denen diese nicht widerstehen konnte. Nicht auf Reize zu reagieren, ist für ein lebendiges Wesen unmöglich. Richtige und gute Reaktionen zu zeigen, bedeutet eine Herausforderung des Intellekts, mit der durchaus (auch für männliche Wesen) einzuräumenden Chance, die falsche Wahl zu treffen. Wir müssen die Schuld also von Eva auf die Schlange verlagern; denn sie gab den ersten Anstoß zur frevlerischen Tat. Aber warum erschuf Gott ein solches Tier, das mit seiner, scheinbar von ihm gewollten, Hinterlist Menschen verführte? Und überhaupt, warum pflanzte er mitten ins Paradies diesen schicksalsträchtigen Baum der Erkenntnis, dessen Früchte den Menschen ins Verderben stürzen sollten? Nach unseren Gesetzen wird derjenige, der eine verbrecherische Tat plant, sie dann aber von anderen ausführen läßt, härter bestraft als die jeweiligen Täter. Damit wäre also Gott als der eigentliche Schuldige des Paradiesfalls enttarnt. Mensch und Tier müßten lediglich als seine Handlanger angesehen werden.

In der Tat wird Gott „gewußt" haben und im Bewußtsein seiner vollen Schöpferkraft dem Menschen neben der körperlichen auch die Begierde der Erkenntnis geschenkt haben. Die angebliche Schuld wäre als

Wille anzusehen. Der Mensch, der zu seiner geistigen Existenz erwacht, „will" wissen, um sich selbst, um die Welt, um seine Herkunft und Zukunft. Auch Adam wollte an der göttlichen Weisheit teilhaben, und mit ihm begann der „homo sapiens" seine langen Wege der Wahrheitssuche. Trotzdem blieb dem Menschen der Zweifel, ob er in der Ausrichtung seines Forschens sowie in der Anwendung seines Wissens den schmalen Pfad der selbstlosen Erkenntnis finden konnte. Verfehlte er ihn, entartete sein Streben nach Weisheit zum Herrschaftsanspruch über die Welt, zur selbstgefälligen Überheblichkeit und zum gefährlichen Spiel mit den ihm zur Handhabung gegebenen Vernichtungskräften. Der „homo sapiens" präsentierte sich dann als „homo rapens" (Räuber). Mit dem Aufbau seiner Kultur veränderte er die Natur. Er nahm ihr die selbstverständliche Sinnhaftigkeit und gab ihr seine eigene. Damit verlor er aber auch seinen Weg aus den Augen und hatte mit dieser „Eigensinnigkeit" endgültig aus eigener Entscheidung das Paradies verlassen.

In solchen Momenten erinnert sich derjenige, der kritisch oder reuig innehält, an den alten Mythos. Dieser Mensch spürt, daß er seit dem Erwachen seines Geistes als Suchender lebt. Er kann diesen Drang nicht ablegen wie jeden seiner fehlgeschlagenen Sinnentwürfe. Er wird erneut anfangen, sich besinnen, zu begreifen versuchen und Verfassungen seines Menschseins konstruieren. Vielleicht wird er für kürzere oder längere Zeiten sogar „ankommen". Der Einzelne oder die Gemeinschaft wird sich glücklich finden in einem Zustand der grundlegenden Orientierung an entdeckten Maßstäben und scheinbar universellen Gesetzen. Dann jedoch wird er weiter und mehr wissen wollen oder einfach aus der Erkenntnis der letztlich doch festgestellten Unvollkommenheit der bestehenden selbstgesetzten Lebensregelungen heraus neubeginnen. Philosophierend könnte dem um Erkenntnis ringenden Menschen ein Kompromiß gelingen. In der Philosophie schließt der Denkende Freundschaft mit der Weisheit. Er erwartet Freundschaftsbekundungen und -leistungen (hier: Erkenntnisse). Er ist aber auch bereit zur Hingabe oder gar zu völligen Aufopferung. Er erfüllt sein Drängen sowie den inneren Willen zu wissen und kann doch beides aufheben in einem Zustand der gelassenen Betrachtung seiner selbst und der Welt. Er strebt nach individuellem geistig-seelischem Erleben und nutzt doch immer wieder bewährte Erkenntnisse und Systeme des denkenden Begreifens der Wirklichkeit. Das Ziel der Philosophie ist die Weisheit, und nicht die erfassende und instrumentalisierende Erkenntnis. Diese Weisheit wiederum läßt sich nicht als Zweck oder Zielgröße definieren. Sie stellt eine Weise des Daseins, einen Zustand des Einzelnen in der Welt dar. Philosophierend nähert sich der Mensch an. Der Prozeß der Annäherung selbst bietet ihm Sinn, nicht das erkennende Ergreifen der Dinge.

Als Adam vor dem Baum der Erkenntnis stand und seine historische Entscheidung traf, ging er nur den ersten Schritt des philosophierenden Menschen. Er wollte erfassen und begreifen, was er nicht selbst geschaffen hatte. Dies erforderte den verbotenen (?) Zugriff zur Welt. Auch der Philosoph benutzt Begriffe, um die Welt und sich selbst zu erfassen. In den verschiedenen Sprachen der Welt findet er Worte, mit denen er der nur zum Teil seinen Sinnen offenen Wirklichkeit nahezukommen versucht. Er übersteigt sie mit seinen Begriffen und konstruiert sie in seiner philosophischen Vernunft ständig neu. Nur, er muß sich bewußt sein, daß alle diese Sprachwelten seine eigenen Schöpfungen sind. Neben der kreativ tätigen Vernunft umfaßt das philosophische Denken immer auch Phasen des Innehaltens, der kritischen Überprüfung und Ordnung. Die zweite Stufe der philosophierenden Orientierung, nach dem Begreifen, heißt Besonnenheit. Diese sokratische Tugend zeichnet den Menschen aus, der sein Leben und Handeln in Gesamtzusammenhängen sehen will. Er gesteht die Begrenztheit seines Denkvermögens ein, weiß sich aber dennoch wohlüberlegt in das Welt- und Zeitgeschehen einzufügen.

Besonnenheit bedeutet, das Seinige zu tun, ließ Platon Sokrates im Charmides-Dialog behaupten. Die Betonung liegt dabei auf dem „Tun", dem gegenüber dem Machen und Verrichten der Vorzug zukommt, mit ihm dem Guten zuzustreben.

Besonnenheit führt sowohl zur Selbsterkenntnis („Sei besonnen heißt: kenne dich selbst") als auch zur Erkenntnis ihrer selbst; sie liefert aber niemals ein „Werk", das sich veräußern ließe. Sie trägt ihre Bedeutung in sich selbst. Die „achthabende Besonnenheit würde nicht zulassen, daß sich uns der Unverstand als Mitarbeiter neben einschleichen könnte" (Charmides, 173d). Die höchste Stufe der Philosophie aber ist die Weisheit. Diese hat so wenig mit dem Ergreifen oder Beherrschen der Realität gemein wie die Liebe Gottes mit der Macht eines weltlichen Tyrannen. Weisheit bedeutet Erkenntnis der Dinge, ohne sie sich zunutze machen zu wollen.

Der Weise lebt in der Grundeinstellung, zulassen und seinlassen zu können. Man erwartet von ihm Einsicht und Weitsicht, die Kraft des Verstandes und der rechten Entscheidung sowie die Bereitschaft, sich voll und ganz einzugeben und dem Fragenden zu öffnen. Nicolai Hartmann bezeichnete die Weisheit (sophia) folgerichtig als „ethische Geistigkeit", als das Durchdringen des Wertgefühls ins Leben. Sie zielt weiter als die Klugheit, die auf menschliches Glück ausgerichtet ist. Sie sucht die freundschaftliche Nähe zu den Ursachen und letzten Prinzipien des Seins.

Wenn der Drang nach Wissen auf dem Weg zur Weisheit Adam antrieb, als er gegen das Gebot die Früchte vom Baum der Erkenntnis aß, darf man ihn eigentlich verurteilen? Weiter, darf man diesen Gott der Planung und Anstiftung von/zum Unrecht bezichtigen, weil er die Voraussetzungen für Adams Handeln schuf? Auf dem Weg zur Weisheit sucht der Mensch seine eigentliche Aufgabe und Sinnhaftigkeit. Seinem Wesen forscht er nach Generation um Generation. Er begeht immer wieder

neue Wege, philosophierend sich selbst und die Welt zu begreifen.
Karl Jaspers bringt diese Situation des philosophierenden, vielleicht des Menschen überhaupt, treffend in einem Gleichnis zum Ausdruck, das wir abschließend zitieren wollen.

„Nachdem der Philosoph auf dem sicheren Boden des Festlandes – in realistischer Erfahrung, in Einzelwissenschaften, in Kategorien- und Methodenlehre – sich orientiert und an den Grenzen dieses Landes die Welt der Ideen in ruhigen Bahnen durchlaufen hat, flattert er schließlich am Gestade des Ozeans wie ein Schmetterling, hinausdrängend auf das Wasser, erspähend ein Schiff, mit dem er auf die Entdeckungsreise fahren möchte zur Erforschung des Einen, das als Transzendenz ihm in seiner Existenz gegenwärtig ist. Er späht nach dem Schiffe – der Methode des philosophischen Denkens und der philosophischen Lebensführung –, dem Schiff, das er sieht und doch nicht endgültig erreicht hat; so müht er sich und macht vielleicht die wunderlichsten Taumelbewegungen.

Wir sind solche Falter, und wir sind verloren, wenn wir die Orientierung am festen Lande aufgeben. Aber wir sind nicht zufrieden, dort zu bleiben. Darum ist unser Flattern so unsicher und vielleicht so lächerlich für die, die auf dem festen Lande sicher sitzen und befriedigt sind, nur begreiflich für jene, die die Unruhe erfaßt hat. Ihnen wird die Welt zum Ausgangspunkt für jenen Flug, auf den alles ankommt, den jeder aus eigenem antreten und in Gemeinschaft wagen muß, und der als solcher nie Gegenstand einer eigentlichen Lehre werden kann." (Karl Jaspers: Einführung in die Philosophie, München 1969, S. 126)

GLOSSAR

abstrakt, das Abstrakte: Im Gegensatz zum Konkreten, dem unmittelbar anschaulichen Einzelnen (Individuellen), ist das Abstrakte das Allgemeine, das, losgelöst von der sinnlichen Erfahrung, nur im Denken zugänglich ist. Jede Begriffsbildung ist eine Abstraktion (Beispiel: Viele einzelne Menschen gehören zur Gattung „Mensch"/.

Affekt: Steuerung des Menschen durch Körper- und Triebreize jenseits der Selbstbestimmung durch die Vernunft; notwendige Äußerungsform des Gefühls.

Agnostizismus: Standpunkt, der davon ausgeht, daß über metaphysische Dinge, vor allem über Gott nichts verbindlich bzw. nichts sinnvoll ausgesagt werden kann.

Anthropologie: Wissenschaft vom Menschen, seinen biologischen und entwicklungsgeschichtlichen Wurzeln, sowie seiner unterschiedlichen Lebensformen und damit verbundenen Normen, Wissensformen und Denkweisen.

Ästhetik: Lehre vom sinnlich erfahrbaren Schönen, seiner Eigenart, der Art der Wahrnehmungsprozesse des Harmonischen, Ansprechenden oder Bedeutungsvollen.

Atheismus: Standpunkt, der die These aufstellt, es gebe keinen Gott.

Befindlichkeit: Grundgeschehen unseres Daseins und Voraussetzung für den existenziellen Dialog mit der Welt; nicht beherrschbare Gestimmtheit des Menschen.

Empirismus: erkenntnistheoretische Richtung, die alle Erkenntnis aus der Erfahrung (Empirie, empirisch) ableitet und in ihr begründet sieht. Entsprechend wird alles Nichterfahrene als nicht wirklich und nicht erkennbar klassifiziert. (Gegensatz zu Rationalismus)

Eschatologie: Eine theologische Disziplin, die nach der äußersten Zukunft des Menschen, der Geschichte und der Welt fragt. Sie hängt mit der Perspektive der Hoffnung zusammen. (Früher verstanden als „Lehre von den letzten Dingen")

Ethik: Philosophische Disziplin, über die allgemeingültigen Aussagen über gutes und gerechtes Handeln, Moral, Sittlichkeit sowie individuelle und kollektive Ordnungen gesucht und diskutiert werden.

Existenz: Die grundlegende, noch nicht wertbezogen überformte Gegebenheit des Daseins der Dinge und des Menschen. Im engeren Sinne: Die eigentümliche Vollzugsweise des menschlichen Lebens.

Hermeneutik: (wörtlich: Kunst des Auslegens) Philosophische Lehre vom Verstehen vor allem geschichtlicher und geistiger Inhalte und deren Voraussetzung, z.B. in Kunst oder Literatur.

Idealismus: Erkenntnisform, in der alle objektive Realität auf das Wirken einer Idee, eines geistigen Prinzips oder einer grundlegenden subjektiven Vernunft zurückgeführt wird.

Irrationalismus: Aufgabe der vernunftgemäßen Erkenntnisgrundhaltung zugunsten der mystischen, intuitiven und gefühlvollen Erfahrung.

Kontemplation: Schauendes, sich versenkendes Erfassen der Wirklichkeit, ohne diese „begreifen" zu wollen. Sich selbsttätig erschließende Fülle des Seienden.

Materialismus: Philosophische Lehre, die alles, was ist, zurückführt auf seine reine Stofflichkeit. Die Materie stellt den letzten Grund aller Realität dar, auch der seelischen und geistigen Prozesse.

Metaphysik: Grundlegendste Form der Wissenschaft, die das Verborgene der Wirklichkeit selbst zur Sprache bringen will, um das Bleibende zu erfassen. Metaphysik zielt ab auf das, was hinter den konkreten Naturdingen (griechisch: meta ta physika) liegt, diese aber als deren Wesensgrund erst ermöglicht.

Mystik: Die Versenkung der Seele in ihren göttlichen Grund und dadurch die einende Begegnung des Menschen mit der göttlichen Unendlichkeit. Der Versuch, solche Erfahrung zu reflektieren, stößt immer an die Grenzen der Sprache. (= negative Theologie)

Mythologie: Lehre von den Ursprungssagen der Welt und der Menschheit. Im weiteren Sinne: bedeutungsvermittelnde Überlieferungserzählung. (= Mythos)

Ontologie: Lehre vom Seienden, z.B. Frage nach den Gründen des Seienden, seinem Möglichsein und Wirklichsein, sowie nach seinen Bestimmungen. Disziplin des philosophischen Denkens, in der das Seiende vor sich selbst gebracht wird.

Phänomen: Das Erscheinende, wie es in seiner reinen Gegebenheit den Menschen auf sich aufmerksam macht und als Sinnlich-Widerständiges (Kant) den Menschen beschäftigt.

Physiologie: Lehre von den körperlichen Grundzusammenhängen, Wechselwirkungen, Wachstums- und Veränderungsprozessen.

Rationalismus: Betonung des geistigen Elements als Wesensursache der Welt, des Menschen und seiner Beziehung zur Wirklichkeit. Betonung der begrifflichen Erkenntnis über Verstand und Vernunft. (Gegensatz zu Empirismus)

Skeptizismus: Erkenntnislehre, in der der Zweifel zum ersten Prinzip allen Begreifens bestimmt wird. Kritik aller sicheren Erfahrung.

Seiendes: Die Vielheit und Mannigfaltigkeit des Gegebenen und Möglichen; alles was ist, indem ihm Sein zukommt.

Sein: Umfassendste Kategorie des Denkbaren, weder raum-zeitlich noch gegensätzlich wirklich und erfahrbar; erster Grund und letzte Bestimmung alles Seienden.

Transzendenz: Das Überschreiten der dem begrifflichen Erfassen zugänglichen Welt zum verborgenen umgreifenden Sein. (transzendieren)

Transzendental: In der mittelalterlichen Philosophie mit transzendent meist gleichgesetzt. Seit Kant wird mit diesem Begriff nicht eine Erkenntnis neben anderen, sondern die aller Erkenntnis vorausliegende Bedingung der Möglichkeit für Erkenntnis überhaupt bezeichnet.

Vorsokratiker: Sammelbezeichnung einer Reihe von Philosophen, die zwischen dem 6. und 4. Jahrhundert v.Chr. (also vor Sokrates) in Griechenland philosophisches Denken für die abendländische Tradition begründet und mit ihren Fragestellungen lange geprägt haben.

LITERATURHINWEISE

Die folgenden Literaturhinweise wollen einige wenige ausgewählte Titel zu den einzelnen Stichworten dieser Sammlung nennen. Dabei ist noch einmal an die im Vorwort genannte Zielsetzung dieses Buches zu erinnern, das interessierten Anfängern den Einstieg in das philosophische Denken erleichtern möchte. Dies ist selbstverständlich auch seine Grenze.

Philosophie

I. Allgemeine Hinführungen zur Philosophie

J.M. Bockenski, Wege zum philosophischen Denken.
   Freiburg 1959 (Herder-Bücherei Nr. 62)
Alwin Diemel, Ivo Frenzel, Philosophie (Das Fischer Lexikon 11)
   Frankfurt/M. 1972
Ivo Frenzel, Mensch und Philosophie, München 1974
   (Heyne-Kompaktwissen Nr. 31)
Karl Jaspers, Einführung in die Philosophie, München 1968
   (Serie Pieper 13)
Karl Jaspers, Was heißt Philosophieren, München 1967
Max Müller, Alois Halder, (Hrsg.), Herders kleines philosophisches
   Wörterbuch. Freiburg 1971 (Herder-Bücherei 398)
H.J. Störig, Kleine Weltgeschichte der Philosophie
   (Fischer TB 6135/6) 2 Bde, Frankfurt/M 1986
Wilhelm Weischedel, Die philosophische Hintertreppe
   (dtv 1119) München 1976

II. Philosophische Grundtexte (als Einstieg geeignet.)

Die klassischen Texte sind oft in mehreren Ausgaben erhältlich
Platon, Apologie (Die Verteidigungsrede des Sokrates vor dem Gerichtshof in Athen)
Augustinus, Bekenntnisse
Blaise Pascal, Gedanken
Renè Descartes, Meditationen über die Erste Philosophie
Karl Jaspers, Chiffren der Transzendenz. München 1972
   (Serie Pieper 7)
Jean-Paul Sartre, Ist der Existenzialismus ein Humanismus.
   In: Drei Essays. Frankfurt/M., Berlin 1966 (Ullstein TB 304)
Bertrand Russel, Probleme der Philosophie
   Frankfurt/M. 1970 (edition Suhrkamp 207)

Leben

O.F. Bollnow: Die Lebensphilosophie, Berlin 1958
F. Nietzsche: Also sprach Zarathustra, Studienausgabe Bd. 4, Frankfurt/M (Fischer TB) 1968
A. Portmann: Aufbruch der Lebensforschung, Zürich 1965
R.W. Trine: Sonne im Alltag, Wegweiser zur positiven Lebensführung, München 1968

Mensch

Emerich, Coreth, Was ist der Mensch? Grundzüge einer philosophischen Anthropologie. Innsbruck 1976
Arnold Gehlen, Anthropologische Forschung, Reinbek 1961
Helmut Plessner, Philosophische Anthropologie, Frankfurt/M 1970
Max Scheler, Die Stellung des Menschen im Kosmos, München 1947
Georg Scherer, Strukturen des Menschen, Essen, 2 1980
Bernhard Welte, Im Spielfeld von Endlichkeit und Unendlichkeit. Gedanken zur Deutung des menschlichen Daseins. Frankfurt 1967

Gewissen

Sigmund Freud, Das Unbehagen in der Kultur
  in: Abriß der Psychoanalyse u.a., Frankfurt/M. 1972
N. Petrilowitsch (Hrsg.) Das Gewissen als Problem (=Wege der Forschung 66). Darmstadt 1966
J. Blühdorn (Hrsg.) Das Gewissen in der Diskussion (=Wege der Forschung 37). Darmstadt 1976
St. Pfürtner, Politik und Gewissen - Gewissen und Politik. Zürich, Einsiedeln, Köln 1976
Niklas Luhmann, Das Phänomen des Gewissens und die normative Selbstbestimmung der Persönlichkeit,
  in: F. Böckle/W. Böckenförde (Hrsg.), Naturrecht in der Kritik. (Mainz 1973) S. 223-243

Glück

L. Marcuse: Philosophie des Glücks, Zürich (Diogenes)1972
Was ist Glück. Ein Symposion. München (Beck) 1972
H. Marcuse: Eros und Kultur, Stuttgart 1957
ders.: Der eindimensionale Mensch, Neuwied-Berlin 1967
O.F. Bollnow: Das Wesen der Stimmungen, Frankfurt 1956
A. Mitscherlich/G. Kalow: Glück, Gerechtigkeit, München 1967

Sinn

Albert Camus, Der Mythos von Sisyphos, Hamburg 1959
Hubert Fein/Reinhold Schwab (Hrsg.) Der Mensch auf der Suche nach
  seiner Identität. Paderborn 1978
Viktor Frankl, Logotherapie und Existenzanalyse, Texte aus fünf Jahrzehn-
  ten. München 1987
Georg Scherer, Sinnerfahrung und Unsterblichkeit. Darmstadt 1985

Liebe

E. Fromm: Die Kunst des Liebens, Frankfurt/M.(Ullstein)1976
J. Pieper: Über die Liebe, München (Kösel) 1972
I. Eibl-Eibesfeld: Liebe und Haß, München 1972
H. Kuhn: Liebe: Geschichte eines Begriffs, München 1978

Freiheit

Karl Forster (Hrsg.) Freiheit und Determination Studien und Berichte der
  Katholischen Akademie in Bayern, Bd. 38. Würzburg 1966
Ernst Stadter, Evolution zur Freiheit. Stuttgart 1971
  (Kohlhammer Reihe 80)
Carl-Friedrich von Weizsäcker, Bedingungen der Freiheit
  München, Wien 1990
·Bernhard Welte, Determination und Freiheit, Frankfurt/M 1969
Konrad Lorenz, Das sogenannte Böse, Zur Naturgeschichte der Aggres-
  sion. Wien 1965
Winfried Czapiewski/Georg Scherer, Der Aggressionstrieb und das Böse,
  Essen 1967

Angst

S. Kierkegaard: Der Begriff der Angst, Hamburg 1960
S. Freud: Hemmung, Symptom der Angst/Hysterie und Angst
  Studienausgabe Bd. VI, Frankfurt (Fischer) 1972
F. Riemann: Grundformen der Angst, München 1975
J.P. Sartre: Die Kindheit eines Chefs und andere Erzählungen,
  Reinbek 1983

Tod

J. Schwartländer (Hrsg.): Der Mensch und sein Tod, Göttingen 1976
Qu. Huonder: Das Unsterblichkeitsproblem in der abendländischen
 Philosophie, Stuttgart/Berlin/Köln/Mainz (Kohlhammer) 1970
G. Scherer: Der Tod als Frage an die Freiheit, Essen 1971
J. Choron: Der Tod im abendländischen Denken, Stuttgart 1967

Hoffnung

Ernst Bloch, Das Prinzip Hoffnung. Frankfurt/M 1959
Gabriel Marcel, Homo viator. Philosophie der Hoffnung, Düsseldorf 1949
Jürgen Moltmann, Theologie der Hoffnung. München 1968
Josef Pieper, Über die Hoffnung. München
Georg Scherer u.a., Eschatologie und geschichtliche Zukunft
 Essen 1972

Schönheit

F. Schiller: Über die ästhetische Erziehung des Menschen.
 In einer Reihe von Briefen, Stuttgart (Reclam) 1977
Lao-Tse: Tao-Te-King, Stuttgart (Reclam) 1968 sowie dazu:
 Henri Borel: Wu-Wei. Lao-Tse als Wegweiser, München 1982
E. Bloch: Spuren (Suhrkamp) Frankfurt/M. 1979
J. Pieper: Glück und Kontemplation, München (Kösel) 1957

Spiel

Roger Caillois: Die Spiele und die Menschen, Frankfurt/M. 1982
H. Marcuse: Triebstruktur und Gesellschaft, Frankfurt/M. 1965
J. Huizinga: Homo ludens. Vom Ursprung der Kultur im Spiel,
 Hamburg 1956.
H. Rahner: Der spielende Mensch, Einsiedeln 1952

Gott

Klaus Hemmerle (Hrsg.), Die Botschaft von Gott, Freiburg 1974

Karl Jaspers, Chiffren der Transzendenz. München 1972, Serie Pieper 7

Hans Küng, Existiert Gott? Antwort auf die Gottesfrage der Neuzeit, München 1978

Richard Schaeffler, Religion und kritisches Bewußtsein, Freiburg 1973

Hans-Jürgen Schultz (Hrsg.), Wer ist das eigentlich - Gott? München 1969

Wilhelm Weischedel, Der Gott der Philosophen (2 Bde) Darmstadt 1975

Bernhard Welte, Religionsphilosophie, Freiburg 1978